# राजयोग

# राजयोग

स्वामी विवेकानन्द

GYAN

# राजयोग

## स्वामी विवेकानन्द

ISBN : 9788121260596 (PB)

भारत में सन् 2022 में प्रकाशित

**ज्ञान पब्लिशिंग हाऊस**

5, अंसारी रोड, दरियागंज,

नई दिल्ली-110002

वेब साइट: www.gyanbooks.com

ई-मेल: books@gyanbooks.com

Phone : 011-47034999, 9811692060

*मुद्रित:* ज्ञान प्रेस, दिल्ली

# दो शब्द

प्रस्तुत पुस्तक का यह नवीन तृतीय संस्करण पाठकों के हाथ में रखते हुए हमें बड़ी प्रसन्नता हो रही है। इस पुस्तक में पांतजल-योगसूत्र, उन सूत्रों के अर्थ और उन पर स्वामी विवेकानन्दजी की टीका भी सम्मिलित है। पांतजल-योगदर्शन एक विश्व-विख्यात ग्रन्थ है और हिन्दुओं के सारे मनोविज्ञान की नींव है। इसीलिए स्वामीजी स्वयं इस महत्वपूर्ण ग्रन्थ पर टीका लिख गए हैं। इस ग्रन्थ की माँग, विशेषकर स्वामीजी की टीका सहित, हिन्दी-जनता बहुत अरसे से कर रही थी। परमात्मा की कृपा से हम पाठकों की माँग पूरी करने में सफल हो सके-इसका हमे विशेष आन्नद है।

प्रत्येक व्यक्ति में अनन्त ज्ञान और शक्ति का आवास है। राजयोग उन्हें जागृत करने का मार्ग प्रदर्शित करता है। इसका एकमात्र उद्देश्य है-मनुष्य के मन को एकाग्र कर उसे 'समाधि' नामवाली पूर्ण एकाग्रता की अवस्था में पहुँचा देना। स्वभाव से ही मानव-मन अतिशय चंचल है। वह एक क्षण भी किसी वस्तु पर ठहर नहीं सकता। इस मन की चंचलता को नष्ट कर उसे किस प्रकार अपने काबू में लाना, किस प्रकार उसकी इतस्तत बिखरी हुई शक्तियों को समेटकर सर्वोच्च ध्येय में एकाग्र कर देना-यही राजयोग का विषय है। जो साधक प्राण का संयम कर, प्रत्याहार, धारणा और ध्यान द्वारा इस समाधि-अवस्था की प्राप्ति करना चाहते हैं, उनके लिए यह ग्रन्थ बड़ा उपादेय सिद्ध होगा।

इस पुस्तक के आरम्भ से लेकर १०५ पृष्ठ तक का अनुवाद पण्डित सूर्यकान्तजी त्रिपाठी 'निराला' ने किया है। उनके इस बहुमूल्य

कार्य के लिए हम उनके परम कृतज्ञ है।

१०६ पृष्ठ से लेकर पुस्तक का शेष सब अंश (पांतजल-योगसूत्र को मिलाकर) प्राध्यापक श्री दिनेशचन्द्रजी गुह, एम. ए., द्वारा अनुवादित हुआ है। उनके प्रति भी हम अपनी हार्दिक कृतज्ञता प्रकट करते है।

हमें विश्वास है कि धर्म को व्यावहारिक जीवन में उतारने के प्रयत्नशील लोगों के लिए यह पुस्तक अत्यन्त लाभदायक सिद्ध होगी।

नागपुर,
1-5-1961

**-प्रकाशक**

# अनुक्रमणिका



# पांतजल–योगसूत्र

# भूमिका

ऐतिहासिक जगत् के प्रारम्भ से लेकर वर्तमान काल तक मानव समाज में अनेक अलौकिक घटनाओं के उल्लेख देखने को मिलते हैं। आज भी, जो समाज आधुनिक विज्ञान के भरपूर आलोक में रह रहे हैं, उनमें भी ऐसी घटनाओं की गवाही देनेवाले लोगों की कमी नहीं। पर हाँ, ऐसे प्रमाणों में अधिकांश विश्वास-योग्य नहीं, क्योंकि जिन व्यक्तियों से ऐसे प्रमाण मिलते है, उनमें से बहुतेरे अज्ञ हैं, कुसंस्काराच्छत्र हैं अथवा धूर्त हैं।' बहुधा यह भी देखा जाता है कि लोग जिन घटनाओं को अलौकिक कहते है, वे वास्तव में नकल है। पर प्रश्न उठता है, किसकी नकल? यथार्थ अनुसन्धान किए बिना कोई बात बिलकुल उड़ा देना सत्यप्रिय वैज्ञानिक मन का परिचय नहीं देता। जो वैज्ञानिक सूक्ष्मदर्शी नहीं, वे मनोरज्य की नाना प्रकार की अलौकिक घटनाओं की व्याख्या करने में असमर्थ हो उन सबका अस्तित्व ही उड़ा देने का प्रयत्न करते हैं। अतएव वे तो उन व्यक्तियों से अधिक दोषी हैं, जो सोचते है कि बादलों के ऊपर अवस्थित कोई पुरुषविशेष या बहुत-से पुरुषगण उनकी प्रार्थनाओं को सुनते हैं और उनके उत्तर देते हैं–अथवा उन लोगों से, जिनका विश्वास है कि ये पुरुष उनकी प्रार्थनाओं के कारण संसार का नियम ही बदल देंगे। क्योंकि इन बाद के व्यक्तियों के सम्बन्ध में यह दोहाई दी जा सकती है कि वे अज्ञानी हैं, अथवा कम-से-कम यह कि उनकी शिक्षा-प्रणाली दूषित रही है, जिसने उन्हें

ऐसे अप्राकृतिक पुरुषों का सहारा लेने की सीख दी और जो निर्भरता अब उनके अवनत-स्वभाव का एक अंग ही बन गई है। पर पूर्वोक्त शिक्षित व्यक्तियों के लिए तो ऐसी किसी दोहाई की गुंजाइश नहीं।

हजारों वर्षों से लोगों ने ऐसी अलौकिक घटनाओं का पर्यवेक्षण किया है, उनके सम्बन्ध में विशेष रूप से चिन्तन किया है और फिर उनमें से कुछ साधारण तत्त्व निकाले हैं, यहाँ तक कि, मनुष्य की धर्म-प्रवृत्ति की आधारभूमि पर भी विशेष रूप से, अत्यन्त सूक्ष्मता के साथ, विचार किया गया है। इन समस्त चिन्तन और विचारों का फल यह राजयोग विद्या है। यह राजयोग आजकल के अधिकांश वैज्ञानिकों की अक्षम्य धारा का अवलम्बन नहीं करता—वह उनकी भाँति उन घटनाओं के अस्तित्व को एकदम उड़ा नहीं देता, जिनकी व्याख्या दुरूह हो, प्रत्युत वह तो धीर भाव से, पर स्पष्ट शब्दों में, अन्धविश्वास से भरे व्यक्ति को बता देता है कि यद्यपि अलौकिक घटनाएँ, प्रार्थनाओं की पूर्ति और विश्वास की शक्ति ये सब सत्य है, तथापि इनका स्पष्टीकरण ऐसी कुसंस्कार-भरी व्याख्या द्वारा नहीं हो सकता कि ये सब व्यापार बादलों के ऊपर अवस्थित किसी व्यक्ति या कुछ व्यक्तियों द्वारा सम्पन्न होते हैं। यह घोषणा करता है कि प्रत्येक मनुष्य, सारी मानव-जाति के पीछे वर्तमान ज्ञान और शक्ति के अनन्त सागर की एक क्षुद्र प्रणाली मात्र है। वह शिक्षा देता है कि जिस प्रकार वासनाएँ और अभाव मानव के अन्तर में हैं, उसी प्रकार उसके भीतर ही उन अभावों के मोचन की शक्ति भी है, और जहाँ कहीं और जब कभी किसी वासना, अभाव या प्रार्थना की पूर्ति होती है, तो समझना होगा कि वह इस अनन्त भण्डार से ही पूर्ण होती है, किसी अप्राकृतिक पुरुष से नहीं। अप्राकृतिक पुरुषों की भावना मानव में कार्य की शक्ति को भले ही कुछ परिमाण में उद्दीप्त कर देती हो, पर उससे आध्यात्मिक अवनति भी आती है। उससे स्वाधीनता चली जाती है, भय और कुसंस्कार हृदय पर अधिकार जमा लेते हैं तथा 'मनुष्य स्वभाव से ही दुर्बल प्रकृति है' ऐसा भयंकर विश्वास हममें घर कर लेता है। योगी कहते हैं कि अप्राकृतिक नाम की

कोई चीज नहीं है, पर हाँ, प्रकृति में दो प्रकार को अभिव्यक्तियाँ है–एक है स्थूल और दूसरी, सूक्ष्म। सूक्ष्म कारण है और स्थूल, कार्य। स्थूल सहज ही इन्द्रियों द्वारा उपलब्ध की जा सकती है, पर सूक्ष्म नहीं। राजयोग के अभ्यास से सूक्ष्म की अनुभूति अर्जित होती रहती है।

भारतवर्ष में जितने वेदमतानुयायी दर्शनशास्त्र हैं, उन सबका एक ही लक्ष्य है, और वह है–पूर्णता प्राप्त करके आत्मा को मुक्त कर लेना। इसका उपाय है योग। 'योग' शब्द बहुभावव्यापी है। सारुप और वेदान्त उभय मत किसी-न-किसी प्रकार के योग का समर्थन करते है।

प्रस्तुत पुस्तक का विषय है–राज-योग। पांतजल-सूत्र राजयोग का शास्त्र है और उस पर सर्वोच्च प्रामाणिक ग्रन्थ है। अन्यान्य दार्शनिकों का किसी-किसी दार्शनिक विषय में पंतजलि से मतभेद होने पर भी, वे सभी, निश्चित रूप से, उनकी साधना प्रणाली का अनुमोदन करते हैं। लेखक ने न्यूयार्क में कुछ छात्रों को इस योग की शिक्षा देने के लिए जो वक्तृताएँ दी थी, वे ही इस पुस्तक के प्रथम अंश में निबद्ध हैं। और इसके दूसरे अंश में पतंजलि के सूत्र, उन सूत्रों के अर्थ और उन पर संक्षिप्त टीका भी सन्निविष्ट कर दी गई है। जहाँ तक सम्भव हो सका, पारिभाषिक शब्दों का प्रयोग न करने और वार्तालाप को सहज और सरल भाषा में लिखने का प्रयत्न किया गया है। इसके प्रथमांश में साधनार्थियों के लिए कुछ सरल और विशेष उपदेश दिए गए हैं, पर उन सभी लोगों को विशेष रूप से सावधान कर दिया जा रहा है कि योग के कुछ साधारण अंगों को छोड़कर, निरापद योग-शिक्षा के लिए गुरु का सदा पास रहना आवश्यक है। वार्तालाप के रूप में प्रदत्त ये सब उपदेश यदि लोगों के हृदय में इस विषय पर और भी अधिक जानने की पिपासा जगा दें, तो फिर गुरु का अभाव न रहेगा।

पांतजलदर्शन सांख्यमत पर स्थापित है। इन दोनों मतों में अन्तर बहुत ही थोड़ा है। इनके दो प्रधान मतभेद ये हैं–पहला तो पतंजलि आदि-गुरु के रूप में एक सगुण ईश्वर की सत्ता स्वीकार करते हैं, जबकि सांख्य का ईश्वर लगभग-पूर्णता प्राप्त एक व्यक्ति मात्र है, जो

कुछ समय तक एक सृष्टि-कल्प का शासन करता है। और दूसरा, योगीगण आत्मा या पुरुष के समान मन को भी सर्वव्यापी मानते हैं, पर सांख्यमतवाले नहीं।

—ग्रन्थकर्ता
(स्वामी विवेकानन्द)

# 1. अवतरणिका

हमारे समस्त ज्ञान स्वानुभूति पर टिके हैं। आनुमानिक ज्ञान (सामान्य से सामान्यतर या सामान्य से विशेष, दोनों) की बुनियाद स्वानुभूति है। जिनको निश्चित विज्ञान (exact science) कहते हैं, उनकी सत्यता सहज ही लोगों की समझ में आ जाती है, क्योंकि वे प्रत्येक व्यक्ति से कहते हैं–'तुम स्वयं यह देख लो कि यह बात सत्य है अथवा नहीं, और तब उस पर विश्वास करो।' विज्ञानवित् तुमको किसी भी विषय पर विश्वास कर बैठने को न कहेंगे। उन्होंने स्वंय कुछ विषयों का प्रत्यक्ष अनुभव किया है और उन पर विचार करके वे कुछ सिद्धान्तों पर पहुँचे हैं। जब वे अपने उन सिद्धान्तों पर हमसे विश्वास करने के लिए कहते हैं, तब वे जन-साधारण की अनुभूति पर उनके सत्यासत्य के निर्णय का भार छोड़ देते हैं। प्रत्येक निश्चित विज्ञान की एक सामान्य आधार-भूमि है और उससे जो सिद्धान्त उपलब्ध होते हैं, इच्छा करने पर कोई भी उनका सत्यासत्य तत्काल समझ ले सकता है। अब प्रश्न यह है, धर्म की ऐसी सामान्य आधार-भूमि कोई है भी या नहीं? हमें इसका उत्तर देने के लिए 'हाँ' और 'नहीं' दोनों कहने होंगे। संसार में धर्म के सम्बन्ध में सर्वत्र ऐसी शिक्षा मिलती है कि धर्म केवल श्रद्धा और विश्वास पर स्थापित है, और अधिकांश स्थलों में तो वह भिन्न-भिन्न मतों की समष्टि मात्र है। यही कारण है कि धर्मों के बीच केवल विवाद-झगड़ा दिखाई देता है। ये मत फिर विश्वास पर स्थापित हैं। कोई-कोई कहते हैं कि बादलों के ऊपर एक महान् पुरुष है, वे ही सारे संसार का शासन करते है; और वक्ता महोदय केवल अपनी बात

के बल पर ही मुझसे इनमें विश्वास करने को कहते है। मेरे भी ऐसे अनेक भाव हो सकते हैं, जिन पर विश्वास करने के लिए मैं दूसरों से कहता हूँ, और यदि वे कोई युक्ति चाहे, इस विश्वास का कारण पूछें, तो मैं उन्हें युक्ति-तर्क देने में असमर्थ हो जाता हूँ। इसीलिए आजकल धर्म और दर्शन-शास्त्रों की इतनी निन्दा सुनी जाती है। प्रत्येक शिक्षित व्यक्ति का मानो यही मनोभाव है– "हटाओ, खाक-पत्थर है, धर्म क्या है, कुछ मतों के गट्ठे भर हैं। उनके सत्यासत्य विचार का कोई एक मापदण्ड नहीं, जिसके जी में जो आया, बस वही बक गया।" किन्तु ये लोग चाहे जो कुछ सोचें, वास्तव में धर्म-विश्वास की एक सार्वभौमिक भित्ति है–वहीं विभिन्न देशों के विभिन्न सम्प्रदायों के भिन्न-भिन्न मतवादों और सब प्रकार की विभिन्न धारणाओं को नियमित करती है। उन सबके मूल में जाने पर हम देखते हैं कि वे भी सार्वजनिक अभिज्ञता और अनुभूति पर प्रतिष्ठित हैं।

पहली बात तो यह कि यदि आप पृथ्वी के भिन्न-भिन्न धर्मों का जरा विश्लेषण करें, तो आपको ज्ञात हो जायेगा कि वे दो श्रेणियों में विभक्त हैं। कुछ की शास्त्र-भित्ति है, और कुछ की शास्त्र-भित्ति नहीं। जो शास्त्र-भित्ति पर स्थापित है वे सुदृढ़ हैं, उन धर्मों के मानने-वालों की संख्या भी अधिक है। जिनकी शास्त्र-भित्ति नहीं है, वे धर्म प्रायः लुप्त हो गए हैं। कुछ नए उठे अवश्य हैं, पर उनके अनुयायी बहुत थोड़े हैं। फिर भी उक्त सभी सम्प्रदायों में यह मतैक्य दीख पड़ता है कि उनकी शिक्षा विशिष्ट व्यक्तियों के प्रत्यक्ष अनुभव मात्र हैं। ईसाई तुमसे अपने धर्म पर, ईसा पर, ईसा के अवतारत्व पर, ईश्वर और आत्मा के अस्तित्व पर और उस आत्मा की भविष्य उन्नति की सम्भवनीयता पर विश्वास करने को कहता है। यदि मैं उससे इस विश्वास का कारण पूछूँ, तो वह कहता है, "यह मेरा विश्वास है।" किन्तु यदि तुम ईसाई धर्म के मूल में जाओ, तो देखोगे कि वह भी प्रत्यक्ष अनुभूति पर स्थापित है। ईसा ने कहा है, "मैंने ईश्वर के दर्शन किए हैं।" उनके शिष्यों ने भी कहा है, "हमने ईश्वर का अनुभव किया है।"–इत्यादि-इत्यादि।

बौद्ध धर्म के सम्बन्ध में भी ऐसा ही है। बुद्धदेव की प्रत्यक्षानुभूति पर यह धर्म स्थापित है। उन्होंने कुछ सत्यों का अनुभव किया था। उन्होंने उन सबको देखा था, वे उन सत्यों के सस्पर्श में आए थे, और उन्हीं का उन्होंने संसार में प्रचार किया। हिन्दुओं के सम्बन्ध में भी ठीक यही बात है, उनके शास्त्रों में "ऋषि" नाम से सम्बोधित किए जानेवाले ग्रन्थकर्ता कह गए हैं, "हमने कुछ सत्यों के अनुभव किए हैं।" और उन्हीं का वे संसार में प्रचार कर गए हैं। अतः यह स्पष्ट है कि संसार के समस्त धर्म उस प्रत्यक्ष अनुभव पर स्थापित हैं, जो ज्ञान की सार्वभौमिक और सुदृढ़ भित्ति है। सभी धर्माचार्यों ने ईश्वर को देखा था। उन सभी ने आत्मदर्शन किया था, अपने अनन्त स्वरूप का ज्ञान सभी को हुआ था, सबने अपनी भविष्य अवस्था देखी थी, और जो कुछ उन्होंने देखा था, उसी का वे प्रचार कर गए। भेद इतना ही है कि इनमें से अधिकांश धर्मों में, विशेषतः आजकल, एक अद्‌भुत दावा हमारे सामने उपस्थित होता है, और वह यह कि 'इस समय ये अनुभूतियाँ असम्भव हैं। जो धर्म के प्रथम संस्थापक है, बाद में जिनके नाम से उस धर्म का प्रवर्तन और प्रचलन हुआ, ऐसे केवल थोड़े व्यक्तियों के लिए ही ऐसा प्रत्यक्ष अनुभव सम्भव हुआ था। अब ऐसे अनुभव के लिए कोई रास्ता नहीं रहा, फलतः अब धर्म पर विश्वास भर कर लेना होगा।' इस बात को मैं पूरी शक्ति से अस्वीकृत करता हूँ। यदि संसार में किसी प्रकार के विज्ञान के किसी विषय की किसी ने कभी प्रत्यक्ष उपलब्धि की है, तो इससे इस सार्वभौमिक सिद्धान्त पर पहुँचा जा सकता है कि पहले भी कोटि-कोटि बार उसकी उपलब्धि की सम्भावना थी और भविष्य में भी अनन्त काल तक उनकी उपलब्धि की सम्भावना बनी रहेगी। एकरूपता ही प्रकृति का एक बड़ा नियम है। एक बार जो घटित हुआ है, वह पुनः घटित हो सकता है।

इसीलिए योग-विद्या के आचार्यगण कहते हैं कि धर्म पूर्वकालीन अनुभूतियों पर केवल स्थापित ही नहीं, वरन् इन अनुभूतियों से स्वंय सम्पन्न हुए बिना कोई भी धार्मिक नहीं हो सकता। जिस विद्या के द्वारा

ये अनुभूतियाँ होती हैं, उसका नाम है योग। धर्म के सत्यों का जब तक कोई अनुभव नहीं कर लेता, तब तक धर्म की बात करना ही वृथा है। भगवान के नाम पर इतनी लड़ाई, विरोध और झगड़ा क्यों? भगवान के नाम पर जितना खून बहा है, उतना और किसी कारण से नहीं। ऐसा क्यों? इसीलिए कि कोई भी व्यक्ति मूल तक नहीं गया। सब लोग पूर्वजों के कुछ आचारों का अनुमोदन करके ही सन्तुष्ट थे। वे चाहते थे कि दूसरे भी वैसा ही करें। जिन्हें आत्मा की अनुभूति या ईश्वर-साक्षात्कार न हुआ हो, उन्हें यह कहने का क्या अधिकार है कि आत्मा या ईश्वर है? यदि ईश्वर हो, तो उनका साक्षात्कार करना होगा, यदि आत्मा नामक कोई चीज हो, तो उसकी उपलब्धि करनी होगी। अन्यथा विश्वास न करना ही भला। ढोंगी होने से स्पष्टवादी नास्तिक होना अच्छा। एक ओर, आजकल के विद्वान् कहलानेवाले मनुष्यों के मन का भाव यह है कि धर्म, दर्शन और परमपुरुष का अनुसन्धान यह सब निष्फल है। और दूसरी ओर, जो अर्धशिक्षित हैं, उनका मनोभाव ऐसा जान पड़ता है कि धर्म, दर्शन आदि की वास्तव में कोई बुनियाद नहीं, उनकी इतनी ही उपयोगिता है कि वे संसार के मंगल-साधन की बलशाली प्रेरक शक्तियाँ हैं,—यदि लोगों का ईश्वर की सत्ता में विश्वास रहेगा, तो वे सत्, नीति-परायण और सौजन्यशाली नागरिक होंगे। जिनके ऐसे मनोभाव हैं, उनको इसके लिए दोष नहीं दिया जा सकता, क्योंकि वे धर्म के सम्बन्ध में जो शिक्षा पाते हैं, वह केवल सारशून्य, अर्थहीन अनन्त शब्दसमष्टि पर विश्वास मात्र है। उन लोगों से शब्दों पर विश्वास करके रहने के लिए कहा जाता है, क्या ऐसा कोई कभी कर सकता है? यदि मनुष्य द्वारा यह सम्भव होता, तो मानव-प्रकृति पर मेरी तिलमात्र श्रद्धा न रहती। मनुष्य चाहता है सत्य, वह सत्य का स्वयं अनुभव करना चाहता है, और जब वह सत्य की धारणा कर लेता है, सत्य का साक्षात्कार कर लेता है, हृदय के अन्तरतम प्रदेश में उसका अनुभव कर लेता है, वेद कहते हैं, तभी उसके सारे सन्देह दूर होते हैं, सारा तमोजाल छिन्न-भिन्न हो जाता है और सारी वक्रता सीधी हो जाती है—

"भिद्यते हृदयग्रनिन्छिन्यन्ते गर्गगगया।
क्षीयन्ते चास्य कर्माणि तस्मिन्दृस्टे पगवरे ।
"शृण्वन्तु विश्वे अमृतम्य पुरा
आ ये धामानि दिव्यानि तस्यु ।।"
"वेदाहमेत पुरुष महान्तम्
आदित्यवर्ण तमस परस्तात् ।
तमेव विदित्वानि मृत्युमेति
नान्य पन्था विग्रतेऽगनाय ।।"

"हे अमृत के पुत्रों, हे दिव्यवामनिवासियों, सुनो-मैंने अज्ञानान्धकार से आलोक में जाने का रास्ता पा लिया है। जो समस्त तम के पार है, उनको जानने पर ही वहाँ जाया जा सकता है—मुक्ति का और कोई दूसरा उपाय नहीं।"

इस सत्य को प्राप्त करने के लिए, राजयोग-विद्या मानव के समक्ष यथार्थ व्यावहारिक और साधनोपयोगी वैज्ञानिक प्रणाली रखने का प्रस्ताव करती है। पहले तो, प्रत्येक विद्या के अनुसन्धान और साधन की प्रणाली पृथक्-पृथक् है। यदि तुम ज्योतिषी होने की इच्छा करो और बैठे-बैठे केवल ज्योतिष-ज्योतिष कहकर चिल्लाते रहो, तो तुम कभी ज्योतिषशास्त्र के अधिकारी न हो सकोगे। रसायनशास्त्र के सम्बन्ध में भी ऐसा ही है, उसमें भी एक निर्दिष्ट प्रणाली का अनुसरण करना होगा, प्रयोगशाला (laboratory) में जाकर विभिन्न द्रव्यादि लेने होंगे, उनको एकत्र करना होगा, उन्हें उचित अनुपात में मिलाना होगा, फिर उनको लेकर उनकी परीक्षा करनी होगी, तब कहीं तुम रसायनवित् हो सकोगे। यदि तुम ज्योतिषी होना चाहते हो, तो तुम्हें वेधशाला में जाकर दूरबीन की सहायता से ताराओं और ग्रहों का पर्यवेक्षण करके उनके विषय मे आलोचना करनी होगी, तभी तुम ज्योतिषी हो सकोगे। प्रत्येक विद्या की अपनी एक निर्दिष्ट प्रणाली है। मैं तुम्हे सैकड़ों उपदेश दे सकता हूँ, परन्तु तुम यदि साधना न करो, तो तुम कभी धार्मिक न हो सकोगे। सभी युगों में, सभी देशों में, निष्काम, शुद्धस्वभाव साधु-महापुरुष इसी सत्य

का प्रचार कर गए हैं। संसार का हित छोड़कर अन्य कोई कामना उनमें नहीं थी। उन सभी लोगों ने कहा है कि इन्द्रियाँ हमें जहाँ तक सत्य का अनुभव करा सकती हैं, हमने उससे उच्चतर सत्य प्राप्त कर लिया है, और वे उसकी परीक्षा के लिए तुम्हे बुलाते हैं। वे कहते हैं, 'तुम एक निर्दिष्ट साधन-प्रणाली लेकर सरल भाव से साधना करते रहो, और यदि यह उच्चतर सत्य प्राप्त न हो, तो फिर भले ही कह सकते हो कि इस उच्चतर सत्य के सम्बन्ध की बातें केवल कपोलकल्पित हैं। पर हाँ, इससे पहले इन उक्तियों की सत्यता को बिलकुल अस्वीकृत कर देना किसी तरह युक्तिपूर्ण नहीं है।' अतएव निर्दिष्ट साधन-प्रणाली लेकर श्रद्धापूर्वक साधना करना हमारे लिए आवश्यक है, और तब प्रकाश निश्चय ही आयेगा।

कोई ज्ञान प्राप्त करने के लिए हम साधारणीकरण की सहायता लेते हैं। इसके लिए घटनाओं का पर्यवेक्षण आवश्यक है। हम पहले घटनावली का पर्यवेक्षण करते हैं, फिर उनका सावारणीकरण करते हैं और फिर उनसे अपने सिद्धान्त या मतामत निकालते हैं। हम जब तक यह प्रत्यक्ष नहीं कर लेते कि हमारे मन के भीतर क्या हो रहा है और क्या नहीं, तब तक हम अपने मन के सम्बन्ध में, मनुष्य की आभ्यन्तरिक प्रकृति के सम्बन्ध में, मनुष्य के विचार के सम्बन्ध में कुछ भी नहीं जान सकते। बाह्य जगत् के व्यापारों का पर्यवेक्षण करना अपेक्षाकृत सहज है, क्योंकि उसके लिए हजारों यन्त्र निर्मित हो चुके हैं, पर अन्तर्जगत् के व्यापार को समझने में मदद करने वाला कोई भी यन्त्र नहीं। किन्तु फिर भी हम यह निश्चयपूर्वक जानते हैं कि किसी विषय का यथार्थ ज्ञान प्राप्त करने के लिए पर्यवेक्षण आवश्यक है। उचित विश्लेषण के बिना विज्ञान निरर्थक और निष्फल होकर केवल भित्तिहीन अनुमान में परिणत हो जाता है। इसी कारण, उन थोड़े-से मनस्तत्त्वान्वेषियों को छोड़कर, जिन्होंने पर्यवेक्षण करने के उपाय जान लिए है, शेष सब लोग चिरकाल से केवल विवाद ही करते आ रहे हैं।

राजयोग-विद्या पहले मनुष्य को उसकी अपनी आभ्यन्तरिक

अवस्थाओं के पर्यवेक्षण का रास्ता दिखा देती है। मन ही उस पर्यवेक्षण का यन्त्र है। किसी विशिष्ट विषय को समझने की हमारी शक्ति का सही-सही नियमन कर जब उसे अन्तर्जगत् की ओर परिचालित किया जाता है, तभी वह मन के अंग-प्रत्यंग का विश्लेषण कर सकती है, और तब उसके प्रकाश से हम यह सही-सही समझ सकते हैं कि अपने मन के भीतर क्या घट रहा है। मन की शक्तियाँ इधर-उधर बिखरी हुई प्रकाश की किरणों के समान हैं। जब उन्हे केन्द्रीभूत किया जाता है, तब वे सब कुछ आलौकित कर देती हैं। यही ज्ञान का हमारा एकमात्र उपाय है। बाह्य जगत् में हो अथवा अन्तर्जगत् में, लोग इसी को काम में ला रहे हैं। पर वैज्ञानिक जिस सूक्ष्म पर्यवेक्षण-शक्ति का प्रयोग बर्हिजगत् में करता है, मनस्तत्त्वान्वेषी उसी का मन पर करते हैं। इसके लिए काफी अभ्यास आवश्यक है। बचपन से हमने केवल बाहरी वस्तुओं में मनोनिवेश करना सीखा है, अन्तर्जगत् में मनोनिवेश करने की शिक्षा नहीं पाई। इसी कारण हममें से अधिकांश अन्तर्यन्त्र की निरीक्षण-शक्ति खो बैठे हैं। मन को अन्तर्मुखी करना, उसकी बहिर्मुखी गति को रोकना, उसकी समस्त शक्तियों को केन्द्रीभूत कर उस मन के ही ऊपर उनका प्रयोग करना, ताकि वह अपना स्वभाव समझ सकें, अपने आपको विश्लेषण करके देख सकें—एक अत्यन्त कठिन कार्य है। पर इस विषय में वैज्ञानिक प्रथा के अनुसार अग्रसर होने के लिए वही तो एकमात्र उपाय है।

इस तरह के ज्ञान की उपयोगिता क्या है? पहले तो, ज्ञान ही ज्ञान का सर्वोच्च पुरस्कार है, दूसरे, इसकी उपयोगिता भी है—यह समस्त दु:खों का हरण करेगा। जब मनुष्य अपने मन का विश्लेषण करते-करते ऐसी एक वस्तु के साक्षात् दर्शन कर लेता है, जिसका किसी काल में नाश नहीं, जो स्वरूपत: नित्यपूर्ण और नित्यशुद्ध है, तब उसको फिर दु:ख नहीं रह जाता, उसका सारा विषाद न जाने कहाँ गायब हो जाता है। भय और अपूर्ण वासना ही समस्त दु:खों का मूल है। पूर्वोक्त अवस्था के प्राप्त होने पर मनुष्य समझ जाता है कि उसकी

मृत्यु किसी काल में नहीं है, तब उसे फिर मृत्यु-भय नहीं रह जाता। अपने को पूर्ण समझ सकने पर असार वासनाएँ फिर नहीं रहतीं। पूर्वोक्त कारणद्वय का अभाव हो जाने पर फिर कोई दु:ख नहीं रह जाता। उसकी जगह इसी देह में परमानन्द की प्राप्ति हो जाती है।

ज्ञानलाभ का एकमात्र उपाय है एकाग्रता। रसायन तत्त्वान्वेषी अपनी प्रयोगशाला में जाकर अपने मन की समस्त शक्तियों को केन्द्रीभूत करके, जिन वस्तुओं का वह विश्लेषण करता है, उन पर प्रयोग करता है, और इस प्रकार वह उनके रहस्य जान लेता हैं। ज्योतिषी अपने मन की समुदय शक्तियों को एकत्र करके दूरबीन के भीतर से आकाश में प्रक्षिप्त करता है, और बस त्योंही सूर्य, चन्द्र और ताराएँ अपना-अपना रहस्य उसके निकट खोल देती हैं। मैं जिस विषय पर बातचीत कर रहा हूँ, उस विषय में मैं जितना मनोनिवेश कर सकूँगा, उतना ही उस विषय का गूढ़ तत्व तुम लोगों के निकट प्रकट कर सकूँगा। तुम लोग मेरी बात सुन रहे हो, तुम लोग जितना इस विषय में मनोनिवेश करोगे, उतनी ही मेरी बात की स्पष्ट रूप से धारणा कर सकोगे।

मन की शक्तियों को एकाग्र करने के सिवा अन्य किस तरह संसार में ये समस्त ज्ञान उपलब्ध हुए है? यदि प्रकृति के द्वार पर आघात करना मालूम हो गया–उस पर कैसे धक्का देना चाहिए, यह ज्ञात हो गया, तो बस प्रकृति अपना सारा रहस्य खोल देती है। उस आघात की शक्ति और तीव्रता एकाग्रता से ही आती है। मानव-मन की शक्ति की कोई सीमा नहीं। वह जितना ही एकाग्र होता है, उतनी ही उसकी शक्ति एक लक्ष्य पर आती है, बस यही रहस्य है।

मन को बाहरी विषय पर स्थिर करना अपेक्षाकृत सहज है। मन स्वभावत: बहिर्मुखी है। किन्तु धर्म, मनोविज्ञान अथवा दर्शन के विषय में ऐसा नहीं है। यहाँ तो ज्ञाता और ज्ञेय (विषयी और विषय) एक है। यहाँ प्रमेय (विषय) एक अन्दर की वस्तु है–मन ही यहाँ प्रमेय है। मनरतत्त्व का अन्वेषण करना ही यहाँ प्रयोजन है, और मन ही मनस्तत्त्व के अन्वेषण का कर्ता है।

हमें मालूम हैं कि मन की एक ऐसी शक्ति है, जिससे वह अपने अन्दर जो कुछ हो रहा है उसे देख सकता है,–इसको अन्न पर्यवेक्षण–शक्ति कह सकते है। मैं तुमसे बातचीत कर रहा हूँ, फिर साथ ही मैं मानो एक और व्यक्ति होकर बाहर खड़ा हूँ और जो कुछ कह रहा हूँ, वह जान–सुन रहा हूँ। तुम एक ही समय काम और चिन्तन दोनों कर रहे हो, परन्तु तुम्हारे मन का एक और अंश मानो बाहर खड़े होकर तुम जो कुछ चिन्तन कर रहे हो, उसे देख रहा है। मन की समस्त शक्तियों को एकत्रित करके मन पर ही उनका प्रयोग करना होगा। जैसे सूर्य की तीक्ष्ण किरणों के सामने घने अन्धकारमय स्थान भी अपने गुप्त तथ्य खोल देते हैं, उसी तरह यह एकाग्र मन अपने सब अन्तरतम रहस्य प्रकाशित कर देगा। तब हम विश्वास की सच्ची बुनियाद पर पहुँचेंगे। तभी हमको सही–सही धर्म–प्राप्ति होगी। तभी, आत्मा है या नहीं, जीवन केवल इस सामान्य जीवितकाल तक ही सीमित है अथवा अनन्तकालव्यापी है और संसार में कोई ईश्वर है या नहीं, यह सब हम स्वंय देख सकेंगे। सब कुछ हमारे ज्ञानचक्षुओं के सामने उद्भासित हो उठेगा। राजयोग हमें यही शिक्षा देने के लिए अग्रसर होता है। इसमें जितने उपदेश है, उन सबका उद्देश्य, प्रथमत, मन की एकाग्रता का साधन है, इसके बाद है–उसके गम्भीरतम प्रदेश में कितने प्रकार के भिन्न–भिन्न कार्य हो रहे हैं, उनका ज्ञान प्राप्त करना, और तत्पश्चात् उनसे साधारण सत्यों को निकालकर उनसे अपने एक सिद्धान्त पर उपनीत होना। इसीलिए राजयोग की शिक्षा किसी धर्मविशेष पर आधारित नहीं है। तुम्हारा धर्म चाहे जो हो–तुम चाहे आस्तिक हो या नास्तिक, यहूदी या बौद्ध या ईसाई–इससे कुछ बनता–बिगड़ता नहीं, तुम मनुष्य हो, बस यही पर्याप्त है। प्रत्येक मनुष्य में धर्मतत्त्व का अनुसन्धान करने की शक्ति है, उसे उसका अधिकार है। प्रत्येक व्यक्ति का, किसी भी विषय में क्यों न हो, कारण पूछने का अधिकार है, और उसमें ऐसी शक्ति भी है कि वह अपने भीतर से ही उन प्रश्नों के उत्तर पा सके। पर हाँ, उसे इसके लिए कुछ कष्ट उठाना पड़ेगा।

अब तक हमने देखा, इस राजयोग की साधना में किसी प्रकार के विश्वास की आवश्यकता नहीं। जब तक कोई बात स्वयं प्रत्यक्ष न कर सको, तब तक उस पर विश्वास न करो–राजयोग यही शिक्षा देता है। सत्य को प्रतिष्ठित करने के लिए अन्य किसी सहायता की आवश्यकता नहीं। क्या तुम कहना चाहते हो कि जागृत् अवस्था की सत्यता के प्रमाण के लिए स्वप्न अथवा कल्पना की सहायता की जरूरत है? नहीं, कभी नहीं। इस राजयोग की साधना में दीर्घ काल और निरन्तर अभ्यास की आवश्यकता है। इस अभ्यास का कुछ अंश शरीर–सयन विषयक है, परन्तु इसका अधिकांश मन संयमात्मक है। हम क्रमशः समझेंगे, मन और शरीर में किस प्रकार का सम्बन्ध है। यदि हम विश्वास करें कि मन शरीर की केवल एक सूक्ष्म अवस्थाविशेष है और मन शरीर पर कार्य करता है, तो हमें यह भी स्वीकार करना होगा कि शरीर भी मन पर कार्य करता है। शरीर के अस्वस्थ होने पर मन भी अस्वस्थ हो जाता है, शरीर स्वस्थ रहने पर मन भी स्वस्थ और तेजस्वी रहता है। जब किसी व्यक्ति को क्रोध आता है, तब उसका मन अस्थिर हो जाता है। मन की अस्थिरता के कारण शरीर भी पूरी तरह अस्थिर हो जाता है। अधिकांश लोगों का मन शरीर के सम्पूर्ण अधीन रहता है। असल में उनके मन की शक्ति बहुत थोड़े परिमाण में विकसित हुई रहती है। यदि तुम लोग कुछ बुरा न मानो, तो कहूँ, अधिकांश मनुष्य पशु से बहुत थोड़े ही उन्नत हैं, क्योंकि अधिकांश स्थलों में तो उनकी संयम की शक्ति पशु–पक्षियों से कोई विशेष अधिक नहीं। हममें मन के निग्रह की शक्ति बहुत थोड़ी है। मन पर यह अधिकार पाने के लिए, शरीर और मन पर अधिपत्य लाने के लिए कुछ बहिरंग साधनाओं की–दैहिक साधनाओं की आवश्यकता है। शरीर जब पूरी तरह अधिकार में आ जायेगा, तब मन को हिलाने–डुलाने का समय आयेगा। इस तरह मन जब बहुत–कुछ वश में आ जायेगा, तब हम इच्छानुसार उससे काम ले सकेंगे, उसकी वृत्तियों को एकमुखी होने के लिए मजबुर कर सकेंगे।

राजयोगी के मतानुसार यह सम्पूर्ण बहिर्जगत् अन्तर्जगत् या

सूक्ष्म जगत् का स्थूल विकास मात्र है। सभी स्थलों में सूक्ष्म को कारण और स्थूल को कार्य समझना होगा। इस नियम से, बहिर्जगत् कार्य है और अन्तर्जगत् कारण। इसी हिसाब से, स्थूल जगत् की परिदृश्यमान शक्तियाँ आभ्यन्तरिक सूक्ष्मतर शक्तियों का स्थूल भाग मात्र हैं। जिन्होंने इन आभ्यन्तरिक शक्तियों का आविष्कार करके उन्हें इच्छानुसार चलाना सीख लिया है, वे सम्पूर्ण प्रकृति को वश में कर सकते हैं। सम्पूर्ण जगत को वशीभूत करना और सारी प्रकृति पर अधिकार हासिल करना–इस वृहत् कार्य को योगी अपना कर्त्तव्य समझते हैं। वे एक ऐसी अवस्था में जाना चाहते हैं, जहाँ, हम जिन्हें 'प्रकृति के नियम' कहते हैं, वे उन पर कोई प्रभाव नहीं डाल सकते, जिस अवस्था में वे उन सब को पार कर जाते हैं। तब वे आभ्यन्तरिक और बाह्य समस्त प्रकृति पर प्रभुत्व प्राप्त कर लेते हैं। मनुष्य-जाति की उन्नति और सभ्यता इस प्रकृति को वशीभूत करने की शक्ति पर निर्भर है।

इस प्रकृति को वशीभूत करने के लिए भिन्न-भिन्न जातियाँ भिन्न-भिन्न प्रणालियों का सहारा लेती हैं। जैसे एक ही समाज के भीतर कुछ व्यक्ति बाह्य प्रकृति को और कुछ अन्तः प्रकृति को वशीभूत करने की चेष्टा करते हैं, वैसे ही भिन्न-भिन्न जातियों में कोई-कोई जातियाँ बाह्य प्रकृति को, तो कोई-कोई अन्त प्रकृति को वशीभूत करने का प्रयत्न करती हैं । किसी के मत से, अन्त-प्रकृति को वशीभूत करने पर सब कुछ वशीभूत हो जाता है, फिर दूसरों के मत से, बाह्य प्रकृति को वशीभूत करने पर सब कुछ वश में आ जाता है। इन दो सिद्धान्तों के चरम भावों को देखने पर यह प्रतीत होता है कि दोनों ही सिद्धान्त सही हैं। क्योंकि यथार्थत प्रकृति में बाह्य और अभ्यन्तर जैसा कोई भेद नहीं। यह केवल एक काल्पनिक विभाग है। ऐसे विभाग का कोई अस्तित्व ही नहीं, और यह कभी था भी नहीं। बहिर्वादी और अन्तर्वादी जब अपने-अपने ज्ञान की चरम सीमा प्राप्त कर लेंगे, तब दोनों अवश्य एक ही स्थान पर पहुँच जायेंगे। जैसे बहिविज्ञानवादी जब अपने ज्ञान को चरम सीमा पर ले जायेंगे, तो अन्त में उन्हें दार्शनिक होना होगा, उसी

प्रकार दार्शनिक भी देखेंगे कि वे मन और भूत के नाम से जो दो भेद कर रहे थे, वह वास्तव में कल्पना मात्र है, वह एक दिन बिलकुल विलीन हो जायेगी।

जिससे यह बहु उत्पन्न हुआ है जो एक पदार्थ बहु रूपों में प्रकाशित हुआ है, उसका निर्णय करना ही समस्त विज्ञान का मुख्य उद्देश्य और लक्ष्य है। राजयोगी कहते हैं, हम पहले अन्तर्जगत् का ज्ञान प्राप्त करेंगे, फिर उसी के द्वारा बाह्य और अन्तर उभव प्रकृति को वशीभूत कर लेंगे। प्राचीन काल से ही लोग इसके लिए प्रयत्नशील रहे है। भारतवर्ष में इसकी विशेष चेष्टा होती रही है, परन्तु दूसरी जातियों ने भी इस ओर कुछ प्रयत्न किए है। पाश्चात्य देशों में लोग इसको रहस्य या गुप्त-विद्या सोचते थे, जो लोग इसका अभ्यास करने जाते थे, उन पर अघोरी, डाइन, ऐन्द्रजालिक आदि अपवाद लगाकर उन्हें जला दिया अथवा मार डाला जाता था। भारतवर्ष में अनेक कारणों से यह विद्या ऐसे व्यक्तियों के हाथ पड़ी, जिन्होंने इसका ९० प्रतिशत अंश नष्ट कर डाला और शेष को गुप्त रीति से रखने की चेष्टा की। आजकल पश्चिमी देशों में, भारतवर्ष के गुरुओं की अपेक्षा निकृष्टनर अनेक गुरु-नामधारी व्यक्ति दिखाई पड़ते हैं। भारतवर्ष के गुरु फिर भी कुछ जानते थे, पर ये आधुनिक गुरु तो कुछ भी नहीं जानते।

इन सारी योग-प्रणालियों में जो कुछ गुह्य या रहस्यात्मक है, सब छोड़ देना पड़ेगा। जिससे बल मिलता है, उसी का अनुसरण करना चाहिए। अन्यान्य विषयों में जैसा है, धर्म में भी ठीक वैसा ही है—जो तुमको दुर्बल बनाता है, वह समूल त्याज्य है। रहस्य-स्पृहा मानव-मस्तिष्क को दुर्बल कर देती है। इसके कारण ही आज योगशास्त्र नष्ट-सा हो गया है। किन्तु वास्तव में यह एक महाविज्ञान है। चार हजार वर्ष से भी पहले यह आविष्कृत हुआ था। तब से भारतवर्ष में यह प्रणालीबद्ध होकर वर्णित और प्रचारित होता रहा है। यह एक आश्चर्यजनक बात है कि व्याख्याकार जितना आधुनिक है, उसका भ्रम भी उतना ही अधिक है, और लेखक जितना प्राचीन है, उसने उतनी ही अधिक युक्तियुक्त

बात कही है। आधुनिक लेखकों में ऐसे अनेक हैं, जो नाना प्रकार की रहस्यात्मक और अद्‌भुत-अद्‌भुत बातें कहा करते हैं। इस प्रकार, जिनके हाथ यह शास्त्र पड़ा, उन्होने समस्त शक्तियाँ अपने अधिकार में कर रखने की इच्छा से इसको महागोपनीय और आश्चर्यजनक बना डाला और युक्तिरूप प्रभाकर का पूर्ण आलोक इस पर न पड़ने दिया।

मैं पहले ही कह देना चाहता हूँ कि मैं जो कुछ प्रचार कर रहा हूँ, उसमे गुह्य नाम की कोई चीज नहीं है। मैं जो कुछ थोड़ा-सा जानता हूँ, वही तुमसे कहूँगा। जहाँ तक यह युक्ति से समझाया जा सकता है, वहाँ तक समझाने की कोशिश करूँगा। परन्तु मैं जो नहीं समझ सकता, उसके बारे में कह दूँगा, "शास्त्र का यह कथन है।" अन्धविश्वास करना अन्याय है। अपनी विचार-शक्ति और युक्ति काम में लानी होगी। यह प्रत्यक्ष करके देखना होगा कि शास्त्र में जो कुछ लिखा है, वह सत्य है या नहीं। जड़विज्ञान तुम जिस ढंग से सीखते हो, ठीक उसी प्रणाली से यह धर्म विज्ञान भी सीखना होगा। इसमें गुप्त रखने की कोई बात नहीं, किसी विपत्ति की भी आंशका नहीं। इसमें जहाँ तक सत्य है, उसका सबके समक्ष राजपथ पर प्रकट रूप से प्रचार करना आवश्यक है। यह सब किसी प्रकार छिपा रखने की चेष्टा करने से अनेक प्रकार की विपत्तियाँ उत्पन्न होती हैं।

कुछ और अधिक कहने के पहले मैं सांख्य-दर्शन के सम्बन्ध में कुछ कहूँगा। इस सांख्य-दर्शन पर राजयोग-विद्या स्थापित है। सांख्य-दर्शन के मत से किसी विषय के ज्ञान की प्रणाली इस प्रकार है—प्रथमत: विषय के साथ चक्षु आदि बाह्य करणों का संयोग होता है। ये चक्षु आदि बाहरी करण फिर उसे मस्तिष्क-स्थित अपने-अपने केन्द्र अर्थात् इन्द्रियों के पास भेजते हैं, इन्द्रियाँ मन के निकट, और मन उसे निश्चयात्मिका बुद्धि के पास ले जाता है, तब पुरुष या आत्मा उसका ग्रहण करती हैं। फिर जिस सोपानक्रम में से होता हुआ वह विषय अन्दर आया था, उसी में से होते हुए लौट जाने की पुरुष मानो उसे आज्ञा देता है। इस प्रकार विषय गृहीत होता है। पुरुष को छोड़कर शेष सब जड़

है। पर आँख आदि बाहरी कारणों की अपेक्षा मन सूक्ष्मतर भूत से निर्मित है। मन जिस उपादान से निर्मित है, उसके क्रमशः स्थूलतर होने पर तन्मात्राओं की उत्पत्ति होती है। उनके और भी स्थूल हो जाने पर परिदृश्यमान भूतों की उत्पत्ति होती है। यही सांख्य का मनोविज्ञान है। अतएव बुद्धि और स्थूल भूत में अन्तर केवल मात्रा के तारतम्य में हैं। एकमात्र पुरुष ही चेतन है। मन तो मानों आत्मा के हाथों एक यन्त्र है। उसके द्वारा आत्मा बाहरी विषयों को ग्रहण करती है। मन सततः परिवर्तनशील है, इधर से उधर दौड़ता रहता है, कभी सभी इन्द्रियों से लगा रहता है, तो कभी एक से, और कभी किसी भी इन्द्रिय से संलग्न नहीं रहता। मान लो, मैं मन लगाकर एक घड़ी की टिक-टिक सुन रहा हूँ। ऐसी दशा में आँखें खुली रहने पर भी मैं कुछ देख न पाऊँगा। इससे स्पष्ट समझ में आ जाता है कि मन जब श्रवणेन्द्रिय से लगा था, तो दर्शनेन्द्रिय से उसका संयोग न था। पर पूर्णता-प्राप्त मन सभी इन्द्रियों से एक साथ लगाया जा सकता है। उसकी अन्तर्दृष्टि की शक्ति है, जिसके बल से मनुष्य अपने अन्तर के सबसे गहरे प्रदेश तक में नजर डाल सकता है। इस अन्तर्दृष्टि का विकास-साधन ही योगी का उद्देश्य है। मन की समस्त शक्तियों को एकत्र करके भीतर की ओर मोड़कर वे जानना चाहते हैं कि भीतर क्या हो रहा है। इसमें केवल विश्वास की कोई बात नहीं, यह तो दार्शनिकों के मनस्तत्त्व-विश्लेषण का फल मात्र है। आधुनिक शरीरतत्त्ववित् पण्डितों का कथन है कि आँखें यथार्थतः दर्शन का कारण नहीं है, वह कारण तो मस्तिष्क के अन्तर्गत स्नायु-केन्द्र में अवस्थित है। समस्त कारणों के सम्बन्ध में ठीक ऐसा ही समझना चाहिए। उनका यह भी कहना है कि मस्तिष्क जिस पदार्थ से निर्मित है, ये केन्द्र भी ठीक उसी पदार्थ से बने हैं। सांख्य-मतानुयायी भी ऐसा ही कहते हैं। भेद यह है कि सांख्य का सिद्धान्त आध्यात्मिकता की ओर झुका हुआ है और वैज्ञानिकों का भौतिकता की ओर। फिर भी दोनों एक ही बात है। हमें इससे अतीत राज्य का अन्वेषण करना होगा।

योगी प्रयत्न करते हैं कि वे अपने को ऐसा सूक्ष्म अनुभूति

सम्पन्न कर लें, जिससे वे विभिन्न मानसिक अवस्थाओं को प्रत्यक्ष कर सकें। समस्त मानसिक प्रक्रियाओं को पृथक्-पृथक् रूप से मानस-प्रत्यक्ष करना आवश्यक है। इन्द्रिय-गोलकों पर विषयों का आघात होते ही उससे उत्पन्न हुई संवेदनाएँ उस-उस करण की सहायता से किस तरह स्नायु में से होती हुई जाती हैं, मन किस प्रकार उनको ग्रहण करता है, किस प्रकार फिर वे निश्चयात्मिका बुद्धि के पास जाती है, तत्पश्चात् किस प्रकार पुरुष के पास उपनीत होती हैं—इन समस्त व्यापारों को पृथक्-पृथक् रूप से देखना होगा। प्रत्येक विषय की शिक्षा की अपनी एक निर्दिष्ट प्रणाली है। कोई भी विज्ञान क्यों न सीखो, पहले अपने आपको उसके लिए तैयार करना होगा, फिर एक निर्दिष्ट प्रणाली का अनुसरण करना होगा। इसके अतिरिक्त उस विज्ञान के सिद्धान्तों को समझने का और कोई दूसरा उपाय नहीं है। राजयोग के सम्बन्ध में भी ठीक ऐसा ही है।

भोजन के सम्बन्ध में कुछ नियम आवश्यक हैं। जिससे मन खूब पवित्र रहे, ऐसा भोजन करना चाहिए। तुम यदि किसी चिड़ियाघर में जाओ, तो भोजन के साथ जीव का क्या सम्बन्ध है यह भली-भाँति समझ में आ जायेगा। हाथी बड़ा भारी प्राणी है, परन्तु उसकी प्रकृति बड़ी शान्त है। और यदि तुम सिंह या बाघ के पिंजरे की ओर जाओ, तो देखोगे, वे बड़े चंचल हैं। इससे समझ में आ जाता है कि आहार का तारतम्य कितना भयानक परिवर्तन कर देता है। हमारे शरीर के अन्दर जितनी शक्तियाँ खेल कर रही हैं, वे सारी आहार से पैदा हुई हैं। और यह हम प्रतिदिन प्रत्यक्ष देखते हैं। यदि तुम उपवास करना आरम्भ कर दो, तो तुम्हारा शरीर दुर्बल हो जायेगा, दैहिक शक्तियों का ह्रास हो जायेगा और कुछ दिनों बाद मानसिक शक्तियाँ भी क्षीण होने लगेंगी। पहले स्मृति-शक्ति जाती रहेगी, फिर ऐसा एक समय आयेगा, जब सोचने के लिए भी सामर्थ्य न रह जायेगी—किसी विषय पर गम्भीर रूप से विचार करना तो दूर की बात है। इसीलिए साधना की पहली अवस्था में, भोजन के सम्बन्ध में विशेष ध्यान रखना होगा, फिर बाद में

साधना में विशेष अग्रसर हो जाने पर उतना सावधान न रहने से भी चलेगा। जब तक पौधा छोटा रहता है, तब तक उसे घेर कर रखते है, नहीं तो जानवर उसे चर जायें। उसके बड़े हो जाने पर घेर आवश्यक नहीं रह जाता। तब वह सारे आघात झेल सकता है।

योगी को अधिक विलास और कठोरता दोनों का ही त्याग करना चाहिए। उनके लिए उपवास करना या देह को किसी प्रकार कष्ट देना उचित नहीं। गीताकार कहते हैं, जो अपने को अनर्थक क्लेश देते हैं, वे कभी योगी नहीं हो सकते। अतिभोजनकारी, उपवासशील, अधिक जागरणशील, अधिक निद्रालु, अत्यन्त कर्मी अथवा बिलकुल आलसी- इनमें से कोई भी योगी नहीं हो सकता।

"नात्यश्नतस्तु योगोऽस्ति न चैकान्तमनश्नत ।
न चातिस्वप्नशीलस्य जाग्रतो नैव चार्जुन ।।
युक्ताहारविहारस्य युक्तचेष्टस्य कर्मसु ।
युक्तस्वप्नावबोधस्य योगो भवति दुःखहा ।।

# 2. साधना के प्राथमिक सोपान

राजयोग आठ अंगों में विभक्त है। पहला है यम-अर्थात् अहिंसा, सत्य, अस्तेय (चोरी का अभाव), ब्रह्मचर्य और अपरिग्रह। दूसरा है नियम-अर्थात् शौच, सन्तोष, तपस्या, स्वाध्याय (अध्यात्म-शास्त्रपाठ) और ईश्वर-प्रणिधान अर्थात् ईश्वर को आत्म-समर्पण। तीसरा है आसन–अर्थात् बैठने की प्रणाली। चौथा है प्राणायाम। पाँचवाँ है प्रत्याहार–अर्थात् मन की विषयाभिमुखी गति को फेरकर उसे अन्तर्मुखी करना। छठा है धारणा अर्थात् एकाग्रता। सातवाँ है ध्यान। और आठवाँ है, समाधि अर्थात् ज्ञानातीत अवस्था। हम देख रहे हैं, यम और नियम चरित्र-निर्माण के साधन हैं। इनकी नींव बनाए बिना किसी तरह की योग-साधना सिद्ध न होगी। यम और नियम के दृढ़प्रतिष्ठ हो जाने पर योगी अपनी साधना का फल अनुभव करना आरम्भ कर देते हैं। इनके न रहने पर साधना का कोई फल न होगा। योगी को चाहिए कि वे तन-मन-वचन से किसी के विरुद्ध हिंसाचरण न करें। मनुष्य ही नहीं, वरन् अन्य प्राणियों के विरुद्ध भी हिंसा का भाव न रहे, दया मनुष्य-जाति में ही आबद्ध न रहें, वरन् वह और भी फैलकर मानो सारे संसार का आलिंगन कर ले।

यम और नियम के बाद आसन आता है। जब तक बहुत उच्च अवस्था की प्राप्ति नहीं हो जाती, तब तक रोज नियमानुसार कुछ शारीरिक और मानसिक क्रियाएँ करनी पड़ती हैं। अतएव जिससे दीर्घकाल तक एक भाव से बैठा जा सके, ऐसे एक आसन का अभ्यास आवश्यक है। जिनको जिस आसन से सुभीता मालूम होता हो, उनको

उसी आसन पर बैठना चाहिए। एक व्यक्ति के लिए एक प्रकार से बैठकर सोचना सहज हो सकता है, परन्तु दूसरे के लिए, सम्भव है, वह बहुत कठिन जान पड़े। हम बाद में देखेंगे कि योग-साधना के समय शरीर के भीतर नाना प्रकार के कार्य होते रहते हैं। स्नायविक शक्तिप्रवाह की गति को फेरकर उसे नए रास्ते से दौड़ाना होगा, तब शरीर में नए प्रकार की कम्पन या क्रिया शुरू होगी, सारा शरीर मानो नए रूप से गठित हो जायेगा। इस क्रिया का अधिकांश मेरुदण्ड के भीतर होगा, इसलिए आसन के सम्बन्ध में इतना समझ लेना होगा कि मेरुदण्ड को सहज भाव से रखना आवश्यक है–ठीक सीधा बैठना होगा–वक्ष, ग्रीवा और मस्तक सीधे और समुन्नत रहें, जिससे देह का सारा भार पसलियों पर पड़े। यह तुम सहज ही समझ सकोगे कि वृक्ष यदि नीचे की ओर झुका रहे, तो किसी प्रकार का उच्च चिन्तन करना सम्भव नहीं। राजयोग का यह भाग हठयोग से बहुत-कुछ मिलता जुलता है। हठयोग केवल स्थूल देह को लेकर व्यस्त रहता है। इसका उद्देश्य केवल स्थूल देह को सबल बनाना है। हठयोग के सम्बन्ध में यहाँ कुछ कहने की आवश्यकता नहीं, क्योंकि उसकी क्रियाएँ बहुत कठिन हैं। एक दिन में उसकी शिक्षा भी सम्भव नहीं। फिर, उससे कोई आध्यात्मिक उन्नति भी नहीं होती। डेलसर्ट और अन्यान्य व्यायाम-आचार्यों के ग्रन्थों में इन क्रियाओं के अनेक अंग देखने को मिलते हैं। उन लोगों ने भी शरीर को भिन्न-भिन्न स्थितियों में रखने की व्यवस्था की है। हठयोग की तरह उनका भी उद्देश्य दैहिक उन्नति है, आध्यात्मिक उन्नति नहीं। शरीर की ऐसी कोई पेशी नहीं, जिसे हठयोगी अपने वश में न ला सके। हृदय-यंत्र उसकी इच्छा के अनुसार बंद किया या चलाया जा सकता है–शरीर के सारे अंश वह अपनी इच्छानुसार चला सकता है।

मनुष्य किस प्रकार दीर्घजीवी हो, यही हठयोग का एकमात्र उद्देश्य है। शरीर किस प्रकार पूर्ण स्वस्थ रहें, यही हठयोगियों का एकमात्र लक्ष्य है। हठयोगियों का यही दृढ़ सकल्प है कि मुझे और पीड़ा न हो और इस दृढ़ संकल्प के बल से उनको पीड़ा होती भी नहीं।

वे दीर्घजीवी हो सकते हैं, सौ वर्ष तक जीवित रहना तो उनके लिए मामूली-सी बात है। उनकी १५० वर्ष की आयु हो जाने पर भी, देखोगे, वे पूर्ण युवा और सतेज हैं, उनका एक केश भी सफेद नहीं हुआ किन्तु इसका फल बस यहीं तक है। वटवृक्ष भी कभी-कभी ५००० वर्ष जीवित रहता है, किन्तु वह वटवृक्ष का वटवृक्ष ही बना रहता है। फिर वे लोग भी यदि उसी तरह दीर्घजीवी हुए, तो उससे क्या? वे बस एक बड़े स्वस्थकाय जीव भर रहते हैं। हठयोगियों के दो-एक साधारण उपदेश बड़े उपकारी हैं। सिर की पीड़ा होने पर, शय्या-त्याग करते ही नाक से शीतल जल पीयें, इससे सारा दिन मस्तिष्क अत्यन्त शीतल रहेगा और कभी सर्दी न होगी। नाक से पानी-पीना कोई कठिन काम नहीं, बड़ा सरल है। नाक को पानी के भीतर डुबाकर गले में पानी खींचते रहो। पानी अपने-आप ही धीरे-धीरे भीतर जाने लगेगा।

आसन सिद्ध होने पर, किसी-किसी सम्प्रदाय के मतानुसार नाड़ी-शुद्धि करनी पड़ती है। बहुत से लोग यह सोचकर कि यह राजयोग के अन्तर्गत नहीं है, इसकी आवश्यकता स्वीकार नहीं करते। परन्तु जब शंकराचार्य जैसे भाष्यकार ने इसका विधान किया है तब मेरे लिए भी इसका उल्लेख करना उचित जान पड़ता है। मैं श्वेताश्वतर उपनिषद् पर उनके भाग्य से इस सम्बन्ध में उनका मत उद्धृत करूँगा—"प्राणायाम के द्वारा जिस मन का मैल धुल गया है, वही मन ब्रह्म में स्थिर होता है। इसलिए शास्त्रों में प्राणायाम के विषय का उल्लेख है। पहले नाड़ी-शुद्धि करनी पड़ती है तभी प्राणायाम करने की शक्ति आती है। अँगूठे से दाहिना नथुना दबाकर बाएँ नथुने से यथाशक्ति वायु अन्दर खींचो, फिर बीच में तनिक देर भी विश्राम किए बिना बाई नासिका बन्द करके दाहिनी नासिका से वायु निकालो। फिर दाहिनी नासिका से वायु ग्रहण करके बाई नासिका से निकालो। दिन भर में चार बार अर्थात् उपा, मध्याहन, सायाहन और निशीथ, इन चार समय पूर्वोक्त क्रिया का तीन बार या पाँच बार अभ्यास करने पर, एक पक्ष या महीने भर में नाड़ी-शुद्धि हो जाती है। उसके बाद प्राणायाम पर अधिकार

होगा।"

सदा अभ्यास आवश्यक है। तुम रोज देर तक बैठे हुए मेरी बात सुन सकते हो, परन्तु अभ्यास किए बिना तुम एक कदम भी आगे नहीं बढ़ सकते। सब कुछ साधना पर निर्भर है। प्रत्यक्ष अनुभूति बिना इन तत्त्वों का कुछ भी समझ में नहीं आता। स्वयं अनुभव करना होगा, केवल व्याख्या और मत सुनने से न होगा। फिर साधना में बहुत से विघ्न भी हैं। पहला तो व्याधिग्रस्त देह है। शरीर स्वस्थ न रहें, तो साधना में बाधा पड़ती है। अतः शरीर को स्वस्थ रखना आवश्यक है। किस प्रकार का खान-पान करना होगा, किस प्रकार जीवन यापन करना होगा, इन सब बातों की ओर हमें विशेष ध्यान देना होगा। मन से सोचना होगा कि शरीर सबल हो–जैसा कि यहाँ के क्रिश्चियन साइन्स मतावलम्बी करते हैं। बस, शरीर के लिये फिर और कुछ करने की जरूरत नहीं। यह हम कभी न भूले कि स्वास्थ्य उद्देश्य के साधन का एक उपाय मात्र है। यदि स्वास्थ्य ही उद्देश्य होता, तो हम तो पशुतुल्य हो गए होते। पशु प्रायः अस्वस्थ नहीं होते।

दूसरा विघ्न है सन्देह। हम जो कुछ नहीं देख पाते, उसके सम्बन्ध में संदिग्ध हो जाते हैं। मनुष्य कितनी भी चेष्टा क्यों न करें, वह केवल बात के भरोसे नहीं रह सकता। यही कारण है कि योगशास्त्रोक्त सत्यता के सम्बन्ध में सन्देह उपस्थित हो जाता है। यह सन्देह बहुत अच्छे आदमियों में भी देखने को मिलता है। परन्तु साधना का श्रीगणेश कर देने पर बहुत थोड़े दिनों में ही कुछ-कुछ अलौकिक व्यापार देखने को मिलेंगे, और तब साधना के लिए तुम्हारा उत्साह बढ़ जायेगा। योगशास्त्र के एक टीकाकार ने कहा भी है, "योगशास्त्र की सत्यता के सम्बन्ध में यदि एक बिलकुल सामान्य प्रमाण भी मिल जाये, तो उतने से ही सम्पूर्ण योगशास्त्र पर विश्वास हो जायेगा।" उदाहरणस्वरूप तुम देखोगे कि कुछ महीनों की साधना के बाद तुम दूसरों का मनोभाव समझ सक रहे हो, वे तुम्हारे पास तस्वीर के रूप में आयेंगे, यदि बहुत दूर पर कोई शब्द या बातचीत हो रही हो, तो मन एकाग्र करके सुनने

की चेष्टा करने से ही तुम उसे सुन लोगे। पहले-पहल अवश्य ये व्यापार बहुत थोड़ा-थोड़ा करके दिखेंगे। परन्तु उसी से तुम्हारा विश्वास, बल और आशा बढ़ती रहेगी। मान लो, नासिका के अग्रभाग में तुम चित्त का संयम करने लगे, तब तो थोड़े ही दिनों में तुम्हे दिव्य सुगन्ध मिलने लगेगी, इसी से तुम समझ जाओगे कि हमारा मन कभी-कभी वस्तु के प्रत्यक्ष सस्पर्श में न आकर भी उसका अनुभव कर लेता है। पर यह हमें सदा याद रखना चाहिए कि इन सिद्धियों का और कोई स्वतंत्र मूल्य नहीं, वे हमारे प्रकृत उद्देश्य के साधन में कुछ सहायता मात्र करती हैं। हमें याद रखना होगा कि इन सब साधनों का एकमात्र लक्ष्य, एकमात्र उद्देश्य 'आत्मा की मुक्ति' है। प्रकृति को पूर्ण रूप से अपने अधीन कर लेना ही हमारा एकमात्र लक्ष्य है। इसके सिवा और कुछ भी हमारा प्रकृत लक्ष्य नहीं हो सकता। मामूली सिद्धियों से सन्तुष्ट हो गए, तो पूरा न पड़ेगा। हम ही प्रकृति पर प्रभुत्व करेंगे, प्रकृति को अपने ऊपर प्रभुत्व न करने देगें। शरीर या मन कुछ भी हम पर प्रभुत्व न कर सकें। हम यह कभी न भूले कि 'शरीर हमारा है'-'हम शरीर के नहीं'।

एक देवता और एक असुर किसी महापुरुष के पास आत्म-जिज्ञासु होकर गए। उन्होने उन महापुरुष के पास एक अरसे तक रहकर शिक्षा प्राप्त की। कुछ दिन बाद उन महापुरुष ने उनसे कहा, "तुम लोग जिसको खोज रहे हो, वह तो तुम ही हो।" उन लोगों ने सोचा, "तो देह ही आत्मा है।" फिर उन लोगों ने यह सोचकर कि जो कुछ मिलना था मिल गया, सन्तुष्ट-चित्त से अपनी-अपनी जगह को प्रस्थान किया। उन लोगों ने जाकर अपने-अपने आत्मीय जनों से कहा, "जो कुछ सीखना था, सब सीख आए। अब आओ, भोजन, पान और आनन्द में दिन बिताएँ-हम ही वह आत्मा हैं, इसके सिवा और कोई पदार्थ नहीं।" उस असुर का स्वभाव अज्ञान से ढका हुआ था, इसलिए, इस विषय में उसने अधिक अन्वेषण नहीं किया। अपने को ईश्वर समझकर वह पूर्ण रूप से सन्तुष्ट हो गया, उसने 'आत्मा' शब्द से देह समझी। परन्तु देवता का स्वभाव अपेक्षाकृत पवित्र था। वे भी पहले इस भ्रम में पड़े थे कि

'मैं' का अर्थ यह शरीर ही है, यह देह ही ब्रह्म है, इसलिए इसे स्वस्थ और सबल रखना, सुन्दर स्वच्छ वस्त्रादि पहनना और सब प्रकार के दैहिक सुखों का सम्भोग करना ही कर्तव्य है।" परन्तु कुछ दिन बीत जाने पर उन्हें यह बोध होने लगा कि गुरु के उपदेश का अर्थ यह नहीं हो सकता कि देह ही आत्मा है, वरन् देह से भी श्रेष्ठ कुछ अवश्य है। तब उन्होंने गुरु के निकट आकर पूछा, "गुरो, आपके वाक्य का क्या यह तात्पर्य है कि देह ही आत्मा है? परन्तु यह कैसे हो सकता है? सभी शरीर तो नष्ट होते है, पर आत्मा का तो नाश नहीं" आचार्य ने कहा, "तुम स्वयं इसका निर्णय करो, तुम वही हो–तत्त्वमसि।" तब शिष्य ने सोचा, शरीर के भीतर जो प्राण है, शायद उनको लक्ष्य कर गुरु ने पूर्वोक्त उपदेश दिया था। वे वापस चले गए। परन्तु फिर शीघ्र ही देखा कि भोजन करने पर प्राण तेजस्वी रहते हैं और न करने पर मुरझाने लगते हैं। तब वे पुनः गुरु के पास आए और कहा, "गुरो, आपने क्या प्राणों को आत्मा कहा है?" गुरु ने कहा, "स्वंय तुम इसका निर्णय करो, तुम वही हो।" उस अध्यवसायशील शिष्य ने गुरु के यहाँ से लौटकर सोचा, "तो शायद मन ही आत्मा होगा।" परन्तु वे शीघ्र ही समझ गए कि मनोवृत्तियाँ बहुत तरह की हैं, मन में कभी साधु-वृत्ति, तो कभी असत्-वृत्ति उठती है, अतः मन इतना परिवर्तनशील है कि वह कभी आत्मा नहीं हो सकता। तब फिर से गुरु के पास आकर उन्होंने कहा, "मन आत्मा है, ऐसा तो मुझे नहीं जान पड़ता। आपने क्या ऐसा ही उपदेश दिया है?" गुरु ने कहा, "नहीं, तुम ही वह हो, तुम स्वयं इसका निर्णय करो।" वे देवपुगव फिर लौट गए, तब उनको यह ज्ञान हुआ, "मैं समस्त मनोवृत्तियों के अतीत एकमेवाद्वितीय आत्मा हूँ। मेरा जन्म नहीं, मृत्यु नहीं, मुझे तलवार नहीं काट सकती, आग नहीं जला सकती, हवा नहीं सुखा सकती, जल नहीं गला सकता, मैं अनादि हूँ, जन्मरहित, अचल, अस्पर्श, सर्वज्ञ, सर्वशक्तिमान पुरुष हूँ। आत्मा शरीर या मन नहीं, वह तो इन सबके अतीत है।" इस प्रकार देवता में ज्ञान का उदय हुआ और वे तत्प्रसूत आनन्द से तृप्त हो गए। पर उस असुर बिचारे को

सत्यलाभ न हुआ, क्योंकि देह में उसकी अत्यन्त आसक्ति थी।

इस जगत् में ऐसी असुर-प्रकृति के अनेक लोग हैं, फिर भी देवता-प्रकृतिवाले बिलकुल ही न हों, ऐसा नहीं। यदि कोई कहे, आओ, तुम लोगों को मैं एक ऐसी विद्या सिखाऊँगा, जिससे तुम्हारा इन्द्रिय-सुख अनन्तगुना बढ़ जायेगा," तो अगनित लोग उसके पास दौड़ पड़ेंगे। परन्तु यदि कोई कहे, "आओ, मैं तुम लोगों को तुम्हारे जीवन का चरम लक्ष्य परमात्मा का विषय सिखलाऊँ," तो शायद उनकी बात की कोई परवाह भी न करेगा। ऊँचे तत्त्व की धारणा करने की शक्ति बहुत कम लोगों में देखने को मिलती है, सत्य को प्राप्त करने के लिए अध्यवसायशील लोगों की संख्या तो और भी बिरली है। पर संसार में ऐसे महापुरुष भी है, जिनकी यह निश्चित धारणा है कि शरीर चाहे हजार वर्ष रहे या लाख वर्ष, अन्त में गति एक ही होगी। जिन शक्तियों के बल से देह कायम है, उनके चले जाने पर देह न रहेगी। कोई भी व्यक्ति पल भर के लिए भी शरीर का परिवर्तन रोकने में समर्थ नहीं हो सकता। शरीर और है क्या? वह कुछ सतत-परिवर्तनशील परमाणुओं की समष्टि मात्र है। नदी के दृष्टान्त से यह तत्त्व सहज बोधगम्य हो सकता है। तुम अपने सामने नदी में जलराशि देख रहे हो, वह देखो, पल भर में वह चली गई और उसकी जगह एक नयी जलराशि आ गई। जो जलराशि आई, वह सम्पूर्ण नयी है, परन्तु देखने में पहली ही जलराशि की तरह है। शरीर भी ठीक इसी तरह सतत परिवर्तनशील है। उसके इस प्रकार परिवर्तनशील होने पर भी उसे स्वस्थ और बलिष्ठ रखना आवश्यक है, क्योंकि शरीर की सहायता से ही हमें ज्ञान की प्राप्ति करनी होगी। इसके सिवा और कोई उपाय नहीं।

सब प्रकार के शरीरों में मानव-देह ही श्रेष्ठतम है, मनुष्य ही श्रेष्ठतम जीव है। मनुष्य सब प्रकार के निकृष्ट प्राणियों से-यहाँ तक कि देवादि से भी श्रेष्ठ है। मनुष्य से श्रेष्ठतर जीव और नहीं। देवताओं को भी ज्ञान-लाभ के लिए मनुष्य-देह धारण करनी पड़ती है। एकमात्र मनुष्य ही ज्ञान-लाभ का अधिकारी है, देवता भी इनसे वंचित हैं। यहूदी

और मुसलमानों के मत में, ईश्वर ने, देवता और अन्नान्य समुदय सृष्टियों के बाद मनुष्य की सृष्टि करके, देवताओं से मनुष्य को प्रणाम और अभिनन्दन कर आने के लिए कहा। इब्लिम को छोड़कर बाकी सबने ऐसा किया। अतएव ईश्वर ने इब्लिम को अभिशाप दे दिया। इससे वह शैतान बन गया। उक्त रूपक के अन्दर यह महान् सत्य निहित है कि संसार में मनुष्य-जन्म ही अन्य सबकी अपेक्षा श्रेष्ठ है। पशु आदि निर्यक-सृष्टि तम प्रधान है। पशु किसी ऊँचे तत्त्व की धारणा नहीं कर सकते। देवता भी मनुष्य-जन्म लिए बिना मुक्तिलाभ नहीं कर सकते। देखो, मनुष्य की आत्मोन्नति के लिए अधिक धन अनुकूल नहीं। फिर बिलकुल निर्धन होने पर भी उन्नति दूर रहती है। संसार में जितने महात्मा पैदा हुए हैं, सभी मध्यम श्रेणी के लोगों से हुए थे। मध्यम श्रेणीवालों में सब विरोधी शक्तियों का समन्वय रहता है।

अब हम यथार्थ विषय पर आएँ। हमें अब प्राणायाम के सम्बन्ध में आलोचना करनी चाहिए। देखें, चित्तवृत्तियों के विरोध से प्राणायाम का क्या सम्बन्ध है। श्वास-प्रश्वास मानो देह-यंत्र का गतिनियामक मूल यन्त्र (fly-wheel) है। एक बृहत् इंजन पर निगाह डालने पर देखोगे कि एक बड़ा चक्र घूम रहा है और उस चक्र की गति क्रमशः सूक्ष्म से सूक्ष्मतर यंत्रों में संचारित होती है। इस प्रकार उस इंजन के अत्यन्त सूक्ष्मतम यंत्र तक गतिशील हो जाते हैं। श्वास-प्रश्वास ठीक वैसा ही एक गतिनियामक चक्र है। वही इस शरीर के सब अंगों में जहाँ जिस प्रकार की शक्ति की आवश्यकता है, उसकी पूर्ति कर रहा है और उस शक्ति को नियमित कर रहा है।

एक राजा के एक मन्त्री था। किसी कारण से राजा उस पर नाराज हो गया। राजा ने उसे एक बड़ी ऊँची मीनार की चोटी में कैद कर रखने की आज्ञा दी। राजा की आज्ञा का पालन किया गया। मन्त्री भी वहाँ कैद होकर मौत की राह देखने लगा। मन्त्री के एक पतिव्रता पत्नी थी। रात को उस मीनार के नीचे आकर उसने चोटी पर कैद हुए पति को पुकारकर पूछा, "मैं किस प्रकार तुम्हारी रक्षा करूँ?" मन्त्री ने

कहा, "अगली रात को एक लम्बा मोटा रस्सा, मजबूत डोरी, एक बंडल सूत, रेशम का पतला सूत, एक गुबरैला और थोड़ा-सा शहद लेती आना।" उसकी सहधर्मिणी पति की यह बात सुनकर बहुत आश्चर्यचकित हो गई। जो हो, वह पति की आज्ञानुसार दूसरे दिन सब वस्तुएँ ले गई। मन्त्री ने उससे कहा, "रेशम का सूत मजबूती से गुबरैले के पैर में बाँध दो, उसकी मूँछों में एक बूँद शहद लगा दो और उसका सिर ऊपर की ओर करके उसे मीनार की दीवार पर छोड़ दो।" पतिव्रता ने सब आज्ञाओं का पालन किया। तब उस कीड़े ने अपना लम्बा रास्ता पार करना-शुरू किया। सामने शहद की महक पाकर मधु के लोभ से वह धीरे-धीरे ऊपर चढ़ने लगा, और अन्त में मीनार की चोटी पर जा पहुँचा। मन्त्री ने झट उसे पकड़ लिया और उसके साथ रेशम के सूत को भी। इसके बाद अपनी स्त्री से कहा, बंडल में जो सूत है, उसे रेशम के सूत के छोर से बाँध दो।" इस तरह वह भी उसके हाथ में आ गया। इसी उपाय से उसने डोरा और मोटा रस्सा भी पकड़ लिया। अब कोई कठिन काम न रह गया। रस्सा ऊपर बाँधकर वह नीचे उतरा और भाग खड़ा हुआ। हमारी इस देह में श्वास-प्रश्वास की गति मानों रेशमी सूत है। इसका धारण या संयम कर सकने पर पहले स्नायविक शक्तिप्रवाहरूप (nervous current) सूत का बंडल, फिर मनोवृत्तिरूप डोरी और अन्त में प्राणरूप रस्से को पकड़ सकते हैं। प्राणों को जीत लेने पर मुक्ति प्राप्त होती है।

हम अपने शरीर के सम्बन्ध में बड़े अज्ञ हैं, कुछ जानकारी रखना भी हमें सम्भव नहीं मालूम पड़ता। बहुत हुआ तो हम मृत-देह को चीर-फाड़कर देख सकते हैं कि उसके भीतर क्या है और क्या नहीं, और कोई-कोई इसके लिए किसी जीवित पशु की देह ले सकते हैं। पर उससे हमारे अपने शरीर का कोई सम्बन्ध नहीं। हम अपने शरीर के सम्बन्ध में बहुत कम जानते हैं। इसका कारण क्या है? यह कि हम मन को उतनी दूर तक एकाग्र नहीं कर सकते, जिससे हम शरीर के भीतर की अति सूक्ष्म गतियों तक को समझ सकें। मन जब बाह्य विषयों का

परित्याग कर देह के भीतर प्रविष्ट होता है और अत्यन्त सूक्ष्मावस्था प्राप्त करता है, तभी हम उन गतियों को जान सकते हैं। इस प्रकार सूक्ष्म अनुभूतिसम्पन्न होने के लिए हमें पहले स्थूल से आरम्भ करना होगा। देखना होगा, सारे शरीर-यन्त्र को चलाता कौन है, और उसे अपने वश में लाना होगा। वह प्राण है, इसमें कोई सन्देह नहीं। श्वास-प्रश्वास ही उस प्राण-शक्ति का प्रत्यक्ष परिदृश्यमान रूप है। अब, श्वास-प्रश्वास के साथ धीरे-धीरे शरीर के भीतर प्रवेश करना होगा। इसी से हम देह के भीतर की सूक्ष्म से सूक्ष्म शक्तियों के सम्बन्ध में जानकारी प्राप्त कर सकेंगे और समझ सकेंगे कि स्नायविक शक्तिप्रवाह किस तरह शरीर में सर्वत्र भ्रमण कर रहे हैं। और जब हम मन में उनका अनुभव कर सकेंगे, तब वे, और उनके साथ देह भी हमारे अधिकार में आ जायेगी। मन भी इन सब स्नायविक शक्ति-प्रवाहों द्वारा संचालित हो रहा है। इसीलिए उन पर विजय पाने से मन और शरीर दोनों ही हमारे अधीन हो जाते हैं, हमारे दास बन जाते हैं। ज्ञान ही शक्ति है, और यह शक्ति प्राप्त करना ही हमारा उद्देश्य है। अतएव स्नायुओं के भीतर जो शक्तिप्रवाह सतत चल रहे हैं, उनके और शरीर के सम्बन्ध में ज्ञान प्राप्त कर लेना विशेष आवश्यक है। इसलिए हमें प्राणायाम से प्रारम्भ करना होगा। इस प्राणायाम-तत्त्व की विशेष आलोचना के लिए दीर्घ समय की आवश्यकता है–इसको अच्छी तरह समझाते बहुत दिन लगेंगे। हम क्रमशः उसका एक-एक अंश लेकर आलोचना करेंगे।

हम क्रमशः समझ सकेंगे कि प्राणायाम के साधन में जो क्रियाएँ की जाती हैं, उनका हेतु क्या है और प्रत्येक क्रिया से देह के भीतर किस प्रकार की शक्ति प्रवाहित होती है। क्रमशः यह सब हमें बोधगम्य हो जायेगा। परन्तु इसके लिए निरन्तर साधना आवश्यक है। साधना के द्वारा ही मेरी बात की सत्यता का प्रमाण मिलेगा। मैं इस विषय में कितनी भी युक्तियों का प्रयोग क्यों न करूँ, पर तुम्हें उस समय तक कोई भी उपादेय न जान पड़ेगी, जब तक तुम स्वयं प्रत्यक्ष न कर लोगे। जब देह के भीतर इन शक्तियों के प्रवाह की गति स्पष्ट

अनुभव करने लगोगे, तभी सारे संशय दूर होंगे। परन्तु इसके अनुभव के लिए प्रत्यह कठोर अभ्यास आवश्यक है। प्रतिदिन कम-से-कम दो बार अभ्यास करना चाहिए, और उस अभ्यास का उपयुक्त समय है प्रातः और सांय। जब रात बीतती है और पौ फटती है तथा जब दिन बीतता है और रात आती है, इन दो समयों में प्रकृति अपेक्षाकृत शान्त भाव धारण करती है। ब्राह्ममुहूर्त और गोधूलि ये दो समय मन की स्थिरता के लिए अनुकूल हैं। इन दो समय शरीर बहुत-कुछ शान्तभावापन्न रहता है। इस समय साधना करने से प्रकृति हमारी काफी सहायता करेगी, इसलिए इन्हीं दो समयों में साधना करना आवश्यक है। यह नियम बना लो कि साधना समाप्त किए बिना भोजन न करोगे। ऐसा नियम बना लेने पर भूख का प्रबल वेग ही तुम्हारा आलस्य नष्ट कर देगा। भारतवर्ष में बालक यही शिक्षा पाते हैं कि स्नान-पूजा और साधना किए बिना भोजन नहीं करना चाहिए। कालान्तर में यह उनके लिए स्वाभाविक हो जाता है, उनकी जब तक स्नान-पूजा और साधना समाप्त नहीं हो जाती, तब तक उन्हें भूख नहीं लगती।

तुममें से जिनको सुभीता हो, वे साधना के लिए यदि एक स्वतंत्र कमरा रख सकें, तो अच्छा हो। इस कमरे को सोने के काम में न लाओ। इसे पवित्र रखो। बिना स्नान किए और शरीर, मन को बिना शुद्ध किए इस कमरे में प्रवेश न करो। इस कमरे में सदा पुष्प और हृदय को आनन्द देनेवाले चित्र रखो। योगी के लिए ऐसे वातावरण में रहना बहुत उत्तम है। सुबह और शाम वहाँ धूप और चन्दन-चूर्ण आदि जलाओ। उस कमरे में किसी प्रकार का क्रोध, कलह और अपवित्र चिन्तन न किया जाये। तुम्हारे साथ जिनके भाव मिलते हैं, केवल उन्हीं को उस कमरे में प्रवेश करने दो। ऐसा करने पर शीघ्र वह कमरा सत्त्वगुण से पूर्ण हो जायेगा, यहाँ तक कि, जब किसी प्रकार का दुःख या संशय आए अथवा मन चंचल हो, तो उस समय उस कमरे में प्रवेश करते ही तुम्हारा मन शान्त हो जायेगा। मन्दिर, गिरजाघर आदि के निर्माण का सच्चा उद्देश्य यही था। अब भी बहुत-से मन्दिरों और

गिरजाघरों में यह भाव देखने को मिलता है; परन्तु अधिकतर स्थलों में लोग इनका उद्देश्य तक भूल गए हैं। चारों ओर पवित्र चिन्तन के परमाणु सदा स्पन्दित होते रहने के कारण वह स्थान पवित्र ज्योति से भरा रहता है। जो इस प्रकार के स्वतंत्र कमरे की व्यवस्था नहीं कर सकते, वे जहाँ इच्छा हो वहीं बैठकर साधना कर सकते हैं। शरीर को सीधा रखकर बैठो। संसार में पवित्र चिन्तन का एक स्रोत बहा दो। मन-ही-मन कहो-संसार में सभी सुखी हों, सभी शान्ति लाभ करें, सभी आनन्द पावें। इस प्रकार पूर्व, पश्चिम, उत्तर, दक्षिण, चहुँ ओर पवित्र चिन्तन की धारा बहा दो। ऐसा जितना करोगे, उतना ही तुम अपने को अच्छा अनुभव करने लगोगे। बाद में देखोगे, 'दूसरे सब लोग स्वस्थ हो,' यह चिन्तन ही स्वास्थ्य-लाभ का सहज उपाय है। 'दूसरे लोग सुखी हों,' ऐसी भावना ही अपने को सुखी करने का सहज उपाय है। इसके बाद जो लोग ईश्वर पर विश्वास करते हैं, वे ईश्वर के निकट प्रार्थना करें–अर्थ, स्वास्थ्य अथवा स्वर्ग के लिए नहीं, वरन् हृदय में ज्ञान और सत्य-तत्त्व के उन्मेष के लिए। इसको छोड़ बाकी सब प्रार्थनाएँ स्वार्थ से भरी हैं। इसके बाद भावना करनी होगी 'मेरा शरीर वज्रवत् दृढ़, सबल और स्वस्थ है। यह देह ही मेरी मुक्ति में एकमात्र सहायक है। इसी की सहायता से मैं यह जीवन-समुद्र पार कर लूँगा। जो दुर्बल है वह कभी मुक्ति नहीं पा सकता। समस्त दुर्बलताओं का त्याग करो। देह से कहो, 'तुम खूब बलिष्ठ हो।' मन से कहो, 'तुम अनन्त शक्तिद्यर हो।' और स्वयं पर प्रबल विश्वास और भरोसा रखो।

# 3. प्राण

बहुतों का विचार है, प्राणायाम श्वास-प्रश्वास की कोई क्रिया है। पर असल में ऐसा नहीं है। वास्तव में तो श्वास-प्रश्वास की क्रिया के साथ इसका बहुत थोड़ा सम्बन्ध है। यथार्थ प्राणायाम की साधना में अविकारी होने के लिए बहुत से अलग-अलग उपाय हैं। श्वास-प्रश्वास की क्रिया उनमें से एक उपाय मात्र है। प्राणायाम का अर्थ है प्राणों का संयम। भारतीय दार्शनिकों के मतानुसार सारा जगत् दो पदार्थों से निर्मित है। उनमें से एक का नाम है आकाश। वह आकाश एक सर्वव्यापी, मर्यानुन्युत सत्ता है। जिस किसी वस्तु का आकार है, जो कोई वस्तु कुछ वस्तुओं के मिश्रण से बनी है, वह इस आकाश से ही उत्पन्न हुई है। वह आकाश ही वायु में परिणत होता है, यही तरल पदार्थ का रूप धारण करता है, यही फिर ठोस आकार को प्राप्त होता है यह आकाश ही सूर्य, पृथ्वी तारा, धुमकेतू आदि में परिणत होता है। समस्त प्राणियों के शरीर-पशुओं के शरीर, उद्भिद आदि जितने रूप हमें देखने को मिलते हैं, जिन वस्तुओं का हम इंद्रियों द्वारा अनुभव कर सकते हैं, यहाँ तक कि संसार में जो कुछ है, सभी आकाश से उत्पन्न है। इंद्रियों द्वारा इस आकाश की उपलब्धि करने का कोई उपाय नहीं; यह इतना सूक्ष्म है कि साधारण अनुभूति के अतीत है। जब यह स्थूल होकर कोई आकार धारण करता है, तभी हम इसका अनुभव कर सकते हैं। सृष्टि के आदि में एकमात्र आकाश रहता है। फिर कल्प के अंत में समस्त ठोस, तरल और वाष्पीय पदार्थ पुनः आकाश में लय हो जाते हैं। बाद की सृष्टि फिर से इसी तरह आकाश से उत्पन्न होती है।

किस शक्ति के प्रभाव से आकाश का जगत् के रूप में परिणाम होता है? इस प्राण की शक्ति से। जिस तरह आकाश इस जगत का कारणस्वरूप, अनन्त, सर्वव्यापी मूल पदार्थ है, प्राण भी उसी तरह जगत् की उत्पत्ति की कारणस्वरूपा, अनन्त सर्वव्यापी विक्षेपकरी शक्ति है। कल्प के आदि में और अन्त में सम्पूर्ण सृष्टि आकाशरूप में परिणत होती है, और जगत् की सारी शक्तियाँ प्राण में लीन हो जाती हैं, दूसरे कल्प में फिर इसी प्राण से समुदय शक्तियों का विकास होता है। यह प्राण ही गति-रूप में प्रकाशित हुआ है—यही गुरुत्वाकर्षण या चुम्बक-शक्ति के रूप में प्रकाशित हो रहा है। यह प्राण ही स्नायविक शक्तिप्रवाह (nerve current) के रूप में, विचार-शक्ति के रूप में और समुदय दैहिक क्रिया के रूप में प्रकाशित हुआ है। विचार-शक्ति से लेकर अति सामान्य दैहिक शक्ति तक सब कुछ प्राण का ही विकास है। बाह्य और अन्तर्जगत् की समस्त शक्तियाँ जब अपनी मूल अवस्था में पहुँचती हैं, तब उसी को प्राण कहते हैं। "जब अस्ति और नास्ति कुछ भी न था, जब तम से तम आवृत था, तब था क्या? यह आकाश ही गतिशून्य होकर अवस्थित था।" यह ठीक है कि प्राण का किसी प्रकार का प्रकाश न था, परन्तु तब भी प्राण का अस्तित्व था। हम आधुनिक विज्ञान द्वारा भी समझ सकते हैं कि संसार में जितने प्रकार की शक्तियों का विकास हुआ है, उनकी समष्टि चिरकाल समान रहती हैं, वे शक्तियाँ कल्प के अन्त में शान्तभाव धारण करती हैं—अव्यक्त अवस्था में गमन करती है, और दूसरे कल्प के आदि में वे ही फिर से व्यक्त होकर आकाश पर कार्य करती रहती हैं। इसी आकाश से परिदृश्यमान साकार वस्तुएँ उत्पन्न होती हैं, और आकाश के परिणाम प्राप्त होने पर यह प्राण भी नाना प्रकार की शक्तियों में परिणत होता रहता है। इस प्राण के यथार्थ तत्त्व को जानना और उसको संयत करने की चेष्टा करना ही प्राणायाम का प्रकृति अर्थ है।

इस प्राणायाम में सिद्ध होने पर हमारे लिए मानों अनन्त शक्ति का द्वार खुल जाता है। मान लो, किसी व्यक्ति की समझ में यह प्राण

का विषय पूरी तरह आ गया और वह उस पर विजय प्राप्त करने में भी कृतकार्य हो गया, तो फिर संसार में ऐसी कौन-सी शक्ति है, जो उसके अधिकार में न आए? उसकी आज्ञा से चन्द्र-सूर्य अपनी जगह से हिलने लगते हैं, क्षुद्रतम परमाणु से वृहत्तम सूर्य तक सभी उसके वशीभूत हो जाते हैं, क्योंकि उसने प्राण को जीत लिया है। प्रकृति को वशीभूत करने की शक्ति प्राप्त करना ही प्राणायाम की साधना का लक्ष्य है। जब योगी सिद्ध हो जाते हैं, तब प्रकृति में ऐसी कोई वस्तु नहीं, जो उनके वश में न आ जाये। यदि वे देवताओं का आह्वान करेंगे, तो वे उनकी आज्ञामात्र से आ उपस्थित होंगे, यदि मृत व्यक्तियों को आने की आज्ञा देंगे, तो वे तुरन्त हाजिर हो जायेंगे। प्रकृति की समुदय गति उनकी आज्ञा से दासी की तरह काम करने लगेगी। अज्ञ जन योगी के इन कार्यकलापों को अलौकिक समझते हैं। हिन्दुओं का यह एक विशेषत्व है कि वे जिस किसी तत्त्व की आलोचना करते हैं, पहले उसके भीतर, यथा सम्भव, एक साधारण भाव का अनुसन्धान करते हैं, और उसके भीतर जो कुछ विशेष है, उसको बाद में मींमासा के लिए रख देते हैं। वेद में यह प्रश्न बार-बार पूछा गया है, "कस्मिन्नु भगवो विज्ञाते सर्वमिद विज्ञात भवति?"–ऐसी कौन-सी वस्तु है, जिसका ज्ञान होने पर सब कुछ ज्ञात हो जाता है? इस प्रकार, हमारे जितने शास्त्र हैं, जितने दर्शन हैं, सब-के-सब उसी के निर्णय में लगे हुए हैं, जिसके जानने से सब कुछ जाना जा सकता है। यदि कोई व्यक्ति जगत् का तत्त्व थोड़ा-थोड़ा करके जानना चाहे, तो उसे अनन्त समय लग जायेगा, क्योंकि फिर तो उसे बालू के एक-एक कण तक को भी अलग-अलग रूप से जानना होगा। अतः यह स्पष्ट है कि इस प्रकार सब कुछ जानना एक प्रकार से असम्भव है। तब फिर इस प्रकार के ज्ञानलाभ की सम्भावना कहाँ है? एक-एक विषय को अलग-अलग रूप से जानकर मनुष्य के लिए सर्वज्ञ होने की सम्भावना कहाँ है? योगी कहते हैं, इन सब विशिष्ट अभिव्यक्तियों के पीछे एक साधारण सत्ता है। उसको पकड़ सकने या जान लेने पर सब कुछ जाना जा सकता है। इसी प्रकार, वेदों में सम्पूर्ण

जगत् को उस एक अखण्ड निरपेक्ष सत्स्वरूप में पर्यवसित किया है। जिन्होंने इस 'अस्ति'-स्वरूप को पकड़ा है वे ही सम्पूर्ण विश्व को समझ सके हैं। उक्त प्रणाली से ही समस्त शक्तियों को भी इस प्राणरूप साधारण शक्ति में पर्यवसित किया है। अतएव जिन्होंने प्राण को पकड़ा है, उन्होंने संसार में जितनी आधिभौतिक या आध्यात्मिक शक्तियाँ हैं, सबको पकड़ लिया है। जिन्होंने प्राण को जीता है, उन्होंने अपने मन को ही नहीं, वरन् सबके मन को भी जीत लिया है। उन्होंने अपनी देह और दूसरी जितनी देह हैं, सबको अपने अधीन कर लिया है, क्योंकि प्राण ही सारी शक्तियों का मूल है।

किस प्रकार इस प्राण पर विजय पाई जाये, यही प्राणायाम का एकमात्र उद्देश्य है। इस प्राणायाम के सम्बन्ध में जितनी साधनाएँ और उपदेश हैं, सबका यही एक उद्देश्य है। हर एक साधनार्थी को, उसके सबसे समीप जो कुछ है, उसी से साधना शुरू करनी चाहिए। उसके निकट जो कुछ है, उस सब पर विजय पाने की चेष्टा करनी चाहिए। संसार की सारी वस्तुओं में देह हमारे सबसे निकट है, मन उससे भी निकटतर है। जो प्राण संसार में सर्वत्र क्रीड़ा कर रहा है, उसका जो अंश इस शरीर और मन को चलाता है, वही अंश हमारे सबसे निकट है। यह जो क्षुद्र प्राण-तरंग है जो हमारी शारीरिक और मानसिक शक्तियों के रूप से परिचित है, वह अनन्त प्राण-समुद्र में हमारे सबसे पास की तरंग है। यदि हम उस क्षुद्र तरंग पर विजय पा लें, तभी हम समस्त प्राण-समुद्र को जीतने की आशा कर सकते हैं। जो योगी इस विषय में कृतकार्य होते हैं, वे सिद्धि पा लेते हैं, तब कोई भी शक्ति उन पर प्रभुत्व नहीं जमा सकती। वे एक प्रकार से सर्वशक्तिमान और सर्वज्ञ हो जाते हैं। हम सभी देशों में ऐसे सम्प्रदाय देखते हैं, जो किसी-न-किसी उपाय से इस प्राण पर विजय प्राप्त करने की चेष्टा कर रहे हैं। इसी देश में (अमेरिका में) हम मन शक्ति से आरोग्य करने वाले (Mind-healers) विश्वास से आरोग्य करनेवाले (Faith-healers), प्रेततत्त्ववित् (Spiritualists), ईसाई विज्ञानवित् (Christian Scientists),

वशीकरणविद्यावित् (Hypnotists), आदि अनेक सम्प्रदाय देखते हैं। यदि हम इन मतों का विशेष रूप से विश्लेषण करें, तो देखेंगे कि इन सब मतों के मूल में—वे फिर जाने या न जाने–प्राणायाम ही है। उन सब मतों के मूल में एक ही बात है। वे सब एक ही शक्ति को लेकर कार्य कर रहे हैं, पर हाँ, वे उसके सम्बन्ध में कुछ जानते नहीं। उन लोगों ने एकाएक मानो एक शक्ति का आविष्कार कर डाला है, परन्तु उस शक्ति के स्वरूप के सम्बन्ध में बिलकुल अनभिज्ञ हैं। योगी जिस शक्ति का परिचालन करते है, ये भी बिना जाने-बूझे उसी का परिचालन कर रहे हैं। वह प्राण की ही शक्ति है।

यह प्राण ही समस्त प्राणियों के भीतर जीवनी-शक्ति के रूप में विद्यमान है। मनोवृत्ति इसकी सूक्ष्मतम और उच्चतम अभिव्यक्ति है। जिसे हम साधारणतः मनोवृत्ति की व्याख्या देते हैं, मनोवृत्ति कहने से केवल उसका बोध नहीं होता। मनोवृत्ति के अनेक प्रकार हैं। जिसे हम सहज ज्ञान (instinct) अथवा ज्ञानरहित चित्त-वृत्ति अथवा मन की अचेतन भूमि कहते हैं, वह हमारा निम्नतम कार्यक्षेत्र है। मान लो, मुझे एक मच्छर ने काटा, तो मेरा हाथ अपने ही आप उसे मारने को उठ जाता है। उसे मारने के लिए हाथ को उठाते-गिराते मुझे कोई विशेष सोच-विचार नहीं करना पड़ता। यह एक प्रकार की मनोवृत्ति है। शरीर की समस्त ज्ञानरहित प्रतिक्रियाएँ (reflex actions) इसी श्रेणी की मनोवृत्ति के अन्तर्गत हैं। इससे ऊँची एक दूसरी श्रेणी की मनोवृत्ति है, उसे संज्ञान मनोवृत्ति अथवा मन की चेतन भूमि कहते हैं। हम युक्ति-तर्क करते हैं, विचार करते हैं, सब विषयों के दोनों पहलू सोचते हैं। परन्तु इतने से ही समस्त मनोवृत्तियों की समाप्ति नहीं हो जाती। हमें मालूम है, युक्ति या विचार बिलकुल छोटी-सी सीमा के अन्दर विचरण करता है। वह हम लोगों को कुछ ही दूर तक ले जा सकता है, इसके आगे उसका और अधिकार नहीं। जितनी जगह के अन्दर वह चक्कर काटता है वह बहुत छोटी, बहुत संकीर्ण है। परन्तु हम यह भी देख रहे हैं कि बहुत से विषय, जो उसके अधिकार के बाहर हैं, उसके भीतर आ रहे

हैं। पुच्छल तारा जिस प्रकार सौर-जगत् के अधिकार के भीतर न होने पर भी कभी-कभी उसके भीतर आ जाता है और हमें दीख पड़ता है, उसी प्रकार बहुत-से तत्त्व, हमारी युक्ति के अधिकार के बाहर होने पर भी, उसके भीतर आ जाते हैं। यह अवश्य है कि वे सब तत्त्व इस सीमा के बाहर से आते हैं, पर विचार-शक्ति इस सीमा को पार नहीं कर सकती। इस छोटी-सी सीमा के भीतर उनके इस अनाधिकार प्रवेश का कारण यदि हम खोजना चाहें, तो हमें अवश्य इस सीमा के बाहर जाना होगा। हमारे विचार, हमारी युक्तियाँ वहाँ नहीं पहुँच सकतीं। योगियों का कहना है कि यह संज्ञान या चेतन भूमि ही हमारे ज्ञान की चरम सीमा नहीं है। मन तो पूर्वोक्त दोनों भूमियों से भी उच्चतर भूमि पर विचरण कर सकता है। उस भूमि को हम ज्ञानातीत या पूर्णचेतन भूमि कहते हैं—वहीं समाधि नामक पूर्ण एकाग्र अवस्था है। जब मन उस अवस्था में उपनीत होता है, तब वह युक्ति-राज्य के परे चला जाता है तथा सहज ज्ञान और युक्ति के अतीत विषयों को प्रत्यक्ष करता है। शरीर की सारी सूक्ष्म से सूक्ष्म शक्तियाँ, जो प्राण की ही विभिन्न अवस्था मात्र हैं, यदि सही रास्ते से परिचालित हों, तो वे मन पर विशेष रूप से कार्य करती हैं, और तब मन भी पहले से ऊँची अवस्था में अर्थात् ज्ञानातीत या पूर्णचेतन भूमि में चला जाता है और वहाँ से कार्य करता रहता है।

बहिर्जगत् हो अथवा अन्तर्जगत्, जिधर भी दृष्टि दौड़ाई जाये, उधर ही एक अखण्ड वस्तुराशि दीख पड़ती है। भौतिक संसार की ओर दृष्टिपात करने पर दिखता है कि एक अखण्ड वस्तु ही मानो नाना रूपों में विराजमान है। वास्तव में, तुममें और सूर्य में कोई भेद नहीं। वैज्ञानिक के पास जाओ, वे तुम्हें समझा देंगे कि वस्तु-वस्तु में भेद केवल काल्पनिक है। इस टेबुल से वास्तव में मेरा कोई भेद नहीं। यह टेबुल अनन्त जड़राशि की मानो एक बूँद है और मैं उसी की एक दूसरी बूँद। प्रत्येक साकार वस्तु इस अनन्त जड़-सागर में मानो एक भँवर है। भँवर सारे समय एकरूप नहीं रहते। मान लो, किसी नदी में लाखों भँवर हैं, प्रत्येक भँवर में प्रति क्षण नई जलराशि आती है, कुछ देर घूमती है और

फिर दूसरी ओर चली जाती है। उसके स्थान में एक नई जलराशि आ जाती है। यह जगत् भी इसी प्रकार सतत: परिवर्तनशील एक जड़राशि मात्र है और ये सारे रूप उसके भीतर मानो छोटे-छोटे भँवर हैं। कोई भूतसमष्टि किसी मनुष्य-देहरूपी भँवर में घुसती है, और वहाँ कुछ काल तक चक्कर काटने के बाद वह बदल जाती है और एक दूसरी भँवर में–किसी पशु-देहरूपी भँवर में–प्रवेश करती है। फिर वहाँ कुछ वर्ष तक घूमती रहने के बाद, हो तो इस बार खनिज पदार्थ नामक भँवर में चली जाती है। बस, सतत: परिवर्तन होता रहता है। कोई भी वस्तु स्थिर नहीं। मेरा शरीर, तुम्हारा शरीर नामक वास्तव में कोई वस्तु नहीं। वैसा कहना केवल मुख की बात है। है केवल एक अखण्ड जड़राशि। उसी के किसी बिन्दु का नाम है चन्द्र, किसी का सूर्य, किसी का मनुष्य, किसी का पृथ्वी, कोई बिन्दु उद्भिद् है, तो कोई खनिज पदार्थ। इनमें से कोई भी सदा एक भाव से नहीं रहता, सभी वस्तुओं का सतत: परिवर्तन हो रहा है, जड़ का एक बार संश्लेषण होता है, फिर विश्लेषण। अन्तर्जगत् के सम्बन्ध में भी ठीक यही बात है। संसार की समस्त वस्तुएँ 'ईथर' (आकाश-तत्त्व) से उत्पन्न हुई हैं, अतएव इसको हम सारी जड़ वस्तुओं के प्रतिनिधि के रूप में ग्रहण कर सकते हैं। प्राण की सूक्ष्मतर स्पन्दनशील अवस्था में इस ईथर को मन का भी प्रतिनिधि स्वरूप कहा जा सकता है। अतएव सम्पूर्ण मनोजगत् भी एक अखण्डस्वरूप है। जो अपने मन में यह अति सूक्ष्म कम्पन उत्पन्न कर सकते हैं, वे देखते हैं कि सारा जगत् सूक्ष्मातिसूक्ष्म कम्पनों की समष्टि मात्र है। किसी-किसी औषध में हमको इस सूक्ष्म अवस्था में पहुँचा देने की शक्ति रहती है, यद्यपि उस समय हम इन्द्रिय-राज्य के भीतर ही रहते हैं। तुम में से बहुतों को सर हम्फी डेवी के प्रसिद्ध प्रयोग की बात याद होगी। हास्योत्पादक वाष्प (Laughaing Gas) ने जब उनको अभिभूत कर लिया, तब वे स्तब्ध और निस्पन्द होकर खड़े रहे। कुछ देर बाद जब होश आया, तो बोले, सारा जगत् भावराशि की समष्टि मात्र है। कुछ समय के लिए सारे स्थूल कम्पन (gross vibrations) चले गए थे

और केवल सूक्ष्म कम्पन, जिनको उन्होंने भावराशि कहा था, बच रहे थे। उन्होंने चारों ओर केवल सूक्ष्म कम्पन देखे थे। सम्पूर्ण जगत् उनकी आँखों में मानो एक महान् भाव-समुद्र में परिणत हो गया था। उस महासमुद्र में वे और जगत् की प्रत्येक व्यष्टि मानो एक-एक छोटा भाव-भँवर बन गई थी।

इस प्रकार हम देखते हैं कि अन्तर्जगत् में भी एक अखण्ड भाव विद्यमान है। और अन्त में जब हम बाह्य, अन्तर-सम्पूर्ण जगत् को छोड़कर उस आत्मा के समीप जाते हैं तब वहाँ एक अखण्ड के अतिरिक्त और कुछ नहीं अनुभव करते। स्थूल और सूक्ष्म सब प्रकार की गतियों के पीछे वही एक अखण्ड सत्ता अपनी महिमा में विराजमान है। यहाँ तक कि इन परिदृश्यमान गतियों के भीतर भी-शक्ति की स्थूल अभिव्यक्तियों के भीतर भी-केवल एक अखण्ड भाव विद्यमान है। इन सत्यों को अब अस्वीकार नहीं किया जा सकता, क्योंकि ये सब विज्ञान द्वारा प्रमाणित हो चुके हैं। आधुनिक पदार्थविज्ञान ने यह प्रमाणित कर दिया है कि शक्ति-समष्टि सर्वत्र समान है और यह भी सिद्ध हो चुका है कि यह शक्ति-समष्टि दो तरह से अवस्थित है—कभी स्तिमित या अव्यक्त अवस्था में और कभी व्यक्त अवस्था में वह इन नानाविध शक्तियों के रूप धारण करती है। इस प्रकार वह अनन्त काल से कभी व्यक्त और कभी अव्यक्त भाव धारण करती आ रही है। इस शक्तिरूपी प्राण के संयम का नाम ही प्राणायाम है।

इस प्राणायाम के साथ श्वास-प्रश्वास की क्रिया का सम्बन्ध बहुत थोड़ा है। यथार्थ प्राणायाम का अधिकारी होने में यह श्वास प्रश्वास की क्रिया एक उपाय मात्र है। मनुष्य-देह में प्राण का सबसे स्पष्ट प्रकाश है—फेफड़े की गति। यदि यह गति रुक जाये, तो देह की सारी क्रियाएँ तुरन्त बन्द हो जायेंगी, शरीर के भीतर जो अन्यान्य शक्तियाँ कार्य कर रही थी, वे भी शान्त भाव धारण कर लेंगी। पर ऐसे भी व्यक्ति हैं, जो अपने को इस प्रकार शिक्षित कर लेते हैं कि उनके फेफड़े की गति रुक जाने पर भी उनका शरीर नहीं जाता। ऐसे बहुत से व्यक्ति

हैं, जो बिना साँस लिए कई महीने तक जमीन के अन्दर गड़े रह सकते हैं, पर तो भी उनका देह-नाश नहीं होता। सूक्ष्मतर शक्ति के पास जाने के लिए हमें स्थूलतर शक्ति की सहायता लेनी पड़ती है। इस प्रकार क्रमशः सूक्ष्म से सूक्ष्मतर शक्ति में जाते हुए अन्त में हम चरम लक्ष्य पर पहुँच जाते हैं। शरीर में जितने प्रकार की क्रियाएँ हैं, उनमें फेफड़े की क्रिया ही सबसे सहज रूप से प्रत्यक्ष है। वह मानो देह के भीतर गतिनियामक चक्र के रूप मे अन्य सब शक्तियों को चला रही है। प्राणायाम का यथार्थ अर्थ है—फेफड़े की इम गति का रोध करना। इस गति के साथ श्वास का निकट सम्बन्ध है। यह गति श्वास-प्रश्वास द्वारा उत्पन्न नहीं होती, वरन् वही श्वास-प्रश्वास की गति को उत्पन्न कर रही है। यह गति ही, पम्प की भाँति, वायु को भीतर खींचती है। प्राण इस फेफड़े को चलाता है और फेफड़े की यह गति फिर वायु को खींचती है। इस तरह यह स्पष्ट है कि प्राणायाम श्वास-प्रश्वास की क्रिया नहीं है। पेशियों की जो शक्ति फेफड़े को चलाती है, उनको वश में लाना ही प्राणायाम है। जो शक्ति स्नायुओं के भीतर से माँसपेशियों के पास जाती है और जो फेफड़े का संचालन करती हैं, वही प्राण है। प्राणायाम की साधना में हमें उसी को वश में लाना है। जब प्राण पर विजय प्राप्त हो जायेगी, तब हम देखेंगे कि शरीरस्थ प्राण की अन्यान्य सभी क्रियाएँ हमारे अधिकार में आ गई हैं। मैंने स्वयं ऐसे व्यक्ति देखे हैं, जिन्होंने अपने शरीर की सारी पेशियों को वशीभूत कर लिया है अर्थात् वे उनको इच्छानुसार चला सकते हैं। और वे ऐसा कर भी क्यों न सकेंगे? यदि कुछ पेशियाँ हमारी इच्छा के अनुसार चलाई जा सकती हों, तो दूसरी सब पेशियों और स्नायुओं को हम इच्छानुसार क्यों न चला सकेंगे? इसमें असम्भव क्या है? कभी हमारी इस संयम-शक्ति का लोप हो गया है, और वे पेशियाँ इच्छानुग न हो स्वैर हो गई हैं। हम इच्छानुसार कानों को नहीं हिला सकते, परन्तु हम जानते हैं कि पशुओं में यह शक्ति है। हम में यह शक्ति इसलिए नहीं है कि हम इसे काम में नहीं लाते। इसी को क्रम-अवनति अथवा पूर्वावस्था की ओर

पुनरावर्तन (atavism) कहते हैं।

फिर, हम यह भी जानते हैं कि जिस शक्ति ने अभी अव्यक्त भाव धारण किया है, उसे हम फिर से व्यक्तावस्था में ला सकते हैं। दृढ़ अभ्यास के द्वारा शरीर की अनेक क्रियाएँ, जो अभी हमारी इच्छा के अधीन नहीं, फिर से पूरी तरह वश में लाई जा सकती हैं। इस प्रकार विचार करने पर दीख पड़ता है कि शरीर का प्रत्येक अंश हम पूरी तरह अपनी इच्छा के अधीन कर सकते हैं, इसमें कुछ भी असम्भव नहीं, बल्कि यह तो पूर्णरूपेण सम्भव है। योगी प्राणायाम द्वारा इसमें कृतकार्य होते हैं। तुम लोगों ने योगशास्त्र के बहुत-से ग्रन्थों में लिखा देखा होगा कि श्वास लेने के समय सम्पूर्ण शरीर को प्राण से पूर्ण कर लो। अंग्रेजी अनुवाद में प्राण शब्द का अर्थ किया गया है श्वास। इससे तुम्हें सहज ही सन्देह हो सकता है कि श्वास से सम्पूर्ण शरीर को कैसे पूरा किया जाये। वास्तव में यह अनुवादक का दोष है। देह के सारे अंगों को प्राण अर्थात् इस जीवनी शक्ति द्वारा भरा जा सकता है, और जब तुम इसमें कृतकार्य होंगे, तो सम्पूर्ण शरीर तुम्हारे वश हो जायेगा, देह की समस्त व्याधियाँ, सारे दुख तुम्हारी इच्छा के अधीन हो जायेंगे। इतना ही नहीं, दूसरे के शरीर पर भी अधिकार जमाने में तुम कृतकार्य हो जाओगे। संसार में भला-बुरा जो कुछ है, सभी संक्रामक हैं। यदि तुम्हारा शरीर किसी विशेष अवस्था में हो, तो उसकी प्रवृत्ति दूसरों में भी वही अवस्था उत्पन्न करने की होगी। यदि तुम सबल और स्वस्थकाय रहो, तो तुम्हारे समीपवर्ती व्यक्तियों में भी मानों कुछ स्वस्थ भाव, कुछ सबल भाव आयेगा। और यदि तुम रुग्ण और दुर्बल रहो, तो देखोगे, तुम्हारे निकटवर्ती दूसरे व्यक्ति भी मानो कुछ रुग्ण और दुर्बल हो रहे हैं। तुम्हारी देह का कम्पन मानों दूसरे के भीतर संचारित हो जायेगा। जब एक व्यक्ति दूसरे को रोगमुक्त करने की चेष्टा करता है, तब उसका पहला प्रयत्न यह होता है कि उसका स्वास्थ्य दूसरे में संचारित हो जाये। यही आदिम चिकित्सा प्रणाली है। ज्ञातभाव से हो या अज्ञातभाव से, एक व्यक्ति दूसरे की देह में स्वास्थ्य संचार कर सकता है। यदि एक बहुत

बलवान व्यक्ति किसी दुर्बल व्यक्ति के साथ सदैव रहें, तो वह दुर्बल व्यक्ति कुछ अंशों में अवश्य सबल हो जायेगा। यह बल-संचारण-क्रिया ज्ञात-भाव से हो सकती है तथा अज्ञातभाव से भी। जब यह क्रिया ज्ञात-भाव से की जाती है, तब इसका कार्य और भी शीघ्र तथा उत्तम रूप से होता है। एक ओर दूसरे प्रकार की भी आरोग्यप्रणाली है, जिसमें आरोग्यकारी स्वयं बहुत स्वस्थकाय न होने पर भी दूसरे के शरीर में स्वास्थ्य का संचार कर सकता है। इन स्थलों में उस आरोग्यकारी व्यक्ति को कुछ परिमाण में प्राणजयी समझना चाहिए। वह कुछ समय के लिए अपने प्राण में मानों एक विशेष कम्पन उत्पन्न करके दूसरे के शरीर में उसका संचार कर देता है।

अनेक स्थलों में यह कार्य बहुत दूर से भी साधित हुआ है। यदि सचमुच में दूरत्व का अर्थ क्रम विच्छेद (Break) हो, तो दूरत्व नामक कोई चीज नहीं। ऐसा दूरत्व कहाँ है, जहाँ परस्पर कुछ भी सम्बन्ध, कुछ भी योग नहीं? सूर्य में और तुममें क्या वास्तविक कोई क्रमविच्छेद है? नहीं, यह तो समस्त एक अविच्छिन्न अखण्ड वस्तु है, तुम उसके एक अंश हो और सूर्य उसका एक दूसरा अंश। नदी के एक भाग और दूसरे भाग में क्या क्रमविच्छेद है? तो फिर शक्ति भी एक जगह से दूसरी जगह क्यों न भ्रमण कर सकेगी? इसके विरोध में तो कोई युक्ति नहीं दी जा सकती। दूर से आरोग्य करने की घटनाएँ बिलकुल सत्य हैं। इस प्राण को बहुत दूर तक संचालित किया जा सकता है। पर हाँ, इसमें धोखेबाजी बहुत है। यदि इसमें एक घटना सत्य हो, तो अन्य सैकड़ों असत्य और छल-कपट के अतिरिक्त और कुछ नहीं। लोग इसे जितना सहज समझते हैं, यह उतनी सहज नहीं। अधिकतर स्थलों में तो देखोगे कि आरोग्य करने वाले चंगा करने के लिए मानव-देह की स्वाभाविक स्वस्थता की ही सहायता लेते है। एक ऐलोपैथ चिकित्सक आता है, हैजे के रोगियों की चिकित्सा करता है और उन्हें दवा देता है; एक होमियोपैथ चिकित्सक आता है, वह भी रोगियों को अपनी दवा देता है और शायद एलोपैथ की अपेक्षा अधिक

रोगियों को चंगा कर देता है। ऐसा क्यों? इसलिए कि वह रोगी के शरीर में किसी तरह का विपर्यय ऐन लाकर प्रकृति को अपनी चाल से काम करने देता है। और विश्वास के बल से आरोग्य करनेवाला तो और भी अधिक रोगियों को चंगा कर देता है, क्योंकि वह अपनी इच्छाशक्ति द्वारा कार्य करके विश्वास-बल से रोगी की प्रसुप्त प्राण-शक्ति को प्रबुद्ध कर देता है।

परन्तु विश्वास-बल से रोगों को अच्छा करने वालों को सदा एक भ्रम हुआ करता है, वे सोचते हैं कि साक्षात् विश्वास ही लोगों को रोगमुक्त करता है। वास्तव में यह नहीं कहा जा सकता कि केवल विश्वास इसका कारण है। ऐसे भी रोग हैं, जिसमें रोगी स्वयं नहीं समझ पाता कि उसको कोई रोग है। रोगी का अपनी नीरोगता पर अतीव विश्वास ही रोग का एक प्रधान लक्षण है, और इससे आसन्नमृत्यु की सूचना होती है। इन सब स्थलों में केवल विश्वास से रोग नहीं टलता। यदि विश्वास ही रोग की जड़ काटता हो, तो वे रोगी मौत के मुँह न गए होते। वास्तव में रोग तो इस प्राण की शक्ति से ही दूर होता है। प्राणजित् पवित्रात्मा पुरुष अपने प्राण को एक निर्दिष्ट कम्पन में ले जा सकते हैं और उसे दूसरे में संचारित करके, उसके भीतर भी उसी प्रकार का कम्पन पैदा कर सकते हैं। तुम प्रतिदिन की घटना से यह प्रमाण ले सकते हो। मै वक्तृता दे रहा हूँ। वक्तृता देते समय मैं क्या कर रहा हूँ ? मैं अपने मन के भीतर मानों एक विशिष्ट कम्पन पैदा कर रहा हूँ। और मैं इस विषय में जितना ही कृतकार्य होऊँगा, तुम मेरी बात सुनकर उतने ही प्रभावित होते हो। तुम लोगों को मालूम है। वक्तृता देते-देते मैं जिस दिन मस्त हो जाता हूँ, उस दिन मेरी वक्तृता तुमको बहुत अच्छी लगती है, पर जब कभी मेरी उत्तेजना घट जाती है, तो तुम्हें मेरी वक्तृता में उतना आनन्द नहीं मिलता।

जगत् को हिला-डुला देनेवाले तीव्र इच्छाशक्ति सम्पन्न महापुरुष अपने प्राण में बहुत ऊँचा कम्पन उत्पन्न करके उस प्राण के वेग को इतना अधिक कर सकते हैं और उसको इतनी शक्ति से युक्त कर सकते

हैं कि वह दूसरे को पल भर में लपेट लेती है, हजारों मनुष्य उनकी ओर खिंचे जाते हैं और संसार के आधे लोग उनके भाव से परिचालित हो जाते हैं। जगत् में जितने महापुरुष हुए हैं, सभी प्राणजित् थे। इस प्राण-संयम के बल से वे प्रबल इच्छाशक्ति सम्पन्न हो गए थे। वे अपने प्राण के भीतर अति उच्च कम्पन पैदा कर सकते थे, और उसी से उन्हें समस्त संसार पर प्रभाव विस्तार करने की क्षमता प्राप्त हुई थी। संसार में तेज या शक्ति के जितने विकास देखे जाते हैं, सभी प्राण के संयम से उत्पन्न होते हैं। मनुष्य को यह तथ्य भले ही मालूम न हो, पर और किसी तरह इसकी व्याख्या नहीं हो सकती। तुम्हारे शरीर में यह प्राण कभी एक ओर अधिक और दूसरी ओर कम हो जाता है। प्राण के इस प्रकार असामंजस्य से ही रोग की उत्पत्ति होती है। अतिरिक्त प्राण को हटाकर, जहाँ प्राण का अभाव है, वहाँ का अभाव भर सकने से ही रोग अच्छा हो जाता है। प्राण कहाँ अधिक है और कहाँ अल्प, इसका ज्ञान प्राप्त करना भी प्राणायाम का अंग है। अनुभव-शक्ति इतनी सूक्ष्म हो जायेगी कि मन समझ जायेगा, पैर के अँगूठे में या हाथ की उँगली में जितना प्राण आवश्यक है, उतना वहाँ नहीं है, और मन उस प्राण के अभाव को पूरा करने में भी समर्थ हो जायेगा। इस प्रकार प्राणायाम के अनेक अंग हैं। इनको धीरे-धीरे, एक के बाद एक, सीखना होगा। अतएव यह स्पष्ट है कि विभिन्न रूपों में प्रकाशित प्राण का संयम करना और उसको विभिन्न प्रकार से चलाना ही राजयोग का एकमात्र लक्ष्य है। जब कोई अपनी समुदय शक्तियों का संयम करता है, तब वह अपनी देह के भीतर के प्राण का ही संयम करता है। जब कोई ध्यान करता है, तो भी समझना चाहिए कि वह प्राण का ही संयम कर रहा है।

महासागर की ओर यदि देखो, तो प्रतीत होगा कि वहाँ पर्वतकाय बड़ी-बड़ी तरंगें हैं, फिर छोटी-छोटी तरंगें भी हैं, और छोटे-छोटे बुलबुले भी। पर इन सबके पीछे वही अनन्त महासमुद्र है। एक ओर वह छोटा बुलबुला अनन्त समुद्र से युक्त है, फिर दूसरी ओर

वह बड़ी तरंग भी उसी महासमुद्र से युक्त है। इसी प्रकार, संसार में कोई महापुरुष हो सकता है, और कोई छोटा बुलबुला–जैसा सामान्य व्यक्ति, परन्तु सभी उसी अनन्त महाशक्ति-समुद्र से युक्त है। इस महाशक्ति से जीव का जन्मगत सम्बन्ध है। जहाँ भी जीवनी शक्ति का प्रकाश देखो, वहाँ समझना कि उसके पीछे अनन्त शक्ति का भण्डार है। एक छोटा सा फफूँदी (कुकुरमुत्ता) है, वह, सम्भव है, इतना छोटा, इतना सूक्ष्म हो कि उसे अनुवीक्षण यन्त्र द्वारा देखना पड़े, उससे आरम्भ करो। देखोगे कि वह अनन्त शक्ति के भण्डार से क्रमशः शक्ति संग्रह करके एक अन्य रूप धारण कर रहा है। कालान्तर में वह उद्‌भिद् के रूप में परिणत होता है, वही फिर एक पशु का आकार ग्रहण करता है, फिर मनुष्य का रूप लेकर वही अन्त में ईश्वर–रूप में परिणत हो जाता है। हाँ, इतना अवश्य है कि प्राकृतिक नियम से इस व्यापार के घटते–घटते लाखों साल पार हो जाते हैं। परन्तु यह समय है क्या? वेग–साधना का वेग बढ़ा देकर समय काफी घटाया जा सकता है। योगियों का कहना है कि साधारण प्रयत्न से जिस काम को अधिक समय लगता है, वही, वेग बढ़ा देने पर, बहुत थोड़े समय में सध सकता है। हो सकता है, कोई मनुष्य इस संसार की अनन्त शक्तिराशि में से बहुत थोड़ी-थोड़ी शक्ति लेकर चले। इस प्रकार चलने पर उसे देव–जन्म प्राप्त करते, सम्भव है, एक लाख वर्ष लग जायें, फिर और भी ऊँची अवस्था प्राप्त करते शायद पाँच लाख वर्ष लगें। फिर पूर्ण सिद्ध होते और भी पाँच लाख साल लगे। पर उन्नति का वेग बढ़ा देने पर यह समय कम हो जाता है। पर्याप्त प्रयत्न करने पर छः वर्ष या छः महीने में ही यह सिद्धिलाभ क्यों न हो सकेगा? युक्ति तो बताती है कि इसमें कोई निर्दिष्ट सीमाबद्ध समय नहीं है। सोचो, कोई वाष्पीय यन्त्र, निर्दिष्ट परिमाण में कोयला देने पर, प्रति घन्टा दो मील चल सकता है, तो अधिक कोयला देने पर वह और भी शीघ्र चलेगा। इसी प्रकार, यदि हम भी तीव्र वेगसम्पन्न (योगसूत्र-1। 21) हो, तो इसी जन्म में मुक्तिलाभ क्यों न कर सकेंगे? हाँ, हम यह जानते अवश्य हैं कि अन्त में सभी मुक्ति

पाएँगे। पर इस प्रकार युग-युग तक हम प्रतीक्षा क्यों करें? इसी क्षण, इस शरीर में ही, इस मनुष्य-देह में ही हम मुक्ति-लाभ करने में समर्थ क्यों न होंगे? हम इसी समय वह अनन्त ज्ञान, वह अनन्त शक्ति क्यों न प्राप्त कर सकेंगे?

आत्मा की उन्नति का वेग बढ़ाकर किस प्रकार थोड़े समय में मुक्ति पाई जा सकती है, यही सारी योग-विद्या का लक्ष्य और उद्देश्य है। जब तक सारे मनुष्य मुक्त नहीं हो जाते, तब तक प्रतीक्षा करते हुए थोड़ा-थोड़ा करके अग्रसर न होकर, प्रकृति के अनन्त शक्ति-भण्डार में से शक्ति ग्रहण करने की शक्ति बढ़ाकर किस प्रकार शीघ्र मुक्ति-लाभ किया जा सकता है, योगियों ने इसका उपाय खोज निकाला है। संसार के सभी महापुरुष, साधु और सिद्ध पुरुषों ने क्या किया है? उन्होंने एक जन्म में ही, समय को कम करके, उन सब अवस्थाओं का भोग कर लिया हैं, जिनमें से होते हुए साधारण मानव करोड़ों जन्मों में मुक्त होता है। एक जन्म में ही वे अपनी मुक्ति का मार्ग तय कर लेते हैं। वे दूसरी कोई चिन्ता नहीं करते, दूसरी बात के लिए एक निमिषमात्र भी समय नहीं देते। उनका पल भर भी व्यर्थ नहीं जाता। इस प्रकार उनकी मुक्ति का समय घट जाता है। एकाग्रता का यही अर्थ है कि शक्ति-संचय की क्षमता को बढ़ाकर समय को घटा लेना। राजयोग इसी एकाग्रता की शक्ति को प्राप्त करने का विज्ञान है।

इस प्राणायाम के साथ प्रेततत्त्व (spiritualism) का क्या सम्बन्ध है? वह भी एक तरह का प्राणायाम है। यदि यह सत्य हो कि परलोकगत आत्मा का अस्तित्व है और उसे हम देख भर नहीं पाते, तो यह भी बहुत सम्भव है कि यहीं पर शायद लाखों आत्माएँ हैं, जिन्हें हम न देख पाते हैं, न अनुभव कर पाते हैं, न छू पाते हैं। सम्भव है, हम सदा उनके शरीर के भीतर से आ-जा रहे हों। और यह भी बहुत सम्भव है कि वे भी हमें देखने या किसी प्रकार से अनुभव करने में असमर्थ हों। यह मानों एक वृत्त के भीतर एक और वृत्त है, एक जगत् के भीतर एक और जगत्। जो एक ही भूमि (plane) पर रहते हैं, वे ही एक

दूसरे को देख सकते हैं। हम पंचेन्द्रियविशिष्ट प्राणी हैं। हमारे प्राण का कम्पन एक विशेष प्रकार का है। जिनके प्राण का कम्पन हमारी तरह का है, उन्हीं को हम देख सकेंगे। परन्तु यदि कोई ऐसा प्राणी हो, जिसका प्राण अपेक्षाकृत उच्च कम्पनशील है, तो उसे हम न देख पाएँगे। प्रकाश की उज्ज्वलता अत्यन्त अधिक बढ़ जाने पर हम उसे नहीं देख पाते, किन्तु बहुत-से प्राणियों की आँखें ऐसी शक्तियुक्त है कि वे उस तरह का प्रकाश देख सकती हैं। इसके विपरीत, यदि आलोक के परमाणुओं का कम्पन अत्यन्त मृदु या हल्का हो, तो भी उसे हम नहीं देख पाते, परन्तु उल्लू और बिल्ली आदि प्राणी उसे देख लेते हैं। हमारी दृष्टि इस प्राण-कम्पन के एक विशेष प्रकार को ही देखने में समर्थ हैं। इसी प्रकार वायुराशि की बात लो। वायु मानों स्तर-पर-स्तर रची हुई है। पृथ्वी का निकटवर्ती स्तर अपने से ऊँचेवाले स्तर से अधिक घना है, और इस तरह हम जितने ऊँचे उठते जायेंगे, हमें यही दिखेगा कि वायु क्रमशः तरल होती जा रही है। इसी प्रकार समुद्र की बात लो, समुद्र के जितने ही गहरे प्रदेश में जाओगे, पानी का दबाव उतना ही बढ़ेगा। जो प्राणी समुद्र के नीचे रहते हैं, वे कभी ऊपर नहीं आ सकते, क्योंकि यदि वे आये, तो उसी समय उनका शरीर टुकड़े-टुकड़े हो जायेगा।

सम्पूर्ण जगत् को 'ईथर' (आकाश-तत्त्व) के एक समुद्र के रूप में सोचो। प्राण की शक्ति से वह मानों स्पन्दित हो रहा है और विभिन्न मात्रा में स्पन्दनशील स्तरों में बँटा हुआ है। तो देखोगे, जिस स्थान से स्पन्दन शुरू हुआ है, उससे तुम जितनी दूर जाओगे, उतना ही वह स्पन्दन मृदु रूप से अनुभूत होगा, केन्द्र के पास स्पन्दन बहुत द्रुत होता है। और भी सोचो, भिन्न-भिन्न प्रकार के स्पन्दन एक-एक स्तर हैं। इस सम्पूर्ण स्पन्दन-क्षेत्र को एक वृत्त के रूप में सोचो, सिद्धि उसका केन्द्र है, इस केन्द्र से हम जितनी दूर जायेंगे, स्पन्दन उतना ही मृदु होता जायेगा। भूत सबसे बाहरी स्तर है, मन उससे निकटवर्ती, और आत्मा मानों केन्द्रस्वरूप है। इस प्रकार विचार करने से हम देखेंगे कि जो प्राणी एक स्तर पर वास करते हैं, वे एक दूसरे को पहचान सकेंगे,

परन्तु अपने से नीचे या ऊँचे स्तरवाले जीवों को न पहचान सकेंगे। फिर भी, जैसे हम अनुवीक्षण यंत्र और दूरबीन की सहायता से अपनी दृष्टि का क्षेत्र बना सकते हैं, उसी प्रकार मन को विभिन्न प्रकार के स्पन्दनों से युक्त करके हम दूसरे स्तर का समाचार अर्थात् वहाँ क्या हो रहा है यह जान सकते हैं। समझो, इसी कमरे में ऐसे बहुत-से प्राणी हैं, जिन्हें हम नहीं देख पाते। वे सब प्राण के एक प्रकार के स्पन्दन के फल हैं, और हम एक दूसरे प्रकार के। मान लो कि वे प्राण के अधिक स्पन्दन से युक्त हैं और हम उनकी तुलना में कम स्पन्दन से। हम भी प्राणरूप मूल वस्तु से गढ़े हुए हैं, और वे भी वहीं है। सभी एक ही समुद्र के भिन्न-भिन्न अंश मात्र हैं। विभिन्नता है केवल स्पन्दन की मात्रा में। यदि मन को मैं अधिक स्पन्दन-विशिष्ट कर सका, तो मैं फिर इस स्तर पर न रहूँगा, मैं फिर तुम लोगों को न देख पाऊँगा। तुम मेरी दृष्टि से अन्तर्हित हो जाओगे और वे मेरी आँखों के सामने आ जायँगे। तुममें से शायद बहुतों को मालूम है कि यह व्यापार सत्य है। मन को इस प्रकार उच्च से उच्चतर स्पन्दन-विशिष्ट करने को योगशास्त्र में एकमात्र 'समाधि' शब्द द्वारा अभिहित किया गया है। समाधि की निम्नतर अवस्थाओं में इन अदृश्य प्राणियों को प्रत्यक्ष किया जाता है। और समाधि की सर्वोच्च अवस्था तो वह है, जब हमें सत्यस्वरूप ब्रह्म के दर्शन होते हैं। तब हम उस उपादान को जान लेते हैं, जिससे इन सब बहुविध जीवों की उत्पत्ति हुई है। जैसे एक मृत्पिण्ड को जान लेने पर समस्त मृत्पिण्ड ज्ञात हो जाता है, उसी प्रकार ब्रह्म-दर्शन से सम्पूर्ण जगत भी जाना जा सकता है।

इस प्रकार हम देखते हैं कि प्रेततत्त्व-विद्या में जो कुछ सत्य है, वह भी प्राणायाम के ही अन्तर्भूत हैं। इसी-प्रकार, जब कभी तुम देखो कि कोई दल या सम्प्रदाय किसी रहस्यात्मक या गुप्त तत्त्व के आविष्कार की चेष्टा कर रहा है, तो समझना, वह यथार्थतः किसी परिमाण में इस राजयोग की ही साधना कर रहा है, प्राण-संयम की ही चेष्टा कर रहा है। जहाँ कहीं किसी प्रकार की असाधारण शक्ति का

विकास हुआ है, वहाँ प्राण की ही शक्ति का विकास समझना चाहिए। यहाँ तक कि भौतिक विज्ञान भी प्राणायाम के अन्तर्गत किए जा सकते हैं। वाष्पीय यंत्र को कौन संचालित करता है? प्राण ही वाष्प के भीतर से उसको चलाता है। ये जो विद्युत की अद्‌भुत क्रियाएँ दीख पड़ती हैं, ये सब प्राण को छोड़ भला और क्या हो सकती हैं? पदार्थ-विज्ञान है क्या? वह बाहरी उपायों द्वारा प्राणायाम है। प्राण जब मानसिक शक्ति के रूप से प्रकाशित होता है, तब मानसिक उपायों द्वारा ही उसका संयम किया जा सकता है। जिस प्राणायाम में प्राण के स्थूल रूपों को बाह्य उपायों द्वारा जीतने की चेष्टा की जाती है, उसे पदार्थ-विज्ञान या भौतिक विज्ञान कहते हैं, और जिस प्राणायाम में प्राण के मानसिक विकासों को मानसिक उपायों द्वारा संयत करने की चेष्टा की जाती है, उसी को राजयोग कहते हैं।

# 4. प्राण का आध्यात्मिक रूप

योगियों के मतानुसार मेरुदण्ड के भीतर इडा और पिंगला नाम के दो स्नायविक शक्तिप्रवाह, और मेरुदण्डस्थ मज्जा के बीच सुषुम्ना नाम की एक शून्य नाली है। इस शून्य नाली के सबसे नीचे कुण्डलिनी का आधारभूत पद्म अवस्थित है। योगियों का कहना है कि वह त्रिकोणाकार है। योगियों की रूपक भाषा में कुण्डलिनी शक्ति उस स्थान पर कुण्डलाकार हो विराज रही है। जब यह कुण्डलिनी शक्ति जगती है, तब वह इस शून्य नाला के भीतर से मार्ग बनाकर ऊपर उठने का प्रयत्न करती है, और ज्यों-ज्यों वह एक-एक सोपान ऊपर उठती जाती है, त्यों-त्यों मन के स्तर-पर-स्तर मानों खुलते जाते हैं और योगी को अनेक प्रकार के अलौकिक दर्शन होने लगते हैं तथा अद्‌भुत शक्तियाँ प्राप्त होने लगती है। जब वह कुण्डलिनी मस्तक पर चढ़ जाती है, तब योगी सम्पूर्ण रूप से शरीर और मन से पृथक हो जाते हैं और उनकी आत्मा अपने मुक्त स्वभाव की उपलब्धि करती है। हमें मालूम है कि मेरुमज्जा एक विशेष प्रकार से गठित हैं। अँगरेजी के आठ अंक (8) को यदि इस तरह (∞) लम्बा कर लिया जाये, तो देखेंगे कि उसके दो अंश हैं और वे दोनों अंश बीच से जुड़े हुए हैं। इस तरह के अनेक अंकों को एक-पर-एक रचने पर जैसा दीख पड़ता है, मेरूमज्जा बहुत-कुछ वैसी ही है। उसके बायीं ओर इडा है और दाहिनी ओर पिंगला, और जो अन्य नाली मेरूमज्जा के ठीक बीच में गई है वहीं सुषुम्ना है। कटिप्रदेशस्थ मेरूदण्ड की कुछ अस्थियों के बाद ही मेरूमज्जा समाप्त हो गई है, परन्तु वहाँ से भी तागे के समान एक बहुत

ही सूक्ष्म पदार्थ बराबर नीचे उतरता गया है। सुषुम्ना नाली वहाँ भी अवस्थित है, परन्तु वहाँ बहुत सूक्ष्म हो गई है। नीचे की ओर उस नाली का मुँह बन्द रहता है। उसके निकट ही कटिप्रदेशस्थ नाड़ी-जाल (Sacral Plexus) अवस्थित है। आजकल के शरीरविधानशास्त्र (Physiology) के मत से वह त्रिकोणाकार है। इन विभिन्न नाड़ी-जालों के केन्द्र मेरुमज्जा के भीतर अवस्थित है, वे नाड़ी-जाल योगियों के भिन्न-भिन्न पदों या चक्रों के तौर पर लिए जा सकते हैं।

योगियों का कहना है कि सबसे नीचे मूलाधार से लेकर मस्तिष्क में स्थित सहस्त्रार या सहस्त्रदल पद्म तक कुछ केन्द्र है। यदि हम उन पद्मों को पूर्वोक्त नाड़ी-जाल (plexus) समझें, तो आजकल के शारीरविधानशास्त्र के द्वारा बहुत सहज ही योगियों की बात का मर्म समझ में आ जायेगा। हमे मालूम है कि हमारे स्नायुओं के भीतर दो प्रकार के प्रवाह हैं, उनमें से एक को अन्तर्मुखी और दूसरे को बहिर्मुखी, एक को ज्ञानात्मक और दूसरे को गति-आत्मक, एक को केन्द्र की ओर जानेवाला और दूसरे को केन्द्र से दूर जानेवाला कहा जा सकता है। उनमें से एक मस्तिष्क की ओर संवाद ले जाता है, और दूसरा मस्तिष्क से बाहर, समुदय अंगों में। परन्तु अन्त में ये प्रवाह मस्तिष्क से संयुक्त हो जाते हैं। आगे आनेवाले विषय को स्पष्ट रूप से समझने के लिए हमें कुछ और बातें ध्यान में रखनी होंगी। यह मेरुमज्जा मस्तिष्क में जाकर एक प्रकार के 'बल्ब' में-medulla नामक एक अंडाकार पदार्थ में अन्त हो जाती है, जो मस्तिष्क के साथ संयुक्त नहीं है, वरन् मस्तिष्क में जो एक तरल पदार्थ है, उसमें तैरता रहता है। अतः यदि सिर पर कोई आघात लगे, तो उस आघात की शक्ति उस तरल पदार्थ में बिखर जाती है, और इससे उस बल्ब को कोई चोट नहीं पहुँचती। यह एक महत्त्वपूर्ण बात है, जो हमें स्मरण रखनी चाहिए। दूसरे, हमें यह भी जान लेना होगा कि इन सब चक्रों में से सबसे नीचे स्थित मूलाधार, मस्तिष्क में स्थित सहस्त्रार और नाभिदेश में स्थित मणिपुर-इन तीन चक्रों की बात हमें विशेष रूप से ध्यान में रखनी होगी।

अब पदार्थ-विज्ञान का एक तत्त्व हमें समझना है। हम लोगों ने विद्युत और उससे संयुक्त अन्य बहुविध शक्तियों की बातें सुनी हैं। विद्युत क्या है, यह किसी को मालूम नहीं। हम लोग इतना ही जानते हैं कि विद्युत एक प्रकार की गति है। जगत् में और भी अनेक प्रकार की गतियाँ है, विद्युत से उनका भेद क्या है? मान लो, यह टेबुल चल रहा है और उसके परमाणु विभिन्न दिशाओं में जा रहे हैं। अब यदि उनको अनवरत एक ही दिशा में चलाया जाये, तो वही गति विद्युत की शक्ति में परिणत हो जायेंगी। समस्त परमाणु यदि एक ओर गतिशील हो, तो उसी को वैद्युत-गति कहते हैं। इस कमरे में जो वायु है, उसके सारे परमाणुओं को यदि लगातार एक ओर चलाया जाये, तो यह कमरा एक महान विद्युदाधार-यंत्र (battery) के रूप में परिणत हो जायेगा।

शारीरविधानशास्त्र की एक और बात हमें स्मरण करनी होगी। वह यह कि जो स्नायु-केन्द्र श्वास-प्रश्वास-यंत्रों को नियमित करता है, उसका सारे स्नायु-प्रवाहों पर भी कुछ अधिकार है। यह केन्द्र वक्ष के ठीक दूसरी ओर मेरुदण्ड में अवस्थित है। यह श्वास-प्रश्वास-यंत्रों को नियमित करता है और दूसरे जो स्नायुचक्र हैं, उन पर भी कुछ प्रभाव डालता है।

अब हम प्राणायाम-क्रिया के साधन का कारण समझ सकेंगे। पहले तो, यदि श्वास-प्रश्वास की गति नियमित की जाये, तो शरीर के सारे परमाणु एक ही दिशा में गतिशील होने का प्रयत्न करेंगे। जब विभिन्न दिशाओं में दौड़नेवाला मन एकमुखी होकर एक दृढ़ इच्छाशक्ति के रूप में परिणत होता है, तब सारे स्नायु-प्रवाह भी परिवर्तित होकर एक प्रकार की विद्युद्वत् गति प्राप्त करते हैं, क्योंकि स्नायुओं पर विद्युत-क्रिया करने पर देखा गया है कि उनके दोनों प्रान्तों में धनात्मक और ऋणात्मक इन विपरीत शक्तिद्वय का उद्भव होता है। इसी से यह स्पष्ट है, कि जब इच्छाशक्ति स्नायु-प्रवाह के रूप में परिणत होती है, तब वह एक प्रकार के विद्युत का आकार धारण कर लेती है। जब शरीर की सारी गतियाँ सम्पूर्ण रूप से एकाभिमुखी होती है, तब वह शरीर

मानो इच्छाशक्ति का एक प्रबल विद्युदाधार बन जाता है। यह प्रबल इच्छाशक्ति प्राप्त करना ही योगी का उद्देश्य है। इस तरह, शारीरविधानशास्त्र की सहायता से प्राणायाम-क्रिया की व्याख्या की जा सकती है। वह शरीर के भीतर एक प्रकार, की एकमुखी गति पैदा कर देती है और श्वास-प्रश्वास-केन्द्र पर अधिपत्य करके शरीर के अन्यान्य केन्द्रों को भी वश में लाने में सहायता पहुँचाती हैं। यहाँ पर प्राणायाम का लक्ष्य मूलाधार में कुण्डलाकार में अवस्थित कुण्डलिनी शक्ति को उद्बद्ध करना है।

हम जो कुछ देखते हैं, कल्पना करते हैं या जो कोई स्वप्न देखते हैं, सारे अनुभव हमें आकाश में करने पड़ते है। हम साधारणत: जिस परिदृश्यमान आकाश को देखते हैं, उसका नाम है महाकाश। योगी जब दूसरों का मनोभाव समझने लगते हैं या अलौकिक वस्तुएँ देखने लगते हैं, तब वे सब दर्शन चित्ताकाश में होते हैं। और जब अनुभूति विषयशून्य हो जाती है, जब आत्मा अपने स्वरूप में प्रकाशित होती है, तब उसका नाम है चिदाकाश। जब कुण्डलिनी शक्ति जागकर सुषुम्ना नाड़ी में प्रवेश करती है, तब जो सब विषय अनुभूत होते हैं, वे चित्ताकाश में ही होते हैं। जब वह उस नाड़ी की अन्तिम सीमा मस्तक में पहुँचती है, तब चिदाकाश में एक विषयशून्य ज्ञान अनुभूत होता है।

अब विद्युत् की उपमा फिर से ली जाये। हम देखते हैं कि मनुष्य केवल तार के योग से एक जगह से दूसरी जगह विद्युत-प्रवाह चला सकता है, परन्तु प्रकृति अपने महान शक्तिप्रवाहों को भेजने के लिए किसी तार का सहारा नहीं लेती। इसी से अच्छी तरह समझ में आ जाता है कि किसी प्रवाह को चलाने के लिए वास्तव में तार की कोई आवश्यकता नहीं। हम तार के बिना काम नहीं कर सकते, इसीलिए हमें उसकी आवश्यकता पड़ती है। जैसे विद्युत-प्रवाह तार की सहायता से विभिन्न दिशाओं में प्रवहित होता है, ठीक उसी तरह बाहर के विषय से जो ज्ञान-प्रवाह मस्तिष्क में अथवा मस्तिष्क से जो कर्म-प्रवाह बहिर्देश में प्रवाहित होता है, वह स्नायू-तन्तुरूप तार की ही सहायता से

होता है। मेरुमज्जा-मध्यस्थ ज्ञानात्मक और कर्मात्मक स्नायुगच्छ-स्तम्भ ही योगियों की इडा और पिंगला नाड़ियाँ हैं। प्रधानत: उन दोनों नाड़ियों के भीतर से ही पूर्वोक्त अन्तर्मुखी और बहिर्मुखी शक्तिप्रवाहद्वय आना-जाना कर रहे हैं। परन्तु बात अब यह है कि इस प्रकार के तार के समान किसी पदार्थ की सहायता बिना मस्तिष्क से चारों ओर विभिन्न संवाद भेजना और भिन्न-भिन्न स्थानों से मस्तिष्क का विभिन्न संवाद ग्रहण करना सन्भव क्यों न होगा? प्रकृति में तो ऐसे व्यापार घटते देखे जाते हैं। योगियों का कहना है कि इसमें कृतकार्य होने पर ही भौतिक बन्धनों को लाँघा जा सकता है। तो अब इसमें कृतकार्य होने का उपाय क्या है? यदि मेरुदण्डमध्यस्थ सुषुम्ना के भीतर से स्नायुप्रवाह चलाया जा सके, तो यह समस्या मिट जायेगी। मन ने ही यह स्नायु-जाल तैयार किया है, और उसी को यह जाल तोड़कर किसी प्रकार की सहायता की राह न देखते हुए, अपना काम करना होगा। तभी सारा ज्ञान हमारे अधिकार में आयेगा, देह का बन्धन फिर न रह जायेगा। इसीलिए सुषुम्ना नाड़ी पर विजय पाना हमारे लिए इतना आवश्यक है। यदि तुम इस शून्य नाली के भीतर से, स्नायु-जाल की सहायता के बिना भी मानसिक प्रवाह चला सको, तो बस इस समस्या की मीमांसा हो गई। योगी कहते हैं कि यह सम्भव है।

साधारण मनुष्यों के भीतर सुषुम्ना नीचे की ओर बन्द रहती है; उससे कोई कार्य नहीं होता। योगियों का कहना है, कि इस सुषुम्ना का द्वार खोलकर उससे स्नायु-प्रवाह चलाने की एक निर्दिष्ट प्रणाली है। उस साधना में सफल होने पर स्नायुप्रवाह उसके भीतर से चलाया जा सकता है। बाह्य विषय के स्पर्श से उत्पन्न प्रवाह जब किसी केन्द्र पर, पहुँचता है, तब उस केन्द्र से एक प्रतिक्रिया होती है। स्वर केन्द्रों (automatic centres) में उन प्रतिक्रियाओं का फल केवल गति होता है, पर चेतनयुक्त केन्द्रों (conscious centres) में पहले अनुभव, और फिर बाद में गति होती है। सारी अनुभूतियाँ बाहर से आई हुई क्रियाओं की प्रतिक्रिया मात्र है। तो फिर स्वप्न में अनुभूति किस तरह होती है?

उस समय तो बाहर की कोई क्रिया नहीं रहती। अतएव स्पष्ट है कि विषय के अभिघात से पैदा हुई स्नायविक गतियाँ शरीर के किसी-न-किसी स्थान पर अवश्य अव्यक्त भाव से रहती हैं। मान लो, मैंने एक नगर देखा। नगर नामक बाहरी वस्तु-समूह के आघात की जो प्रतिक्रिया है, उसी से उस नगर की अनुभूति होती है। अर्थात् उस नगर के बाहरी वस्तु-समूह द्वारा हमारे अन्तर्वाही स्नायुओं में जो गतिविशेष उत्पन्न हुई है, उससे मस्तिष्क के भीतर के परमाणुओं में एक गति पैदा हो गई है। आज बहुत दिन बाद भी वह नगर मेरी स्मृति में आता है। इस स्मृति में भी ठीक वही व्यापार होता है, पर अपेक्षाकृत हल्के रूप में। किन्तु जो क्रिया मस्तिष्क के भीतर उस प्रकार का मृदुतर कम्पन ला देती है, वह भला कहाँ से आती है? यह तो कभी नहीं कहा जा सकता कि वह उसी पहले के विषय-अभिघात से पैदा हुई है। अत: स्पष्ट है कि विषय-अभिघात से उत्पन्न गतिप्रवाह या सवेदनाएँ शरीर के किसी स्थान पर कुण्डलिकृत होकर विद्यमान हैं और उनके अभिघात के फल से ही स्वप्न-अनुभूति रुप मृदु प्रतिक्रिया की उत्पत्ति होती हैं। जिस केन्द्र में विषय-अभिघात से उत्पन्न गतिप्रवाहों के बचे हुए अंग या संस्कार-समष्टि मानों संचित-सी रहती हैं, उसे मूलाधार कहते हैं, और उस कुण्डलिकृत क्रियाशक्ति को कुण्डलिनी कहते हैं। सम्भवत: गतिशक्तियों का अवशिष्ट अंग भी इसी जगह कुण्डलिकृत होकर संचित है, क्योंकि बाह्य वस्तुओं पर दीर्घ काल चिन्तन और आलोचना के बाद, शरीर के जिस स्थान पर यह मूलाधार चक्र सम्भवत: (Sacral Plexus) अवस्थित है, उसे गरम होते देखते हैं। अब, यदि इस कुण्डलिनी शक्ति को जगाकर उसे ज्ञातभाव से सुषुम्ना नाली में से प्रवाहित करते हुए एक केन्द्र से दूसरे केन्द्र को ऊपर लाया जाये, तो वह ज्यों-ज्यों विभिन्न केन्द्रों पर क्रिया करेगी, त्यों-त्यों प्रबल प्रतिक्रिया की उत्पत्ति होगी। जब शक्ति का बिलकुल सामान्य अंग किसी स्नायु-तन्तु के भीतर से प्रवाहित होकर विभिन्न केन्द्रों से प्रतिक्रिया उत्पन्न करता है, तब वही स्वप्न अथवा कल्पना के नाम से अभिहित होता है। किन्तु जब मूलाधार में संचित

विपुलायतन शक्तिपुंज दीर्घकालव्यापी तीव्र ध्यान के बल से उद्‌बुद्ध होकर सुषुम्ना-मार्ग में भ्रमण करता है और विभिन्न केन्द्रों पर आघात करता है, तो उस समय जो प्रतिक्रिया होती है, वह बड़ी ही प्रबल है। वह स्वप्न अथवा कल्पनाकालीन प्रतिक्रिया से तो अनन्तगुनी श्रेष्ठ है ही, पर जागृतकालीन विषय-ज्ञान की प्रतिक्रिया से भी अनन्तगुनी प्रबल है। यही अतीन्द्रिय अनुभूति है। फिर जब वह शक्तिपुंज समस्त ज्ञान के, समस्त अनुभूतियों के केन्द्रस्वरूप मस्तिष्क में पहुँचता है, तब सम्पूर्ण मस्तिष्क और उसके अनुभवसम्पन्न प्रत्येक परमाणु से मानों प्रतिक्रिया होने लगती है। इसका फल है ज्ञान का पूर्ण प्रकाश या आत्मानुभूति। कुण्डलिनी शक्ति जैसे-जैसे एक केन्द्र से दूसरे केन्द्र को जाती है, वैसे-ही-वैसे मन का मानों एक-एक परदा खुलता जाता है और तब योगी इस जगत् की सूक्ष्म या कारण अवस्था की उपलब्धि करते हैं। और तभी विषय-स्पर्श से उत्पन्न हुई संवेदना और उसकी प्रतिक्रियारूप जो जगत् के कारण है, उनका यथार्थ स्वरूप हमें ज्ञात हो जाता है। अतएव तब हम सारे विषयों का पूर्ण ज्ञान प्राप्त कर लेते हैं; क्योंकि कारण को जान लेने पर कार्य का ज्ञान अवश्य आयेगा।

इस प्रकार हमने देखा कि कुण्डलिनी को जगा देना ही तत्त्वज्ञान, ज्ञानातीत अनुभूति या आत्मानुभूति का एकमात्र उपाय है। कुण्डलिनी को जागृत् करने के अनेक उपाय हैं। किसी की कुण्डलिनी भगवान के प्रति प्रेम के बल से ही जागृत् हो जाती है, किसी की सिद्ध महापुरुषों की कृपा से और किसी की सूक्ष्म ज्ञान-विचार द्वारा। लोग जिसे अलौकिक शक्ति या ज्ञान कहते हैं, उसका जहाँ कहीं कुछ प्रकाश दिख पड़े, तो समझना होगा कि वहाँ कुछ परिमाण में यह कुण्डलिनी शक्ति सुषुम्ना के भीतर किसी तरह प्रवेश कर गई है। तो भी इस प्रकार की अलौकिक घटनाओं में से अधिकतर स्थलों में देखा जायेगा कि उस व्यक्ति ने बिना जाने एकाएक ऐसी कोई साधना कर डाली है, जिससे उसकी कुण्डलिनी शक्ति अज्ञातभाव से कुछ परिमाण में स्वतंत्र होकर सुषुम्ना के भीतर प्रवेश कर गई है। जिस किसी प्रकार की उपासना हो,

वह, ज्ञातभाव से अथवा अज्ञातभाव से, उसी एक लक्ष्य पर पहुँचा देती है अर्थात् उससे कुण्डलिनी जागृत् हो जाती है। जो सोचते हैं कि मैंने अपनी प्रार्थना का उत्तर पाया, उन्हें मालूम नहीं कि प्रार्थनारूप मनोवृत्ति के द्वारा वे अपनी ही देह मे स्थित अनन्त शक्ति के एक बिन्दु को जगाने में समर्थ हुए हैं। अतएव मनुष्य बिना जाने जिसकी विभिन्न नामों से, डरते-डरते और कष्ट उठाकर उपासना करता है, उसके पास किस तरह अग्रसर होना होगा, यह जान लेने पर समझ में आ जायेगा कि वह प्रत्येक व्यक्ति के अन्दर में प्रकृत जीवन्त शक्ति के रूप में विराजमान है और अनन्त सुख की जननी है–योगीगण संसार के सामने उच्च कण्ठ से यही घोषणा करते हैं। अतएव राजयोग यथार्थ धर्मविज्ञान है। वह सारी उपासना, सारी प्रार्थना, विभिन्न प्रकार की साधनापद्धति और समुदय अलौकिक घटनाओं की युक्तिसंगत व्याख्या है।

# 5. अध्यात्म प्राण का संयम

अब हम प्राणायाम की विभिन्न क्रियाओं के सम्बन्ध में चर्चा करेंगे। हमने पहले ही देखा है कि योगियों के मत में साधना का पहला अंग फेफड़े की गति को अपने अधीन करना है। हमारा उद्देश्य है–शरीर के भीतर जो सूक्ष्म गतियाँ हो रही हैं, उनका अनुभव प्राप्त करना। हमारा मन बिलकुल बाहर आ पड़ा है, वह भीतर की सूक्ष्म गतियों को बिलकुल नहीं पकड़ सकता। हम जब उनका अनुभव प्राप्त करने में समर्थ होंगे, तो उन पर विजय पा लेंगे। ये स्नायविक शक्तिप्रवाह शरीर में सर्वत्र चल रहे हैं, वे प्रत्येक पेशी में जाकर उसको जीवन-शक्ति दे रहे हैं, किन्तु हम उनका अनुभव नहीं कर पाते। योगियों का कहना है कि प्रयत्न करने पर हम उनका अनुभव प्राप्त करना सीख जायेंगे। पहले फेफड़े की गति पर विजय पाने की चेष्टा करनी होगी। कुछ काल तक यह कर सकने पर हम सूक्ष्मतर गतियों को भी वश में ला सकेंगे।

अब प्राणायाम की क्रियाओं की चर्चा की जाये। पहले तो, सीधे होकर बैठना होगा। देह को ठीक सीधा रखना होगा। यद्यपि मेरुमज्जा मेरुदण्ड से संलग्न नहीं है, फिर भी वह मेरुदण्ड के भीतर अवस्थित है। टेढ़ा होकर बैठने से वह अस्त-व्यस्त हो जाती है। अतएव: देखना होगा कि वह स्वच्छन्द भाव से रहे। टेढ़े बैठकर ध्यान करने की चेष्टा करने से अपनी ही हानि होती है। शरीर के तीनों भाग-वक्ष, ग्रीवा और मस्तक-सदा एक रेखा में ठीक सीधे रखने होंगे।

देखोगे, बहुत थोड़े अभ्यास से वह श्वास-प्रश्वास की नांई सहज हो जायेगा। इसके बाद स्नायुओं को वशीभूत करने का प्रयत्न करना होगा। हमने पहले ही देखा है कि जो स्नायु-केन्द्र श्वास-प्रश्वास-यन्त्र के कार्य को नियमित करता है, वह दूसरे स्नायुओं पर भी कुछ प्रभाव डालता है। इसीलिए साँस लेना और साँस छोड़ना ताल-बद्धः (नियमित) रूप से करना आवश्यक है। हम साधारणतः जिस प्रकार साँस लेते और छोड़ते हैं, वह श्वास-प्रश्वास नाम के ही योग्य नहीं। वह बहुत अनियमित है। फिर स्त्री-पुरुष के श्वास-प्रश्वासों में कुछ स्वाभाविक भेद भी हैं।

प्राणायाम-साधना की पहली क्रिया यह है,–भीतर निर्दिष्ट परिमाण में साँस लो और बाहर निर्दिष्ट परिमाण में साँस छोड़ो। इस प्रकार करने पर देह-यन्त्र का असामंजस्य-भाव दूर हो जायेगा। कुछ दिन तक यह अभ्यास करने के बाद, साँस खींचने और छोड़ने के समय ओंकार अथवा अन्य किसी पवित्र शब्द का मन-ही-मन उच्चारण करने से अच्छा होगा। भारत में, प्राणायाम करते समय हम लोग श्वास के ग्रहण और त्याग की संख्या ठहराने के लिए एक, दो, तीन, चार, इस क्रम से न गिनते हुए कुछ सांकेतिक शब्दों का व्यवहार करते हैं। इसीलिए मैं तुम लोगों से प्राणायाम के समय ओंकार अथवा अन्य किसी पवित्र शब्द का व्यवहार करने के लिए कह रहा हूँ। चिन्तन करना वह शब्द श्वास के साथ ताल-बद्ध रूप से बाहर जा रहा है और भीतर आ रहा है। ऐसा करने पर देखोगे कि सारा शरीर क्रमशः मानों साम्यभाव धारण करता जा रहा है। तभी समझोगे, यथार्थ विश्राम क्या है। उसकी तुलना में निद्रा तो विश्राम ही नहीं। एक बार यह विश्राम की अवस्था आने पर अतिशय थके हुए स्नायु भी शान्त हो जायेंगे और तब जानोगे कि पहले तुमने कभी यथार्थ विश्राम का सुख नहीं पाया।

इस साधना का पहला फल यह देखोगे कि तुम्हारे मुख की क्रान्ति बदलती जा रही है। मुख की शुष्कता या कठोरता का भाव प्रदर्शित करनेवाली रेखाएँ दूर हो जायेंगी। मन की शान्ति मुख से फूटकर

बाहर निकलेगी। दूसरा, तुम्हारा स्वर बहुत मधुर हो जायेगा। मैंने ऐसा एक भी योगी नहीं देखा, जिनके गले का स्वर कर्कश हो। कुछ महीने के अभ्यास के बाद ही ये चिह्न प्रकट होने लगेंगे। इस पहले प्राणायाम का कुछ दिन अभ्यास करने के बाद प्राणायाम की एक दूसरी ऊँची साधना ग्रहण करनी होगी। वह यह है–इडा अर्थात् बाँई नासिका द्वारा फेफड़े को धीरे-धीरे वायु से पूरा करो। उसके साथ स्नायु-प्रवाह में मन का संयम करो, सोचो कि तुम मानो स्नायु-प्रवाह को मेरुमज्जा के नीचे भेजकर कुण्डलिनी शक्ति के आधारभूत, मूलाधार स्थित त्रिकोणाकृति पद्म पर बड़े जोर से आघात कर रहे हो। इसके बाद इस स्नायु-प्रवाह को कुछ क्षण के लिए उसी जगह धारण किए रहो। तत्पश्चात् कल्पना करो कि उस स्नायविक प्रवाह को श्वास के साथ दूसरी ओर से अर्थात् पिंगला द्वारा ऊपर खींच रहे हो। फिर दाहिनी नासिका से वायु धीरे-धीरे बाहर फेंको। इसका अभ्यास तुम्हारे लिए कुछ कठिन ज्ञात होगा। सहज उपाय है–अँगूठे से दाहिनी नाक बन्द करके बाँई नाक से धीरे-धीरे वायु भरो। फिर अँगूठे और तर्जनी से दोनों नथुने बन्द कर लो और सोचो, मानों तुम स्नायु-प्रवाह को नीचे भेज रहे हो और सुषुम्ना के मूल देश में आघात कर रहे हो। इसके बाद अँगूठा हटाकर दाहिनी नाक द्वारा वायु बाहर निकालो। फिर, बाँई नासिका तर्जनी से बन्द करके दाहिनी नाक से धीरे-धीरे वायु-पूरण करो और फिर पहले की तरह दोनों नासिका छिद्रों को बन्द कर लो। हिन्दुओं के समान प्राणायाम का अभ्यास करना इस देश (अमेरिका) के लिए कठिन होगा, क्योंकि हिन्दू बाल्यकाल से ही इसका अभ्यास करते हैं, उनके फेफड़े इसके अभ्यस्त है। यहाँ चार सेकन्ड से आरम्भ करके धीरे-धीरे बढ़ाने पर अच्छा होगा। चार सेकन्ड तक वायु-पूरण करो, सोलह सेकन्ड बन्द करो और फिर आठ सेकन्ड में वायु का रेचन करो। इससे एक प्राणायाम होगा। पर, उस समय मूलाधारस्थ त्रिकोणाकार पद्म पर मन स्थिर करना भूल न जाना। इस प्रकार की कल्पना से तुमको साधना में बड़ी सहायता मिलेगी। एक तीसरे प्रकार का प्राणायाम यह है–धीरे-धीरे भीतर श्वास

खींचो, फिर तनिक भी देर किए बिना धीरे-धीरे वायु रेचन करके बाहर ही श्वास कुछ देर के लिए रुद्ध कर रखो, संख्या पहले की प्राणायाम की तरह है। पूर्वोक्त प्राणायाम और इसमें भेद इतना ही है कि पहले के प्राणायाम में साँस भीतर रोकनी पड़ती है और यहाँ बाहर। यह प्राणायाम पहले से सीधा है। जिस प्राणायाम में साँस भीतर रोकनी पड़ती है, उसका अधिक अभ्यास अच्छा नहीं। उसका सवेरे चार-बार और शाम को चार-बार अभ्यास करो। बाद में धीरे-धीरे समय और संख्या बढ़ा सकते हो। तुम क्रमशः देखोगे कि तुम बहुत सहज ही यह कर सक रहे हो और इससे तुम्हें बहुत आनन्द भी मिल रहा है। अतएवः जब देखो कि तुम यह बहुत सहज ही कर सक रहे हो, तब बड़ी सावधानी और सतर्कता के साथ संख्या चार से छः बढ़ा सकते हो। अनियमित रूप से साधना करने पर तुम्हारा अनिष्ट हो सकता है।

उपर्युक्त तीन प्रक्रियाओं में से पहली और अन्तिम क्रियाएँ कठिन भी नहीं और उनमे किसी प्रकार की विपत्ति की आशंका भी नहीं। पहली क्रिया का जितना अभ्यास करोगे, उतना ही तुम शान्त होते जाओगे। उसके साथ ओंकार जोड़कर अभ्यास करो, देखोगे, जब तुम दूसरे कार्य में लगे हो, तब भी तुम उसका अभ्यास कर सक रहे हो। इस क्रिया के फल में, देखोगे, तुम अपने को सभी बातों में अच्छा ही महसूस कर रहे हो। इस तरह कठोर साधना करते-करते एक दिन तुम्हारी कुण्डलिनी जग जायेगी। जो दिन में केवल एक या दो बार अभ्यास करेंगे, उनके शरीर और मन कुछ स्थिर भर हो जायेंगे और उनका स्वर मधुर हो जायेगा। परन्तु जो कमर बाँधकर साधना के लिए आगे बढ़ेंगे, उनकी कुण्डलिनी जागृत् हो जायेगी, उनके लिए सारी प्रकृति एक नया रूप धारण कर लेगी, उनके लिए ज्ञान का द्वार खुल जायेगा। तब फिर ग्रन्थों में तुम्हें ज्ञान की खोज न करनी होगी। तुम्हारा मन ही तुम्हारे निकट अनन्त-ज्ञान-विशिष्ट पुस्तक का काम करेगा। मैंने मेरुदण्ड के दोनों ओर से प्रवाहित इडा और पिंगला नामक दो शक्तिप्रवाहों का पहले ही उल्लेख किया है, और मेरुमज्जा के बीच से जानेवाली

सुषुम्ना की बात भी कही है। यह इडा, पिंगला और सुषुम्ना प्रत्येक प्राणी में विद्यमान हैं। जिनके मेरुदण्ड है, उन सभी के भीतर ये तीन प्रकार की भिन्न-भिन्न क्रिया-प्रणालियाँ मौजूद हैं। परन्तु योगी कहते हैं, साधारण जीव में यह सुषुम्ना बन्द रहती है, उसके भीतर किसी तरह की क्रिया का अनुभव नहीं किया जा सकता, किन्तु इडा और पिंगला नाड़ियों का कार्य, अर्थात् शरीर के विभिन्न भागों में शक्तिवहन करना, सभी प्राणियों में होता रहता है।

केवल योगी में यह सुषुम्ना खुली रहती है। यह सुषुम्ना द्वार खुलने पर उसके भीतर से स्नायविक शक्तिप्रवाह जब ऊपर चढ़ता है, तब चित्त उच्च से उच्चतर भूमि पर उठता जाता है और अन्त में हम अतीन्द्रिय राज्य में चले जाते हैं। हमारा मन तब अतीन्द्रिय, ज्ञानातीत, पूर्णचैतन्य इत्यादि नामोवाली अवस्था प्राप्त कर लेता है। तब हम बुद्धि के अतीत प्रदेश में चले जाते हैं, वहाँ तर्क नहीं पहुँच सकता। इस सुषुम्ना को खोलना ही योगी का एकमात्र उद्देश्य है। ऊपर में जिन शक्तिवहन-केन्द्रों का उल्लेख किया गया है, योगियों के मत में वे सुषुम्ना में ही अवस्थित हैं। रूपक की भाषा में उन्हीं को पद्म कहते हैं। सबसे नीचे वाला पद्म सुषुम्ना के सबसे नीचे भाग में अवस्थित है। उसका नाम है मूलाधार। इसके बाद दूसरा है स्वाधिष्ठान। तीसरा मणिपुर। फिर चौथा अनाहत, पाँचवाँ विशुद्ध, छठा आज्ञा, और सातवाँ है सहस्त्रार या सहस्त्रदल पद्म। यह सहस्त्रार सबसे ऊपर, मस्तिष्क में स्थित है। अभी इनमें से केवल दो केन्द्रों (चक्रों) की बात हम लेंगे-सबसे नीचेवाले मूलाधार की और सबसे ऊपरवाले सहस्त्रार की। सबसे नीचेवाले चक्र में ही समस्त शक्तियाँ अवस्थित हैं, और उस शक्ति को उस जगह से लेकर मस्तिष्कस्थ सर्वोच्च चक्र पर ले जाना होगा। योगी कहते हैं, मनुष्य देह में जितनी शक्तियाँ हैं, उनमें ओज सबसे उत्कृष्ट कोटि की शक्ति है। यह ओज मस्तिष्क में संचित रहता है। जिसके मस्तक में ओज जितने अधिक परिमाण में रहता है, वह उतना ही अधिक बुद्धिमान और आध्यात्मिक बल से बली होता है। एक

व्यक्ति बड़ी सुन्दर भाषा में सुन्दर भाव व्यक्त करता है, परन्तु लोग आकृष्ट नहीं होते। और दूसरा व्यक्ति न सुन्दर भाषा बोल सकता है, न सुन्दर ढंग से भाव व्यक्त कर सकता है, परन्तु फिर भी लोग उसकी बात से मुग्ध हो जाते हैं। ऐसा क्यों? यह ओज-शक्ति ही शरीर से निकलकर ऐसा अद्‌भुत कार्य करती है। इस ओज-शक्ति से युक्त पुरुष जो कुछ कार्य करते हैं, उसी में महाशक्ति का विकास देखा जाता है। ऐसी है ओज की शक्ति।

यह ओज, थोड़ी-बहुत मात्रा में, सभी मनुष्यों में विद्यमान है। शरीर में जितनी शक्तियाँ खेल कर रही हैं, उनका उच्चतम विकास यह ओज है। यह हमें सदा याद रखना चाहिए कि सवाल केवल परिवर्तन का है—एक ही शक्ति दूसरी शक्ति में परिणत हो जाती है। बाहरी संसार में जो शक्ति विद्युत् अथवा चुम्बकीय शक्ति के रूप में प्रकाशित हो रही है, वही क्रमशः आभ्यन्तरिक शक्ति में परिणत हो जायेगी। आज जो शक्तियाँ पेशियों में कार्य कर रही हैं, वे ही कल ओज के रूप में परिणत हो जायेंगी। योगी कहते हैं कि मनुष्य में जो शक्ति काम-क्रिया-काम-चिन्तन आदि रूपों में प्रकाशित हो रही है, उसका दमन करने पर वह सहज ही ओजधातु में परिणत हो जाती है। और हमारे शरीर का सबसे नीचेवाला केन्द्र ही इस शक्ति का नियामक होने के कारण योगी इसकी ओर विशेष रूप से ध्यान देते हैं। वे सारी काम-शक्ति को लेकर ओजधातु में परिणत करने का प्रयत्न करते हैं। कामजयी स्त्री-पुरुष ही इस ओजधातु को मस्तिष्क में संचित कर सकते हैं। इसीलिए सब देशों में ब्रह्मचर्य सर्वश्रेष्ठ धर्म माना गया है। मनुष्य सहज ही अनुभव करता है कि काम को प्रश्रय देने पर सारा धर्मभाव, चरित्र-बल और मानसिक तेज जाता रहता है। इसी कारण, देखोगे, संसार में जिन-जिन सम्प्रदायों में बड़े-बड़े धर्मवीर पैदा हुए हैं, उन सभी सम्प्रदायों ने ब्रह्मचर्य पर विशेष जोर दिया है। इसीलिए विवाह-त्यागी संन्यासी-दल की उत्पत्ति हुई है। इस ब्रह्मचर्य का पूर्ण रूप से तन-मन-वचन से-पालन करना नितान्त आवश्यक है। ब्रह्मचर्य बिना, राजयोग की

साधना बड़े खतरे की है, क्योंकि उससे अन्त में मस्तिष्क का विषम विकार पैदा हो सकता है। यदि कोई राजयोग का अभ्यास करे और साथ ही अपवित्र जीवन यापन करें, तो वह भला किस प्रकार योगी होने की आशा कर सकता है?

# 6. प्रत्याहार और धारणा

प्राणायाम के बाद प्रत्याहार की साधना करनी पड़ती है। प्रत्याहार क्या है? तुम सबों को ज्ञात है कि विषयानुभूति किस तरह होती है। सबसे पहले, देखो, इन्द्रियों के द्वार-स्वरूप ये बाहर के यन्त्र हैं। फिर हैं इन्द्रियाँ। ये इन्द्रियाँ मस्तिष्क में स्थित स्नायु-केन्द्रों की सहायता से शरीर पर कार्य करती हैं। इसके बाद है मन। जब ये समस्त एकत्र होकर किसी बाहरी वस्तु के साथ संलग्न होते हैं, तभी हम उस वस्तु का अनुभव कर सकते हैं। किन्तु मन को एकाग्र करके केवल किसी एक इन्द्रिय से संयुक्त कर रखना बहुत कठिन है, क्योंकि मन (विषयों का) दास है।

हम संसार में सर्वत्र देखते हैं, कि सभी यह शिक्षा दे रहे हैं, 'भले हो जाओ,' 'भले हो जाओ,' 'भले हो जाओ।' संसार में शायद किसी देश में ऐसा बालक नहीं पैदा हुआ, जिसे मिथ्या भाषण न करने, चोरी न करने आदि की शिक्षा नहीं मिली, परन्तु कोई उसे यह शिक्षा नहीं देता कि वह इन असत् कर्मों से किस प्रकार बचें। केवल बात करने से काम नहीं बनता। वह चोर क्यों न बनें? हम तो उसको चोरी से निवृत्त होने की शिक्षा नहीं देते, उससे बस इतना ही कह देते हैं, 'चोरी मत करो।' यदि उसे मन संयम का उपाय सिखाया जाये, तभी वह यथार्थ में शिक्षा प्राप्त कर सकता है, और वही उसकी सच्ची सहायता और उपकार है। जब मन इन्द्रिय नामक भिन्न-भिन्न शक्ति केन्द्रों में संलग्न रहता है, तभी समस्त बाह्य और आभ्यन्तरिक कर्म प्रत्याहार और धारणा होते हैं। इच्छापूर्वक अथवा अनिच्छापूर्वक मनुष्य अपने मन को

भिन्न-भिन्न (इन्द्रिय नामक) केन्द्रों में संलग्न करने को बाध्य होता है। इसीलिए मनुष्य अनेक प्रकार के दुष्कर्म करता है। और बाद में कष्ट पाता है। मन यदि अपने वश में रहता, तो मनुष्य कभी अनुचित कर्म न करता। मन को संयत करने का फल क्या है? यही कि मन संयत हो जाने पर वह फिर विषयों का अनुभव करनेवाली भिन्न-भिन्न इन्द्रियों के साथ अपने को संयुक्त न करेगा। और ऐसा होने पर सब प्रकार के भाव और इच्छाएँ हमारे वश में आ जायेंगी। यहाँ तक तो बहुत स्पष्ट है। अब प्रश्न यह है, क्या यह कार्य में परिणत होना सम्भव है? हाँ, यह सम्पूर्ण रूप से सम्भव है। तुम लोग वर्तमान समय में भी इसका कुछ आभास देख रहे हो, विश्वास के बल से आरोग्यलाभ करानेवाला सम्प्रदाय दु:ख, कष्ट, अशुभ आदि के अस्तित्व को बिलकुल अस्वीकार कर देने की शिक्षा देता है। इसमें सन्देह नहीं कि इनका दर्शन बहुत कुछ सिर के पीछे से हाथ ले जाकर नाक पकड़ने की तरह है, किन्तु वह भी एक प्रकार का योग है, किसी तरह उन लोगों ने उसका अविष्कार कर डाला है। जहाँ वे दु:ख-कष्ट के अस्तित्व को अस्वीकार करने की शिक्षा देकर लोगों के दु:ख दूर करने में सफल होते हैं, तो वहाँ समझना होगा कि उन्होंने वास्तव में प्रत्याहार की ही कुछ शिक्षा दी है, क्योंकि वे उस व्यक्ति के मन को यहाँ तक सबल कर देते हैं कि वह इन्द्रियों की गवाही पर विश्वास ही नहीं करता। वशीकरणविद्यावाले (Hypnotists), इसी प्रकार, सूचनाशक्ति या आज्ञा (hypnotio suggestion) से कुछ देर के लिए अपने वश्य व्यक्तियों में एक प्रकार का अस्वाभाविक प्रत्याहार ले आते हैं। जिसे साधारणत: वशीकरण-सूचना कहते हैं, वह केवल रोगग्रस्त देह और कमजोर मन पर ही अपना प्रवाह फैला सकता है। वशीकरणकारी जब तक स्थिरदृष्टि अथवा अन्य किसी उपाय द्वारा अपने वश्य व्यक्ति के मन को निष्क्रिय, जड़तुल्य अस्वाभाविक अवस्था में नहीं ले जा सकता, तब तक वह चाहे जो कुछ सोचने, सुनने या देखने का आदेश दे, उसका कोई फल न होगा।

वशीकरणकारी या विश्वास-बल से आरोग्य करने वाले थोड़े

समय के लिए जो अपने वश्य व्यक्तियों के शरीरस्थ शक्ति केन्द्रों (इन्द्रियों) को वशीभूत कर लेते हैं, वह अत्यन्त निन्दाह कर्म है, क्योंकि वह उस वश्य व्यक्ति को अन्त में सर्वनाश के रास्ते ले जाता है। यह कोई अपनी इच्छाशक्ति के बल से अपने मस्तिष्कस्थ केन्द्रों का संयम तो है नहीं, यह तो दूसरे की इच्छाशक्ति के एकाएक प्रबल आघात से वश्य व्यक्ति के मन को कुछ समय के लिए मानों जड़ कर रखना है। वह लगाम और बाहु-बल की सहायता से, गाड़ी खींचनेवाले उच्छृखल घोड़ों की उन्मत्त गति को संयत करना नहीं है, वरन् वह दूसरों से उन अश्वों पर तीव्र आघात करने को कहकर उनको कुछ समय के लिए चुप कर रखना है। उस व्यक्ति पर यह प्रक्रिया जितनी की जाती है, उतना ही वह अपने मन की शक्ति क्रमशः खोने लगता है, और अन्त में, मन को पूर्ण रूप से जीतना तो दूर रहा, उसका मन बिलकुल शक्तिहीन और विचित्र-सा हो जाता है तथा पागलखाने में ही उसकी चरम गति आ ठहरती है।

अपने मन को स्वयं अपने मन की सहायता से वश में लाने की चेष्टा के बदले इस प्रकार दूसरे की इच्छा से प्रेरित होकर मन का संयम अनिष्टकारक ही नहीं है, वरन् जिस उद्देश्य से वह कार्य किया, वह भी सिद्ध नहीं होता। प्रत्येक जीवात्मा का चरम लक्ष्य है मुक्ति या स्वाधीनता-जड़वस्तु और चित्तवृत्ति के दासत्व से मुक्तिलाभ करके उन पर प्रभुत्व स्थापित करना, बाह्य और अन्त प्रकृति पर अधिकार जमाना। किन्तु उस दिशा में सहायता करने की बात तो अलग रही, दूसरे व्यक्ति द्वारा प्रयुक्त इच्छाशक्ति का प्रवाह हम पर लगी हुई चित्तवृत्तिरूपी बन्धनों और प्राचीन कुसंस्कारों की भारी बेड़ी में एक और कड़ी जोड़ देता है-फिर वह इच्छाशक्ति हम पर किसी भी रूप से क्यों न प्रयुक्त हो, और चाहे उससे हमारी इन्द्रियाँ प्रत्यक्ष वशीभूत हो जायें, चाहे वह एक प्रकार की पीड़ित या विकृतावस्था में हमें इन्द्रियों को संयत करने के लिए बाध्य करे। इसलिए सावधान! दूसरे को अपने ऊपर इच्छाशक्ति का संचालन न करने देना। अथवा दूसरे पर ऐसी इच्छाशक्ति का प्रयोग

करके अनजाने उसका सत्यानाश न कर देना। यह सत्य है कि कोई-कोई लोग कुछ व्यक्तियों की प्रवृत्ति का मोड फेरकर कुछ दिनों के लिए उनका कुछ कल्याण करने में कृतकार्य होते हैं, परन्तु साथ ही वे दूसरों पर इस वशीकरण-शक्ति का प्रयोग करके, बिना जाने, लाखों नर-नारियों को एक प्रकार से विकृत जड़ावस्थापन्न कर डालते हैं, जिसके परिणामस्वरूप उन वश्य व्यक्तियों की आत्मा का अस्तित्व तक मानों लुप्त हो जाता है। इसलिए जो कोई व्यक्ति तुमसे अन्धविश्वास करने को कहता है, अथवा अपनी श्रेष्ठतर इच्छाशक्ति के बल से लोगों को वशीभूत करके अपना अनुसरण करने के लिए बाध्य करता है, वह मनुष्य-जाति का भारी अनिष्ट करता है—भले ही वह इसे इच्छापूर्वक न करता हो।

अतएव अपने मन का संयम करने के लिए सदा अपने ही मन की सहायता लो, और यह सदा याद रखो कि तुम यदि रोगग्रस्त नहीं हो, तो कोई भी बाहरी इच्छाशक्ति तुम पर कार्य न कर सकेगी। जो व्यक्ति तुमसे अन्धे के समान विश्वास कर लेने को कहता हो, उससे दूर ही रहो, वह चाहे कितना भी बड़ा आदमी या साधु क्यों न हो। संसार के सभी भागों में ऐसे बहुत से सम्प्रदाय हैं, जिनके धर्म के प्रधान अंग नाच-गान, उछल-कूद, चिल्लाना आदि है। वे जब संगीत, नृत्य और प्रचार करना आरम्भ करते हैं, तब उनके भाव मानों संक्रामक रोग की तरह लोगों के अन्दर फैल जाते हैं। वे भी एक प्रकार के वशीकरणकारी हैं। वे थोड़े समय के लिए भावुक व्यक्तियों पर गजब का प्रभाव डाल देते हैं। पर हाय। परिणाम यह होता है कि सारी जाति अधः पतित हो जाती है। इस प्रकार की अस्वाभाविक बाहरी शक्ति के बल से किसी व्यक्ति या जाति के लिए ऊपर-ऊपर अच्छी होने की अपेक्षा अच्छी न रहना ही बेहतर है, और वह स्वास्थ्य का लक्षण है। इन धर्मोन्मत्त व्यक्तियों का उद्देश्य अच्छा भले ही हो, परन्तु इनको किसी उत्तरदायित्व का ज्ञान नहीं। इन लोगों द्वारा मनुष्य का जितना अनिष्ट होता है, उसका विचार करते ही हृदय स्तब्ध हो जाता है। वे नहीं जानते कि जो व्यक्ति

संगीत, स्तव आदि की सहायता से–उनकी शक्ति के प्रभाव से, इस तरह एकाएक भगवद्भाव में मत्त हो जाते हैं, वे अपने को केवल जड़, विकृतभाववाले और शक्तिशून्य बना लेते हैं और सहज ही किसी भी भाव के वश में हो जाते हैं–फिर वह भाव कितना भी बुरा क्यों न हो। उसका प्रतिरोध करने की उनमें तनिक भी शक्ति नहीं रह जाती। इन अज्ञ, आत्मवंचित व्यक्तियों के मन में यह स्वप्न में भी नहीं आता कि वे एक ओर जहाँ यह कहकर हर्षोत्फुल्ल हो रहे हैं कि उनमें मनुष्य के हृदय को परिवर्तित कर देने की अद्भुत शक्ति है–जिस शक्ति के सम्बन्ध में वे सोचते हैं कि वह बादल के ऊपर अवस्थित किसी पुरुष से उन्हें मिली है–वहाँ साथ ही वे भावी मानसिक अवनति, पाप, उन्मत्तता और मृत्यु के बीज भी बो रहे हैं। अतएव, जिससे तुम्हारी स्वाधीनता नष्ट होती हो, ऐसे सब प्रकार के प्रभावों से सतर्क रहो। ऐसे प्रभावों को भयानक विपत्ति से भरा जानकर प्राणपण से उनसे दूर रहने की चेष्टा करो।

जो इच्छामात्र से अपने मन को केन्द्रों मे संलग्न करने अथवा उनसे हटा लेने में सफल हो गया है, उसी का प्रत्याहार सिद्ध हुआ है। प्रत्याहार का अर्थ है, एक ओर आहरण करना अर्थात् खींचना-मन की बहिर्गति को रोककर, इन्द्रियों की अधीनता से मन को मुक्त करके उसे भीतर की ओर खींचना। इसमें कृतकार्य होने पर हम यथार्थ में चरित्रवान होंगे; और तभी समझेंगे कि हम मुक्ति के मार्ग में बहुत दूर बढ़ गए हैं। यह यदि न किया जा सका, तो हममें तथा एक यन्त्र में फिर अन्तर ही क्या!

मन को संयत करना कितना कठिन है। इसकी उपमा एक उन्मत्त वानर से दी गई है, और वह कोई असंगत बात नहीं। कहीं एक बन्दर था। उसकी मर्कट-स्वभाववाली चंचलता तो थी ही, लेकिन उतने से सन्तुष्ट न हो, एक आदमी ने उसे काफी शराब पिला दी। इससे वह और भी चंचल हो गया। इसके बाद उसे एक बिच्छू ने डंक मार दिया। तुम जानते हो, किसी को बिच्छू डंक मार दे, तो वह दिन भर

इधर-उधर कितना तड़पता रहता है। सो उस प्रमत्त अवस्था के ऊपर बिच्छू का डंक इससे वह बन्दर बहुत अस्थिर हो गया। तत्पश्चात् मानों उसके दु:ख की मात्रा को पूरी करने के लिए एक भूत उस पर सवार हो गया। यह सब मिलाकर, सोचो, बन्दर कितना चंचल हो गया होगा। यह भाषा द्वारा व्यक्त करना असम्भव है। बस, मनुष्य का मन उस वानर के सदृश्य है। मन तो स्वभावत: ही सतत: चंचल है, फिर वह वासनारूप मदिरा से मत्त है, इससे उसकी अस्थिरता बढ़ गई है। जब वासना आकर मन पर अधिकार कर लेती है, तब सुखी लोगों को देखने पर ईर्ष्यारूप बिच्छू उसे डंक मारता रहता है। उसके भी ऊपर जब अहंकाररूप पिशाच उसके भीतर प्रवेश करता है, तब तो वह अपने आगे किसी को नहीं गिनता। ऐसी तो हमारे मन की अवस्था है। सोचो तो, इसका संयम करना कितना कठिन है।

अतएव: मन के संयम का पहला सोपान यह है कि कुछ समय के लिये चुप्पी साधकर बैठे रहो और मन को अपने अनुसार चलने दो। मन सतत: चंचल है। वह बन्दर की तरह सदा कूँद-फाँद रहा है। यह मन-मर्कट जितनी इच्छा हो उछल-कूद मचाएँ, कोई हानि नहीं, धीर भाव से प्रतीक्षा करो और मन की गति देखते जाओ। लोग जो कहते हैं कि ज्ञान ही यथार्थ शक्ति है, यह बिलकुल सत्य है। जब तक मन की क्रियाओं पर नजर न रखोगे, उमका संयम न कर सकोगे। मन को इच्छानुमार घूमने दो। सम्भव है, बहुत बुरी-बुरी भावनाएँ तुम्हारे मन में आएँ। तुम्हारे मन में इतनी असत् भावनाएँ आ सकती हैं कि तुम सोचकर आश्चर्यचकित हो जाओगे। परन्तु देखोगे, मन के ये सब खेल दिन-पर-दिन कम होते जा रहे हैं, दिन-पर-दिन मन कुछ-कुछ स्थिर होता जा रहा है। पहले कुछ महीने देखोगे, तुम्हारे मन में हजारों विचार आएँगे, क्रमश: वह संख्या घटकर सैकड़ों तक रह जायेगी। फिर कुछ और महीने बाद वह और भी घट जायेगी, और अन्त में मन पूर्ण रूप से अपने वश में आ जायेगा। पर हाँ, हमें प्रतिदिन धैर्य के साथ अभ्यास करना होगा। जब तक इंजन के भीतर भाप रहेगी, तब तक वह चलता

ही रहेगा। जब तक विषय हमारे सामने हैं, तब तक हम उन्हें देखेंगे ही। अतएव:, मनुष्य को, यह प्रमाणित करने के लिए कि वह इंजन की तरह एक यंत्र मात्र नहीं है, यह दिखाना आवश्यक है कि वह किसी के अधीन नहीं। इस प्रकार मन का संयम करना और उसे विभिन्न इन्द्रियों के साथ संयुक्त न होने देना ही प्रत्याहार है। इसके अभ्यास का क्या उपाय है? यह एक-दो दिन का काम नहीं, बहुत दिनों तक लगातार इसका अभ्यास करना होगा। धीर भाव से लगातार बहुत वर्षों तक अभ्यास करने पर तब कहीं इस विषय में सफलता मिल पाती है।

कुछ काल तक प्रत्याहार की साधना करने के बाद, उसके बाद की साधना अर्थात् धारणा का अभ्यास करने का प्रयत्न करना होगा। प्रत्याहार के बाद है धारणा। धारणा का अर्थ है—मन को देह के भीतर या उसके बाहर किसी स्थानविशेष में धारण, या स्थापन करना। मन को स्थानविशेष में धारण करने का अर्थ क्या है? इसका अर्थ यह है कि मन को शरीर के अन्य सब स्थानों से अलग करके किसी एक विशेष अंश के अनुभव में बलपूर्वक लगाए रखना। मान लो, मैंने मन को हाथ में धारण किया। तब शरीर के अन्यान्य अवयव विचार के विषय के बाहर हो जायेंगे। जब चित्त अर्थात् मनोवृत्ति किसी निर्दिष्ट स्थान में आबद्ध होती है, तब उसे 'धारणा' कहते हैं। यह धारणा अनेक प्रकार की है। इस धारणा के अभ्यास के समय किसी कल्पना की सहायता लेने से काम अच्छा सधता है। मान लो, हृदय के एक बिंदु में मन को धारण करना है। इसे कार्य में परिणत करना बड़ा कठिन है। अतएव सहज उपाय यह है कि हृदय में एक पद्म की भावना करो और कल्पना करो कि वह ज्योति से पूर्ण है—चारों ओर उस ज्योति की आभा बिखर रही है। उसी जगह मन को धारण करो। अथवा मस्तिष्क में स्थित सहस्रदल कमल को अथवा पर्वोक्त सुषुम्ना में स्थित विभिन्न चक्रों को ज्योतिर्मय रूप से सोचो। योगी के लिए नियमित अभ्यास आवश्यक है।

योगी को अकेले रहने का प्रयत्न करना होगा। विभिन्न प्रकार के मनुष्यों के साथ रहने से चित्त विक्षिप्त हो जाता है। उनका अधिक

बातचीत करना उचित नहीं; अधिक बातचीत करने से मन चंचल हो जाता है। अधिक काम करना भी अच्छा नहीं, क्योंकि इससे भी मन डाँवाँडोल रहता है; सारे दिन की कड़ी मेहनत के बाद मन का संयम नहीं हो सकता। जो उपर्युक्त नियमों के अनुसार चलते हैं, वे ही योगी हो सकते हैं। योग की ऐसी अद्भुत शक्ति है कि बहुत थोड़ी मात्रा में भी उसका अभ्यास करने पर बहुत अधिक फल प्राप्त होता है। इससे किसी का अनिष्ट नहीं होता, वरन् इससे सबका उपकार ही होता है। पहले तो, स्नायविक उत्तेजना शान्त हो जाएगी, मन शान्त भाव धारण करेगा और समस्त विषयों को अत्यंत स्पष्ट रूप से देखने और समझने की शक्ति आएगी। मिजाज अच्छा रहेगा, स्वास्थ्य भी क्रमशः उत्तम हो जाएगा। योगाभ्यास करने पर जो चिह्न योगियों में प्रकट होते हैं, देह की स्वस्थता उनमें प्रथम है। स्वर भी मधुर हो जायेगा, स्वर में जो कुछ दोष है, सब निकल जायेगा। और भी अनेक प्रकार के चिह्न प्रकट होंगे, पर ये ही प्रथम है। जो बहुत अधिक साधना करते हैं, उनमें और भी दूसरे लक्षण प्रकट होते हैं। कभी-कभी घंटा-ध्वनि की तरह का शब्द सुन पड़ेगा, मानों दूर में बहुत से घंटे बज रहे हैं और वे सारे शब्द एकत्र होकर कानों में लगातार आघात कर रहे हैं। कभी-कभी देखोगे, आलोक के छोटे-छोटे कण हवा में तैर रहे हैं और क्रमशः कुछ-कुछ बड़े होते जा रहे हैं। जब ये लक्षण प्रकाशित होंगे, तब समझना कि तुम द्रुत गति से साधना में उन्नति कर रहे हो।

जो योगी होने की इच्छा करते है और कठोर अभ्यास करते हैं, उन्हें पहली अवस्था में आहार के सम्बन्ध में कुछ विशेष सावधानी रखनी होगी। जो शीघ्र उन्नति करने की इच्छा करते हैं, वे यदि कुछ महीने केवल दूध और अन्न आदि निरामिष भोजन पर रह सकें, तो उन्हें साधना में बड़ी सहायता मिलेगी। किन्तु जो लोग दूसरे दैनिक कामों के साथ थोड़ा-बहुत अभ्यास करना चाहते हैं, उनके लिए अधिक भोजन न करने से ही काम बन जायेगा। उन्हे खाद्य के सम्बन्ध में उतना विचार करने की आवश्यकता नहीं, वे जो इच्छा हो वही खा सकते है।

जो कठोर अभ्यास करके शीघ्र उन्नति करना चाहते हैं, उन्हें आहार के सम्बन्ध में विशेष सावधान रहना चाहिए। देह-यंत्र धीरे-धीरे जितना ही सूक्ष्म होता जाता है, उतना ही तुम देखोगे कि एक सामान्य अनियम से भी तुम्हारे सारे शरीर के भीतर बहुत-बड़ा अनमेल उपस्थित हो जायेगा। जब तक मन पर सम्पूर्ण अधिकार नहीं हो जाता, तब तक आहार में एक ग्रास की अल्पता या अधिकता सम्पूर्ण शरीर-यंत्र को बिलकुल अप्रकृतिस्थ कर देगी। मन के पूर्ण रूप से अपने वश में आने के बाद जो इच्छा हो, खाया जा सकता है। मन को एकाग्र करना आरम्भ करने पर देखोगे कि एक सामान्य पिन गिरने से ही ऐसा मालूम होगा मानों तुम्हारे मस्तिष्क में से वज्र पार हो गया। इन्द्रिय-यंत्र जितने सूक्ष्म होते जाते हैं, अनुभूति भी उतनी ही सूक्ष्म होती जाती है। इन्हीं सब अवस्थाओं में से होते हुए हमें क्रमशः अग्रसर होना होगा। और जो लोग अध्यवसाय के साथ अन्त तक लगे रह सकते हैं, वे ही कृतकार्य होंगे। सब प्रकार के तर्क और चित्त मे विक्षेप उत्पन्न करने वाली बातों को दूर कर देना होगा। शुष्क और निरर्थक तर्कपूर्ण प्रलाप से क्या होगा? वह केवल मन के साम्यभाव को नष्ट करके उसे चंचल भर कर देता है। इन सब तत्त्वों की उपलब्धि की जानी चाहिए। केवल बातों से क्या होगा? अतएवः सब प्रकार की बकवास छोड़ दो। जिन्होंने प्रत्यक्ष अनुभव किया है, केवल उन्हीं के लिखे ग्रन्थ पढ़ो।

मुक्ति के समान बनो। भारतवर्ष में एक सुन्दर किम्वदन्ती प्रचलित है। वह यह कि आकाश में स्वाति नक्षत्र के तुगस्थ रहते यदि पानी गिरे और उसकी एक बूँद किसी सीपी में चली जाये, तो उसका मोती बन जाता है। सीपियों को यह मालूम है। अतएवः जब वह नक्षत्र उदित होता है, तो वे सीपियाँ पानी की ऊपरी सतह पर आ जाती हैं, और उस समय की एक अनमोल बूँद की प्रतीक्षा करती रहती हैं। ज्योंही एक बूँद पानी उनके पेट में जाता है, त्योंही उस जलकण को लेकर मुँह बन्द करके वे समुद्र के अथाह गर्भ में चली जाती हैं और वहाँ बड़े धैर्य के साथ उनसे मोती तैयार करने के प्रयत्न में लग जाती हैं। हमें भी

उन्हीं सीपियों की तरह होना होगा। पहले सुनना होगा, फिर समझना होगा, अन्त में बाहरी संसार से दृष्टि बिलकुल हटाकर, सब प्रकार की विक्षेपकारी बातों से दूर रहकर हमें अन्तर्निहित सत्य-तत्त्व के विकास के लिए प्रयत्न करना होगा। एक भाव को नया कहकर ग्रहण करके, उसकी नवीनता चली जाने पर फिर एक दूसरे नए भाव का आश्रय लेना-इस प्रकार बार-बार करने से तो हमारी सारी शक्ति ही इधर-उधर बिखर जायेगी। साधना करते समय नए भावों के प्रति इस प्रकार आकर्षण-रूप विपत्ति आया करती है। एक भाव को पकड़ो, उसी को लेकर रहो। उसका अन्त देखे बिना उसे मत छोड़ो। जो एक भाव लेकर, उसी में मत्त होकर रह सकते हैं, उन्हीं के हृदय में सत्य-तत्त्व का उन्मेष होता है। और जो यहाँ का कुछ, वहाँ का कुछ, इस तरह खटाइयाँ रखने के समान सब विषयों को मानों थोड़ा-थोड़ा चखते जाते हैं, वे कभी कोई चीज नहीं पा सकते। कुछ देर के लिए उनकीं से उत्तेजित होकर उन्हें एक प्रकार का आनन्द भले ही मिल जाता हो, किन्तु इससे और कुछ फल नहीं होता। वे चिरकाल प्रकृति के दास होकर रहेंगे, कभी अतीन्द्रिय राज्य में विचरण न कर सकेंगे।

जो सचमुच योगी होने की इच्छा करते हैं, उन्हें इस प्रकार थोड़ा-थोड़ा हर विषय को पकड़ने का भाव छोड़ देना होगा। एक भाव लेकर सदा उसी में विभोर होकर रहो। सोते-जागते हर समय उसी को लेकर रहो। तुम्हारा मस्तिष्क, स्नायु, शरीर के सर्वांग उसी के विचार से पूर्ण रहें। दूसरे सारे विचार छोड़ दो। यही सिद्ध होने का उपाय है, और इसी उपाय से बड़े-बड़े धर्मवीरों की उत्पत्ति हुई है। शेष सब तो बातें करनेवाले यन्त्र मात्र हैं। यदि हम सचमुच स्वयं कृतार्थ होना और दूसरों का उद्धार करना चाहें, तो हमें थोथी बकवास छोड़कर और भी भीतर प्रवेश करना होगा। इसे कार्य में परिणत करने का पहला सोपान यह है कि मन किसी तरह चंचल न किया जाये। जिनके साथ बातचीत करने पर मन चंचल हो जाता हो, उनका साथ छोड़ दो। तुम सबको मालूम है कि तुममें से प्रत्येक का किसी स्थानविशेष, व्यक्तिविशेष और

खाद्यविशेष के प्रति एक विरक्ति का भाव रहता है। उन सबका परित्याग कर देना और जो सर्वोच्च अवस्था की प्राप्ति के अभिलाषी हैं, उन्हें तो सत्-असत् सब प्रकार के संग को त्याग देना होगा। पूरी लगन के साथ, कमर कसकर साधना में लग जाओ-फिर मृत्यु भी आए तो क्या। "मन्त्र वा साधयामी शरीर वा पातयामि"-काम सो या प्राण ही जाये। फल की ओर आँख रखे बिना साधना में निमग्न हो जाओ। निर्भीक होकर इस प्रकार दिन-रात साधना करने पर छः महीने के भीतर ही तुम एक सिद्ध योगी हो सकते हो परन्तु दूसरे, जो थोड़ी-थोड़ी साधना करते हैं, सब विषयों को जरा-जरा चखते हैं, वे कभी कोई बड़ी उन्नति नहीं कर सकते। केवल उपदेश सुनने से कोई फल नहीं होता। जो लोग तमोगुण से पूर्ण हैं, अज्ञानी और आलसी हैं, जिनका मन कभी किसी वस्तु पर स्थिर नहीं रहता, जो केवल थोड़े से आनन्द के अन्वेषण है, उनके पास धर्म और दर्शन केवल क्षणिक आनन्द के लिए हैं जो सिर्फ थोड़े से आमोद-प्रमोद के लिए धर्म करने आते हैं, वो साधना में अध्यवसायहीन हैं। वे धर्म की बातें सुनकर सोचते हैं "वाह! ये तो अच्छी बातें हैं, पर इसके बाद घर पहुँचते ही सारी बातें भूल जाते हैं। सिद्ध होना हो, तो प्रबल अध्यवसाय चाहिए, मन का अपरिमित बल चाहिए। अध्यवसायशील साधक कहता है, "मैं चुल्लू से समुद्र पी जाऊँगा। मेरी इच्छा मात्र से पर्वत चूर-चूर हो जायेंगे।" इस प्रकार का तेज, इस प्रकार का दृढ़ संकल्प लेकर कठोर साधना करो। उस परम पद की प्राप्ति अवश्य होगी।

# 7. ध्यान और समाधि

अब तक हम राजयोग के अन्तरंग साधनों को छोड़ शेष सभी अंगों के संक्षिप्त विवरण समाप्त कर चुके हैं। इन अन्तरंग साधनों का लक्ष्य एकाग्रता की प्राप्ति है। इस एकाग्रता-शक्ति को प्राप्त करना ही राजयोग का चरम लक्ष्य है। हम, मानव के नाते, देखते हैं कि हमारा समस्त ज्ञान, जिसे विचारजात ज्ञान कहते हैं, अहं-बोध के अधीन है। मुझे इस टेबुल का बोध हो रहा है, तुम्हारे अस्तित्व का बोध हो रहा है, इसी प्रकार मुझे अन्यान्य वस्तुओं का भी बोध हो रहा है, और इस अहं-बोध के कारण ही मैं जान पा रहा हूँ कि तुम यहाँ हो, टेबुल यहाँ है, तथा और भी जो वस्तुएँ देख रहा हूँ, अनुभव कर रहा हूँ या सुन रहा हूँ, वे सब भी यहीं हैं। यह तो हुई एक ओर की बात फिर एक दूसरी ओर यह भी देख रहा हूँ कि मेरी सत्ता कहने से जो कुछ बोध होता है, उसका अधिकांश मैं अनुभव नहीं कर सकता। शरीर के भीतर के सारे यंत्र, मस्तिष्क के विभिन्न अंश—इन सबका ज्ञान किसी को भी नहीं।

जब हम भोजन करते हैं, तब वह ज्ञानपूर्वक करते हैं, परन्तु जब हम उसका सार भाग भीतर ग्रहण करते हैं, तब हम वह अज्ञातभाव से करते हैं। जब वह खून के रूप में परिणत होता है, तब भी वह हमारे बिना जाने ही होता है। और जब इस खून से शरीर के भिन्न-भिन्न अंश गठित होते हैं, तो वह भी हमारी जानकारी के बिना ही होते हैं। किन्तु यह सारा काम हमारे द्वारा ही होता है। इस शरीर के भीतर कोई अन्य दस-बीस लोग तो बैठे नहीं है, जो यह काम कर देते हो। पर यह किस तरह हमें मालूम हुआ कि हमीं इनको कर रहे हैं, दूसरा कोई नहीं? इस

सम्बन्ध में अनायास ही यह कहा जा सकता है कि आहार करने के साथ ही हमारा सम्पर्क है, खाना पचाना और उससे देह तैयार करना तो हमारे लिए एक दूसरा कोई कर दे रहा है। पर यह हो नहीं सकता, क्योंकि यह प्रमाणित किया जा सकता है कि अभी जो काम हमारे बिना जाने हो रहे हैं, वे लगभग सभी साधना के बल से हमारे जाने साधित हो सकते हैं। ऐसा मालूम होता है कि हमारा हृदय-यन्त्र अपने-आप ही चल रहा है, हममें से कोई उसको अपनी इच्छानुसार नहीं चला सकता, वह अपने ख्याल से आप ही चल रहा है। परन्तु इस हृदय के कार्य भी अभ्यास के बल से इस प्रकार इच्छाधीन किए जा सकते हैं कि वे इच्छा मात्र से शीघ्र या धीरे चलने लगेंगे, या लगभग बन्द हो जायेंगे। हमारे शरीर के प्राय: सभी अंश वश में लाए जा सकते हैं। इससे क्या ज्ञात होता है? यही कि इस समय जो काम हमारे बिना जाने हो रहे हैं, उन्हें भी हम ही कर रहे हैं, पर हाँ, हम उन्हे अज्ञातभाव से कर रहे हैं, बस इतना ही। अतएव: हम देखते हैं कि मानव-मन दो अवस्थाओं में रहकर कार्य करता है। पहली अवस्था को ज्ञान-भूमि कह सकते हैं। जिन कामों को करते समय साथ-साथ, 'मैं कर रहा हूँ', यह ज्ञान सदा विद्यमान रहता है, वे कार्य ज्ञान-भूमि से साधित हो रहे हैं, ऐसा कहा जा सकता है। दूसरी भूमि को अज्ञान-भूमि कह सकते हैं। जो सब कार्य ज्ञान की निम्न भूमि से साधित होते हैं, जिसमें 'मैं' ज्ञान नहीं रहता, उसे अज्ञान-भूमि कह सकते हैं।

हमारे कार्यकलापों में से जिनमें 'अहं' मिला रहता है, उन्हें ज्ञानयुक्त क्रिया और जिनमें 'अहं' का लगाव नहीं, उन्हें ज्ञानरहित या अज्ञानपूर्वक क्रिया कहते हैं। निम्न जाति के प्राणियों में यह ज्ञानरहित क्रिया सहज ज्ञान (instinct) कहलाती है। उनकी अपेक्षा उच्चत्तर जीवों में और सबसे उच्च जीव मनुष्य में यह दूसरे प्रकार की क्रिया, जिसमें 'अहं' भाव रहता है, अधिक दीख पड़ती है–इसी को ज्ञानयुक्त क्रिया कहते हैं।

परन्तु इतने से ही सारी भूमियों का उल्लेख नहीं हो गया। मन

इन दोनों से भी ऊँची भूमि पर विचरण कर सकता है। मन ज्ञान की भी अतीत अवस्था में जा सकता है। जिस प्रकार अज्ञान-भूमि से जो कार्य होता है, वह ज्ञान की निम्न भूमि का कार्य है, वैसे ही ज्ञान की उच्च भूमि से भी—ज्ञानातीत भूमि से भी कार्य होता है। उसमें भी किसी प्रकार का 'अहं' भाव नहीं रहता। यह 'अहं' भाव केवल बीच की अवस्था में रहता है। जब मन इस रेखा के ऊपर या नीचे विचरण करता है, तब किसी प्रकार का 'अहं' ज्ञान नहीं रहता, किन्तु तब भी मन की क्रिया चलती रहती है। जब मन इस रेखा के ऊपर अर्थात् ज्ञान-भूमि के अतीत प्रदेश में गमन करता है, तब उसे समाधि, पूर्णचेतन-भूमि या ज्ञानातीत भूमि कहते हैं। यह समाधि-अवस्था ज्ञान के भी उस पार अवस्थित है। अब हम यह किस तरह समझें कि जो मनुष्य समाधि-अवस्था में जाता है, वह ज्ञान-भूमि के निम्न स्तर में नहीं चला जाता, बिलकुल हीन दशापन्न नहीं हो जाता, वरन् ज्ञानातीत भूमि में चला जाता है? इन दोनों ही अवस्थाओं में तो अहं-भाव नहीं रहता। (इसका उत्तर यह है कि कौन ज्ञान-भूमि के निम्न देश में और कौन ऊर्ध्व देश में गया, इसका निर्णय फल देखने पर ही हो सकता है। जब कोई गहरी नींद में सोया रहता है, तब वह ज्ञान की निम्न भूमि में चला जाता है। तब वह अज्ञातभाव से ही शरीर की सारी क्रियाएँ, श्वास-प्रश्वास, यहाँ तक कि शरीर-संचालन-क्रिया भी करता रहता है, उसके इन सब कामों में 'अहं'-भाव का कोई लगाव नहीं रहता, तब वह अज्ञान से ढका रहता है। वह जब नींद से उठता है, तब वह सोने के पहले जैसा था, वैसा ही रहता है, उसमें कुछ भी परिवर्तन नहीं होता। उसके सोने से पहले उसकी जो ज्ञानसमष्टि थी, नींद टूटने के बाद भी ठीक वही रहती है, उसमें कुछ भी वृद्धि नहीं होती। उसके हृदय में कोई नया तत्त्व प्रकाशित नहीं होता। किन्तु जब मनुष्य समाधिस्थ होता है, तो समाधि प्राप्त करने के पहले यदि वह महामूर्ख रहा हो, अज्ञानी रहा हो, तो समाधि से वह महाज्ञानी होकर नीचे आता है।)

अब सोच कर देखो, इस विभिन्नता का कारण क्या है। एक

अवस्था से, मनुष्य जैसा गया था वैसा ही लौट आया, और दूसरी अवस्था से लौटकर मनुष्य ने ज्ञानालोक प्राप्त किया–वह एक महान् साधु, एक सिद्ध पुरुष के रूप में परिणत हो गया, उसका स्वभाव बिलकुल बदल गया, उसके जीवन ने बिलकुल दूसरा रूप धारण कर लिया। दोनो अवस्थाओं के ये दो विभिन्न फल हैं। अब बात यह है कि फल अलग-अलग होने पर कारण भी अवश्य अलग-अलग होगा। और चूँकि समाधि-अवस्था से लब्ध यह ज्ञानालोक, अज्ञानावस्था से लौटने के बाद की अवस्था में जो ज्ञान प्राप्त होता है अथवा साधारण ज्ञानावस्था में युक्ति-विचार द्वारा जो ज्ञान उपलब्ध होता है, उन दोनों से अत्यन्त उच्चतर है, इसलिए अवश्य वह ज्ञानातीत भूमि से आता है। इसीलिए समाधि को मैंने ज्ञानातीत भूमि के नाम से अभिहित किया है।

संक्षेप में समाधि का तात्पर्य यही है। हमारे जीवन में इस समाधि की उपयोगिता कहाँ है? समाधि की विशेष उपयोगिता है। हम जान-बूझकर जो काम करते हैं, जिसे हम विचार का क्षेत्र कहते हैं, वह संकीर्ण और सीमित है। मनुष्य की युक्ति एक छोटे-से वृत्त में ही भ्रमण कर सकती है, वह कभी उसके बाहर नहीं जा सकती। हम जितना ही उसके बाहर जाने का प्रयत्न करते हैं, उतना ही वह असम्भव-सा जान पड़ता है। ऐसा होते हुए भी, मनुष्य जिसे अत्यन्त कीमती और सबसे प्रिय समझता है, वह तो उस युक्तिराज्य के बाहर ही अवस्थित है। अविनाशी आत्मा है या नहीं, ईश्वर है या नहीं, इस जगत् के नियन्ता-परमज्ञान-स्वरूप कोई है या नहीं–इन सब तत्त्वों का निर्णय करने में युक्ति असमर्थ है। इन सब प्रश्नों का उत्तर युक्ति कभी नहीं दे सकती। युक्ति क्या कहती है? वह कहती है, "मैं अज्ञेयवादी हूँ। मैं किसी विषय में 'हाँ' भी नहीं कह सकती और 'ना' भी नहीं।" फिर भी इन सब प्रश्नों की मीमांसा तो हमारे लिए अत्यन्त आवश्यक है। इन प्रश्नों के ठीक-ठीक उत्तर बिना मानव-जीवन उद्देश्यविहीन हो जायेगा। इस युक्तिरूप वृत्त के बाहर से प्राप्त हुए समाधान ही हमारे सारे नैतिक मत, सारे नैतिक भाव, यही नहीं, बल्कि मानवस्वभाव में जो कुछ सुन्दर

तथा महान् है, उन सबकी नींव हैं। अतएव यह सबसे आवश्यक है कि हम इन प्रश्नों के ययार्थ उत्तर पा लें। यदि मनुष्य-जीवन केवल पाँच मिनट की चीज हो, और यदि जगत् कुछ परमाणुओं का आकस्मिक मिलन मात्र हो, तो फिर दूसरे का उपकार मैं क्यों करूँ? दया, न्यायपरता या सहानुभूति दुनिया में फिर क्यों रहे? तब तो हम लोगों का यही एकमात्र कर्तव्य हो जाता है कि जिसकी जो इच्छा हो वही करे, सब अपना-अपना देखें। तब तो यही कहावत चरितार्थ होने लगती है-'यावन् जीवेत् सुखं जीवेत्, ऋणं कृत्वा घृतं पिवेत्,,,,।' यदि हम लोगों के भविष्य अस्तित्व की आशा ही न रहे, तो मैं अपने भाई को क्यों प्यार करूँ, मैं उसका गला क्यों न काटूँ ? यदि जगत् के अतीत कोई सत्ता न रहे, यदि मुक्ति नामक कोई चीज न हो, यदि कुछ कठोर, अभेद्य, जड़ नियम ही सर्वस्व हो, तब तो हमें इहलोक में ही सुखी होने की प्राणपण से चेष्टा करनी चाहिए। आजकल बहुत से लोगों के मतानुसार उपयोगितावाद (utility) ही नीति की नींव है, अर्थात् जिससे अधिक लोगों को अधिक परिमाण में सुख-स्वाच्छन्द्य मिले, वही नीति की नींव है। इन लोगों से मैं पूछता हूँ, हम इस नींव पर खड़े होकर नीति का पालन क्यों करें? क्यों? यदि अधिक मनुष्यों का अधिक मात्रा में अनिष्ट करने से मेरा मतलब सधता हो, तो मैं वैसा क्यों न करूँ? उपयोगितावादी इस प्रश्न का क्या जवाब देंगे? कौन अच्छा है और कौन बुरा, यह तुम कैसे जानो? मैं, अपनी सुख की वासना से परिचालित होकर उसकी तृप्ति करता हूँ, ऐसा करना मेरा स्वभाव है, मैं उससे अधिक कुछ नहीं जानता। मेरी ये वासनाएँ हैं, और मैं उनकी तृप्ति करूँगा ही; तुम्हें उसमें आपत्ति करने का क्या अधिकार है? मानव-जीवन के ये सब महान् सत्य, जैसे–नीति, आत्मा का अमरत्व, ईश्वर, प्रेम, सहानुभूति, साधुत्व और सर्वोपरि, सबसे महान् सत्य निःस्वार्थपरता–ये सब भाव हमें कहाँ से मिले हैं?

सारा नीतिशास्त्र, मनुष्य के सारे काम, मनुष्य के सारे विचार इस निःस्वार्थपरता रूप एकमात्र भाव (भित्ति) पर स्थापित हैं। मानव

जीवन के सारे भाव इस निःस्वार्थपरतारूप एकमात्र भाव के अन्दर ढाले जा सकते हैं। मैं क्यों स्वार्थशून्य होऊँ? निःस्वार्थ होने की आवश्यकता क्या? और किस शक्ति के बल से मैं निःस्वार्थ होऊँ? तुम कहते हो, "मैं युक्तिवादी हूँ, मैं उपयोगितावादी हूँ," लेकिन यदि तुम मुझे इसकी युक्ति न दिखला सको कि तुम जगत् का कल्याण-साधन क्यों करोगे, तो मैं तुम्हें अयोक्तिक कहूँगा। मैं क्यों निःस्वार्थ होऊँ, कारण बताओ, क्यों न मैं बुद्धिहीन पशु के समान आचरण करूँ? निःस्वार्थपरता कवित्व के हिसाब से अवश्य बहुत सुन्दर हो सकती है, किन्तु कवित्व तो युक्ति नहीं है। मुझे युक्ति दिखलाओ, मैं क्यों निःस्वार्थपर होऊँ? क्यों मैं भला बनूँ? यदि कहो, 'अमुक यह बात कहते हैं, इसलिए ऐसा करो' तो यह कोई जवाब नहीं है, मैं ऐसे किसी व्यक्तिविशेष की बात नहीं मानता। मेरे निःस्वार्थ होने से मेरा कल्याण कहाँ यदि 'कल्याण' से अधिक परिमाण में सुख समझा जाये, तब तो स्वार्थपर होने में हो मेरा कल्याण है। मैं तो दूसरों को धोखा देकर और दूसरे का सर्वस्व चुराकर सबसे अधिक सुख पा सकता हूँ। उपयोगितावादी इसका क्या उत्तर देंगे? वे इसका कुछ भी उत्तर नहीं दे सकते। इसका यथार्थ उत्तर यह है कि यह परिदृश्यमान जगत् अनन्त समुद्र में एक छोटा-सा बुलबुला है—अनन्त जंजीर की एक छोटी-सी कड़ी है। जिन्होंने जगत् में निःस्वार्थपरता का प्रचार किया था और मानव-जाति को उसकी शिक्षा दी थी, उन्होंने यह तत्त्व कहाँ से पाया? हम जानते हैं कि यह सहज ज्ञान द्वारा नहीं प्राप्त हो सकता। सहज ज्ञान से युक्त पशु तो इसे नहीं जानते। विचार-बुद्धि से भी यह नहीं मिल सकता ध्यान और समाधि उससे इन सब तत्त्वों का कुछ भी नहीं जाना जाता। तो फिर वे सब तत्त्व उन्होंने कहाँ से पाए?

इतिहास के अध्ययन से मालूम होता है, संसार के सभी धर्म-शिक्षक तथा धर्म-प्रचारक कह गए हैं कि हमने ये सब सत्य जगत् के अतीत प्रदेश से पाएँ हैं। उनमें से बहुतेरे इस सम्बन्ध में अनभिज्ञ थे कि उन्होंने यह सत्य ठीक कहाँ से पाया। किसी ने कहा, "एक स्वर्गीय दूत ने पंखयुक्त मनुष्य के रूप में मेरे पास आकर मुझसे कहा, 'हे मानव,

सुनों, मैं स्वर्ग से यह शुभ समाचार लाया हूँ, ग्रहण करो'।" एक दूसरे ने कहा, "तेजपुंजकाय एक देवता ने मेरे सामने आविर्भूत होकर मुझे उपदेश दिया है।" एक तीसरे ने कहा, "मैने स्वप्न में अपने एक पूर्वज को देखा, उन्होंने मुझे इन तत्त्वों का उपदेश दिया।" इसके आगे वे और कुछ न कह सके। इस तरह विभिन्न उपायों से तत्त्वलाभ की बात कहने पर भी उन सबों का इस विषय में यही मत है कि उन्होंने यह ज्ञान युक्ति-तर्क से नहीं पाया, वरन् उसके अतीत प्रदेश से ही उसे पाया है। इसके बारे में योगशास्त्र का मत क्या है? उसका मत यह है कि वे जो कहते हैं कि युक्ति-विचार के अतीत प्रदेश से उन्होंने उस ज्ञान को पाया है, यह सही है। किन्तु उनके अपने अन्दर से ही वह ज्ञान उनके पास आया है।

योगीगण कहते हैं, इस मन की ही ऐसी एक उच्च अवस्था है, जो युक्ति-विचार के अधिकार के अतीत है, जो ज्ञानातीत भूमि है। उस उच्चावस्था में पहुँचने पर मनुष्य तर्क के अगम्य ज्ञान को प्राप्त कर लेता है, और ऐसे मनुष्य को ही समस्त विषय-ज्ञान के अतीत परमार्थज्ञान या अतीन्द्रिय ज्ञान की प्राप्ति होती है। साधारण मानवी स्वभाव के परे, समस्त तर्क-युक्ति के परे की यह अतीन्द्रिय अवस्था कभी-कभी ऐसे व्यक्ति को अचानक प्राप्त हो जाती है, जो उसका विज्ञान नहीं जानता। वह मानों उस ज्ञानातीत राज्य मे ढकेल दिया जाता है। और जब उसे इस प्रकार अचानक अतीन्द्रिय ज्ञान की प्राप्ति होती है, तो वह साधारणतः सोचता है कि वह ज्ञान कहीं बाहर से आया है। इसी से यह स्पष्ट है कि यह पारमार्थिक ज्ञान सारे देशों में वस्तुतः एक होने पर भी, किसी देश में वह देवदूत से, किसी देश में देवविशेष से, अथवा फिर कहीं साक्षात् भगवान से प्राप्त हुआ क्यों सुना जाता है। इसका तात्पर्य क्या है? यही कि मन ने अपनी प्रकृति के अनुसार ही अपने भीतर से उस ज्ञान को प्राप्त किया है, किन्तु जिन्होंने उसे पाया है, उन्होंने अपनी-अपनी शिक्षा और विश्वास के अनुसार इस बात का वर्णन किया है कि उन्हें वह ज्ञान कैसे मिला। असल बात तो यह है कि ये सभी उस ज्ञानातीत

अवस्था में अचानक जा पड़े थे।

योगीगण कहते हैं कि उस ज्ञानातीत अवस्था में अचानक जा पड़ने से एक भारी धोखे की आशंका रहती है। अनेक स्थलों में तो मस्तिष्क के बिलकुल नष्ट हो जाने की सम्भावना रहती है। और भी देखोगे, जिन सब मनुष्यों ने अचानक इस अतीन्द्रिय ज्ञान को पाया है, पर उसके वैज्ञानिक तत्त्व को नहीं समझा, वे कितने भी बड़े क्यों न हो, सच पूछा जाये तो उन्होने अंधेरे में टटोला है, और उनके उस ज्ञान के साथ कुछ-न-कुछ विचित्र कुसंस्कार मिला हुआ है ही। उन्होंने अपने आपको भ्रामक दर्शनों के लिए खोल रखा था।

जो हो, हम कई महापुरुषों के जीवन-चरित्र का अध्ययन करने पर देखते हैं कि अचानक इन्द्रियातीत राज्य में जा पड़ने से उपर्युक्त प्रकार के खतरे की आशंका रहती है। किन्तु इसमें कोई सन्देह नहीं कि उन सबने उस अवस्था की प्राप्ति की थी। जब कभी कोई महापुरुष केवल भावुकता के बल से इस अतीन्द्रिय अवस्था में जा पड़े हैं, तो वे उस अवस्था से कुछ सत्य ही नहीं लाए, पर साथ ही कुसंस्कार, कट्टरपन, ये सब भी लेते आए। उनकी शिक्षा में जो उत्कृष्ट अंश है, उससे जगत का जैसा उपकार हुआ है, उन सब कट्टरता और अन्य विश्वासों से वैसे ही क्षति भी हुई है। मानव-जीवन नाना प्रकार के विपरीत भावों से ग्रस्त होने के कारण असामंजस्यपूर्ण हैं। इस असामंजस्य में कुछ सामंजस्य और सत्य प्राप्त करने के लिए हमें तर्क-युक्ति के अतीत में जाना पड़ेगा। पर वह धीरे-धीरे करना होगा, नियमित साधना के द्वारा ठीक वैज्ञानिक उपाय से उसमें पहुँचना होगा, और सारे कुसंस्कारों को भी हमे छोड़ देना होगा। अन्य कोई विज्ञान सीखने के समय जैसा हम लोग करते हैं, इसमें भी ठीक उसी धारा का अनुसरण करना होगा। युक्तिविचार को ही अपनी नींव बनानी होगी। तर्क-युक्ति हमें जितनी दूर ले जा सकती है, उतनी दूर जायेंगे और जब तर्क-युक्ति नहीं चलेगी, तब वहीं हमें उस सर्वोच्च अवस्था की प्राप्ति का रास्ता दिखला देगी। अतः यदि कोई अपने को अनुप्राणित कहकर दावा करे, फिर साथ ही युक्ति के विरुद्ध भी अटपट

बोलता रहे, तो उसकी बात मत सुनना। क्यों? इसलिए कि जिन तीन अवस्थाओं की बात कही गई है, जैसे—सहज ज्ञान, विचारजात ज्ञान और ज्ञानातीत अवस्था—ये तीनों एक ही मन की विभिन्न अवस्थाएँ हैं। एक मनुष्य के तीन मन नहीं हैं, वरन् उस एक ही मन की एक अवस्था दूसरी अवस्थाओं में परिवर्तित हो जाती है। सहज ज्ञान विचारजात ज्ञान में और विचारजात ज्ञान ज्ञानातीत अवस्था में परिणत होता है। अतः इन अवस्थाओं में से कोई भी अवस्था दूसरी अवस्थाओं की विरोधी नहीं है। अतएव जब कभी तुम किसी को असम्बद्ध प्रलाप करते सुनों या युक्ति और सहज ज्ञान के विरुद्ध बातें कहते सुनो, तो निडर होकर उसका विरोध करना, क्योंकि यथार्थ अन्त प्रेरणा विचारजनित ज्ञान की अपूर्णता की पूर्णता मात्र करती है। पूर्वकालीन महापुरुषों ने जैसा कहा है, 'हम विनाश करने नहीं आए, वरन् पूर्ण करने आए हैं,' इसी प्रकार अन्त प्रेरणा भी विचारजनित ज्ञान की पूर्णता की साधक है। विचारजनित ज्ञान के साथ उसका पूर्ण समन्वय है, और जब कभी वह युक्ति की विरोधी हो, तो समझना कि वह यथार्थ अन्त प्रेरणा नहीं है।

ठीक वैज्ञानिक उपाय से उपर्युक्त अतीन्द्रिय या समाधि अवस्था प्राप्त करने के लिए ही पूर्वकथित सारे योग उपदिष्ट हुए हैं। यह भी समझ लेना विशेष आवश्यक है कि इस अतीन्द्रिय ज्ञान को प्राप्त करने की शक्ति प्राचीन महापुरुषों के समान प्रत्येक मनुष्य के स्वभाव में है। वे महापुरुषगण हम लोगों से कोई सर्वथा भिन्न स्वभाव के जीव विशेष नहीं थे, वे हमारे-तुम्हारे समान ही मनुष्य थे। वे अत्यन्त उच्च कोटि के योगी थे। उन्होंने पूर्वोक्त ज्ञानातीत अवस्था प्राप्त कर ली थी, और प्रयत्न करने पर तुम और मैं भी उसकी प्राप्ति कर ले सकते हैं। वे कोई विशेष प्रकार के अद्‌भुत मनुष्य रहे हों, सो नहीं। यदि एक मनुष्य ने उस अवस्था की प्राप्ति की है, तो इसी से प्रमाणित होता है कि प्रत्येक मनुष्य के लिए ही इस अवस्था को प्राप्त करना सम्भव है। यह केवल सम्भव ही नहीं, वरन् समय आने पर सभी इस अवस्था की प्राप्ति कर लेंगे। इस अवस्था को प्राप्त करना ही धर्म है। केवल प्रत्यक्ष अनुभूति के द्वारा

यथार्थ शिक्षा-लाभ होता है। हम लोग भले ही सारे जीवनभर तर्कविचार करते रहें, पर स्वयं प्रत्यक्ष अनुभव किए बिना हम सत्य का कण मात्र भी न समझ सकेंगे। कुछ पुस्तकें पढ़ाकर तुम किसी मनुष्य से अस्त्र-चिकित्सक बनने की आशा नहीं कर सकते। तुम केवल एक नक्शा दिखाकर देश देखने का मेरा कौतूहल पूरा नहीं कर सकते। स्वयं वहाँ जाकर उस देश को प्रत्यक्ष देखने पर ही मेरा कौतूहल पूरा होगा। नक्शा केवल इतना कर सकता है कि वह देश के बारे में और भी अधिक अच्छी तरह से जानने की इच्छा उत्पन्न कर देगा। बस इसके अतिरिक्त उसका और कोई मूल्य नहीं। सिर्फ पुस्तकों पर निर्भर रहने से मानव-मन केवल अवनति की ओर जाता है। यह कहने से और घोर नास्तिकता क्या हो सकती है कि ईश्वरीय ज्ञान केवल इस पुस्तक में या उस शास्त्र में आबद्ध है? मनुष्य इधर तो भगवान को अनन्त कहता है, और उधर एक छोटे-से ग्रन्थ में उन्हें आबद्ध कर रखना चाहता है!" क्या गर्व! पोथी पर विश्वास नहीं किया इसलिए लाखों आदमी मार डाले गए! एक ही ग्रन्थ में सारा ईश्वरीय ज्ञान निबद्ध है, इस पर विश्वास न करने से सहस्त्रों लोग मौत के घाट उतार दिए गए। भले ही आज उस हत्या आदि का समय नहीं रहा, पर फिर भी अभी तक जगत् इस ग्रन्थ-विश्वास में ही आबद्ध है।

ठीक वैज्ञानिक उपाय से ज्ञानातीत अवस्था को प्राप्त करने के लिए, मैं तुम्हें राजयोग के बारे में जो उपदेश दे रहा हूँ, उनमें से प्रत्येक की साधना में से तुम्हे जाना पड़ेगा। पहले के भाषण में प्रत्याहार और धारणा के सम्बन्ध में बताया गया है। अब ध्यान के बारे में चर्चा करूँगा।

जब मन को देह के भीतर या उसके बाहर किसी स्थान में कुछ समय तक स्थिर रखने की पुनः पुनः चेष्टा करते रहते रहने से उसको उस दिशा में अविच्छिन्न गति से प्रवाहित होने की शक्ति प्राप्त होगी। इस अवस्था का नाम है 'ध्यान'। जब धयान-शक्ति इतनी तीव्र हो जाती है कि मन अनुभूति के बाहरी भाग को छोड़कर केवल उसके अंतर्भाग या अर्थ की ही ओर सम्पूर्ण रूप से एकाग्र हो जाता है, तब उस अवस्था

का नाम है समाधि। धारणा, ध्यान और समाधि, इन तीनों को एक साथ मिलाकर लेने को संयम कहते हैं। अर्थात् यदि किसी का मन पहले किसी वस्तु में एकाग्र हो सकता है, फिर उस एकाग्रता की अवस्था में कुछ समय तक रह सकता है, और उसके बाद ऐसी दीर्घ एकाग्रता की अवस्था में वह अनुभूति के केवल आभ्यंतरिक भाग पर, जिसका ध्येय-वस्तु केवल कार्य है, अपने आपको लगाए रख सकता है, तो सभी कुछ ऐसे शक्तिसंपन्न मन के वशीभूत हो जाता है।

जीव की जितने प्रकार की अवस्थाएँ हैं, उनमें यह ध्यानावस्था ही सर्वोच्च है। जब तक वासना रहती है, तब तक यथार्थ सुख नहीं आ सकता। केवल जब कोई व्यक्ति इस ध्यानावस्था से, साक्षीभाव से सारी वस्तुओं का परिशीलन कर सकता है, तभी उसे यथार्थ सुख और आनंद प्राप्त होता है। अन्य प्राणी इंद्रियों में सुख पाते हैं, मनुष्य बुद्धि में और देवमानव आध्यात्मिक ध्यान में। जो ऐसी ध्यानावस्था को प्राप्त हो चुके हैं, उनके पास यह जगत् सचमुच अत्यंत सुंदर रूप में प्रतीयमान होता है। जिसमें वासना नहीं है, जो सर्व विषयों से निर्लिप्त है, उसके पास प्रकृति के ये विभिन्न परिवर्तन एक महासौंदर्य और उदात्त भाव की छवि मात्र हैं।

इन तत्त्वों को ध्यान में जान लेना आवश्यक है। मान लो, मैंने एक शब्द सुना। पहले बाहर से एक कम्पन आया, उसके बाद स्नायविक गति उस कम्पन को मन के पास ले गई, फिर मन से एक प्रतिक्रिया हुई और उसके साथ ही साथ मुझे बाह्य वस्तु का ज्ञान हुआ। यह बाह्य वस्तु ही आकाशीय कम्पन से लेकर मानसिक प्रतिक्रिया तक सब भिन्न-भिन्न परिवर्तनों का कारण है। योगशास्त्र में इन तीनों को क्रमशः शब्द, अर्थ और ज्ञान कहते हैं। शरीरविधान शास्त्र की भाषा में उन्हें आकाशीय कम्पन, स्नायु और मस्तिष्क की गति तथा मानसिक प्रतिक्रिया कहते हैं। ये तीनों प्रतिक्रियाएँ सम्पूर्ण अलग होने पर भी इस समय इस तरह मिली हुई हैं कि उनका भेद समझा नहीं जाता। हम यथार्थ में अभी उन तीनों में से किसी का भी अनुभव नहीं कर सकते, अभी तो उनके सम्मिलन

के फलस्वरूप केवल बाह्य वस्तु का अनुभव करते हैं। प्रत्येक अनुभव-क्रिया में ये तीन व्यापार होते हैं। हम भला उन्हें अलग क्यों न कर सकेंगे?

प्रथमोक्त योगांगो के अभ्यास से मन जब दृढ़ और संयत हो जाता है तथा सूक्ष्मतर अनुभव की शक्ति प्राप्त करता है, तब उसे ध्यान में लगाना चाहिए। पहले-पहल स्थूल वस्तु को लेकर ध्यान करना चाहिए। फिर क्रमश: सूक्ष्म से सूक्ष्मतर ध्यान में हमारा अधिकार होगा, और अन्त में हम विषयशून्य अर्थात् निर्विकल्प ध्यान में सफल हो जायेंगे। मन को पहले अनुभूति के बाह्य कारण अर्थात् विषय का, फिर स्नायुओं में होनेवाली गति का और उसके बाद उसकी अपनी प्रतिक्रियाओं का अनुभव करने के लिए नियुक्त करना होगा। जब मन अनुभूति के बाह्य उपकरणों अर्थात् विषयों को पृथक् रूप से जान सकेगा, तब उसमें समस्त सूक्ष्म भौतिक पदार्थों, सारे सूक्ष्म शरीरों और सूक्ष्म रूपों को जानने की शक्ति आ जायेगी। जब वह भीतर में होनेवाली गतियों को दूसरे सभी विषयों से अलग करके, उनके अपने स्वरूप में, जानने में समर्थ होगा, तब वह सारी चित्तवृत्तियों पर उनके भौतिक शक्ति के रूप में परिणत होने से पूर्व ही अधिकार चला सकेगा,-फिर वे चित्तवृत्तियाँ चाहे स्वयं अपनी हो, चाहे दूसरों की। और जब योगी केवल मानसिक प्रतिक्रिया का उसके अपने स्वरूप में अनुभव करने में समर्थ होंगे, तब वे सर्व पदार्थों का ज्ञान प्राप्त कर लेंगे, क्योंकि इन्द्रियगोचर प्रत्येक वस्तु, यहाँ तक कि प्रत्येक विचार भी, इस मानसिक प्रतिक्रिया का ही फल है। ऐसी अवस्था प्राप्त होने पर योगी अपने मन की मानों नींव तक का अनुभव कर लेते हैं, और तब मन उनके सम्पूर्ण वश में आ जाता है। योगी के पास तब नाना प्रकार की अलौकिक शक्तियाँ (सिद्धियाँ) आने लगती हैं, पर यदि वे इन सब शक्तियों को प्राप्त करने के लिए लालायित हो उठे, तो उनकी भविष्य उन्नति का रास्ता रुक जाता है। भोग के पीछे दौड़ने से इतना अनर्थ होता है। किन्तु यदि वे इन सब अलौकिक शक्तियों को भी छोड़ सके, तो वे मनरूप समुद्र में उठनेवाले समस्त वृत्ति-प्रवाहों को पूर्णतया रोकने में समर्थ हो सकेंगे। और यही योग का चरम लक्ष्य

है। तभी, मन के नाना प्रकार के विक्षेप एवं नाना प्रकार की दैहिक गतियों से विचलित न होकर आत्मा की महिमा अपनी पूर्ण ज्योति से प्रकाशित होंगी। तब योगी ज्ञानधन, अविनाशी और सर्वव्यापी रूप से अपने स्वरूप की उपलब्धि करेंगे, और जान लेंगे कि वे अनादि काल से ऐसे ही है।

इस समाधि में प्रत्येक मनुष्य का, यही नहीं, प्रत्येक प्राणी का अधिकार है। सबसे निम्नतर प्राणी से लेकर अत्यन्त उन्नत देवता तक सभी, कभी-न-कभी, इस अवस्था को अवश्य प्राप्त करेंगे, और जब किसी को यह अवस्था प्राप्त हो जायेंगी, तभी हम कहेंगे कि उसने यथार्थ धर्म की प्राप्ति की है। तो फिर हम इस समय जो कर रहे हैं, ये सब क्या है? इनके सहारे हम उस अवस्था की ओर लगातार अग्रसर हो रहे हैं। जो धर्म नहीं मानता, उसमें और हममें अभी कोई विशेष अन्तर नहीं। कारण, अतीन्द्रिय तत्त्वों के बारे में हमारी कोई प्रत्यक्ष अनुभूति नहीं है। इस एकाग्रता की साधना का उद्देश्य है प्रत्यक्षानुभूति प्राप्त करना। इस समाधि को प्राप्त करने के प्रत्येक अंग पर गम्भीर रूप से विचार किया गया है, उसे विशेष रूप से नियमित, श्रेणीबद्ध और वैज्ञानिक प्रणाली में सम्बद्ध किया गया है। यदि साधना ठीक-ठीक हो और पूर्ण निष्ठा के साथ की जाये, तो वह अवश्य हमे यथार्थ लक्ष्यस्थल पर पहुँचा देगी। और तब सारे दु:ख-कष्ट नष्ट हो जायेंगे, कर्म का बीज दग्ध हो जायेगा और आत्मा चिरकाल के लिए मुक्त हो जायेगी।

# 8. संक्षेप में राजयोग

## (कूर्मपुराण, एकादश अध्याय से उद्धृत।)

योगाग्नि मनुष्य के पाप-पिंजर को दग्ध कर देती है। तब सत्त्वशुद्धि होती है और साक्षात् निर्वाण की प्राप्ति होती है। योग से ज्ञानलाभ होता है, ज्ञान फिर योगी की मुक्ति के पथ का सहायक है। जिनमें योग और ज्ञान दोनों ही वर्तमान है, ईश्वर उनके प्रति प्रसन्न होते हैं। जो लोग प्रतिदिन एक बार, दो बार, तीन बार या सारे समय महायोग का अभ्यास करते हैं, उन्हें देवता समझना चाहिए। योग दो प्रकार के हैं, जैसे-अभावयोग और महायोग। जब शून्य तथा सब प्रकार के गुण से रहित रूप से अपना चिन्तन किया जाता है, तब उसे अभावयोग कहते हैं। और जिस योग के द्वारा आत्मा का आनन्दपूर्ण, पवित्र और ब्रह्म के साथ अभिन्न रूप से चिन्तन किया जाता है, उसे महायोग कहते हैं। योगी इनमें से प्रत्येक के द्वारा ही आत्मसाक्षात्कार कर लेते हैं। हम दूसरे जिन योगों के बारे में शास्त्रों में पढ़ते या सुनते हैं, वे सब योग इस ब्रह्मयोग के-जिस ब्रह्मयोग में योगी अपने को तथा सारे जगत् को साक्षात् भगवत-स्वरूप देखते हैं—एक अंश के बराबर भी नहीं हो सकते। यही सारे योगों में श्रेष्ठ हैं।

यम, नियम, आसन, प्राणायाम, प्रत्याहार, धारणा, ध्यान और समाधि—ये राजयोग के विभिन्न अंग या सोपान है। यम का अर्थ है—अहिंसा, सत्य, अस्तेय, ब्रह्मचर्य और अपरिग्रह। इस यम से चित्तशुद्धि होती है। शरीर, मन और वचन के द्वारा कभी किसी प्राणी की हिंसा न

करना या उन्हें क्लेश न देना—यह अहिंसा कहलाता है। अहिंसा से बढ़कर और धर्म नहीं। मनुष्य के लिए जीव के प्रति यह अहिंसा-भाव रखने से अधिक और कोई उच्चतर सुख नहीं है। सत्य से सब कुछ मिलता है, सत्य में सब कुछ प्रतिष्ठित है। यथार्थ कथन को ही सत्य कहते हैं। चोरी-से या बलपूर्वक दूसरे की चीज को न लेने का नाम है अस्तेय। तन-मन-वचन से सर्वदा सब अवस्थाओं में मैथुन का त्याग ही ब्रह्मचर्य है। अत्यन्त कष्ट के समय में भी किसी मनुष्य से कोई उपहार ग्रहण न करने को अपरिग्रह कहते हैं। अपरिग्रह साधना का उद्देश्य यह है कि किसी से कुछ लेने से हृदय अपवित्र हो जाता है, लेनेवाला हीन हो जाता है, वह अपनी स्वतंत्रता खो बैठता है और बद्ध एवं आसक्त हो जाता है।

तप, स्वाध्याय, सन्तोष, शौच और ईश्वरप्रणिधान—इन्हें नियम कहते हैं। नियम शब्द का अर्थ है नियमित अभ्यास और व्रत-परिपालन। व्रतोपवास या अन्य उपायों से देह-संयम करना शारीरिक तपस्या कहलाता है। वेद-पाठ या दूसरे किसी मन्त्रोच्चारण को सत्त्वशुद्धिकर स्वाध्याय कहते हैं। मन्त्र जपने के लिए तीन प्रकार के नियम है—वाचिक, उपांशु और मानस। वाचिक से उंपाशु जप श्रेष्ठ है और उपांशु से मानस जप। जो जप इतने ऊँचे स्वर से किया जाता है कि सभी सुन सकते हैं, उसे वाचिक जप कहते हैं। जिस जप में ओठों का स्पन्दन मात्र होता है, पर पास रहनेवाला कोई मनुष्य सुन नहीं सकता, उसे उपांशु कहते हैं। और जिसमें किसी शब्द का उच्चारण नहीं होता, केवल मन-ही-मन जप किया जाता है और उसके साथ उस मन्त्र का अर्थ स्मरण किया जाता है, उसे मानसिक जप कहते हैं। यह मानसिक जप ही सबसे श्रेष्ठ है। ऋषियों ने कहा है—शौच दो प्रकार के हैं, बाह्य और आभ्यन्तर। मिट्टी, जल या दूसरी वस्तुओं से शरीर को शुद्ध करना बाह्य शौच कहलाता है, जैसे—स्नानादि। सत्य एवं अन्यान्य धर्मों के पालन से मन की शुद्धि को आभ्यन्तर शौच कहते हैं। बाह्य और आभ्यन्तर दोनों की शुद्धि आवश्यक है। केवल भीतर मे पवित्र रहकर बाहर में अशुद्धि रहने

से शौच पूरा नहीं हुआ। जब कभी दोनों प्रकार के शौच का अनुष्ठान करना सम्भव न हो, तब आभ्यन्तर शौच का अवलम्बन ही श्रेयस्कर है। पर ये दोनों शौच हुए बिना कोई भी योगी नहीं बन सकता। ईश्वर की स्तुति, स्मरण और पूजा अर्चनारूप भक्ति का नाम ईश्वरप्रणिधान है।

यह तो यम और नियम के बारे में हुआ। उसके बाद है आसन। आसन के बारे में इतना ही समझ लेना चाहिए कि वक्ष स्थल, ग्रीवा और सिर को सीधे रखकर शरीर को स्वच्छन्द भाव से रखना होगा। अब प्राणायाण के बारे में कहा जायेगा। प्राण का अर्थ है अपने शरीर के भीतर रहनेवाली जीवनी शक्ति, और आयाम का अर्थ है उसका संयम। प्राणायाम तीन प्रकार के है–अधम, मध्यम और उत्तम। वह तीन भागों में विभक्त हैं, जैसे–पूरक, कुम्भक और रेचक। जिस प्राणायाम में १२ सेकण्ड तक वायु का पूरण किया जाता है, उसे अधम प्राणायाम कहते हैं। २४ सेकण्ड तक वायु का पूरण करने को मध्यम प्राणायाम, और ३६ सेकण्ड तक वायु का पूरण करने को उत्तम प्राणायाम कहते हैं। अधम प्राणायाम से पसीना, मध्यम प्राणायाम से कम्पन और उत्तम प्राणायाम से उच्छ्वास अर्थात् शरीर का हल्कापन एवं चित्त की प्रसन्नता होती है। गायत्री वेद का पवित्रतम मन्त्र है। उसका अर्थ है, "हम इस जगत् के जन्मदाता परम देवता के तेज का ध्यान करते है, वे हमारी बुद्धि में ज्ञान का विकास कर दें।" इस मन्त्र के आदि और अन्त में प्रणव लगा हुआ है। एक प्राणायाम में गायत्री का तीन बार मन-ही-मन उच्चारण करना पड़ता है। प्रत्येक शास्त्र में कहा गया है कि प्राणायाम तीन अंशों में विभक्त है–जैसे, रेचक अर्थात् श्वास-त्याग, पूरक अर्थात् श्वास-ग्रहण और कुम्भक अर्थात् स्थिति-भीतर में धारण करना। अनुभवशक्तियुक्त इन्द्रियाँ लगातार बहिर्मुखी होकर काम कर रही हैं और बाहर की वस्तुओं के सम्पर्क में आ रही है। उनको अपने वश में लाने को प्रत्याहार कहते हैं। अपनी ओर खींचना या आहरण करना–यही प्रत्याहार शब्द का प्रकृत अर्थ है।

हृत्कमल में या सिर के ठीक मध्य देश में या शरीर के अन्य

किसी स्थान में मन को धारण करने का नाम है धारणा। मन को एक स्थान में सलंग्न करके, फिर उस एकमात्र स्थान को अवलम्बनस्वरूप मानकर एक विशिष्ट प्रकार के वृत्ति-प्रवाह उठाए जाते हैं, दूसरे प्रकार के वृति-प्रवाहों से उनको बचाने का प्रयत्न करते-करते वे प्रथमोक्त वृत्ति-प्रवाह क्रमशः प्रबल आकार धारण कर लेते हैं, और ये दूसरे वृत्ति-प्रवाह कम होते-होते अन्त में बिलकुल चले जाते हैं। फिर बाद में उन प्रथमोक्त वृत्तियों का भी नाश हो जाता है और केवल एक वृत्ति वर्तमान रह जाती है। इसे 'ध्यान' कहते हैं। और जब इस अवलम्बन की भी कोई आवश्यकता नहीं रह जाती, सम्पूर्ण मन जब एक तरंग के रूप में परिणत हो जाता है, तब मन की इस एकरूपता का नाम है समाधि। तब किसी विशेष प्रदेश या चक्रविशेष का अवलम्बन करके ध्यान-प्रवाह उत्थापित नहीं होता, केवल ध्येय वस्तु का भाव (अर्थ) मात्र अवशिष्ट रहता है। यदि मन को किसी स्थान में १२ सेकण्ड धारण किया जाये, तो उससे एक धारणा होगी, यह धारणा द्वादश गुणित होने पर एक ध्यान, और यह ध्यान द्वादश गुणित होने पर एक समाधि होगी।

सूखे पत्तों से ढकी हुई जमीन पर, चौराहे पर, अत्यन्त कोलाहलपूर्ण या डरावने स्थान में, दीमक के ढ़ेर के समीप, अथवा जहाँ अग्नि या जल से किसी भय की आंशका हो, जहाँ जंगली जानवर हो, जो स्थान दुष्ट लोगों से भरा हो—ऐसे स्थानों में योग की साधना करना उचित नहीं। यह व्यवस्था विशेषकर भारत के बारे में लागू होती है। जब शरीर अत्यन्त आलसी या बीमार मालूम होता हो अथवा जब मन अत्यन्त दु:खपूर्ण रहता हो, तब भी साधना नहीं करनी चाहिए। किसी गुप्त और निर्जन स्थान में जाकर साधना करो, जहाँ लोग तुम्हें बाधा पहुँचाने न आ सके। अपवित्र जगह में बैठकर साधना मत करना, वरन् सुन्दर दृश्यवाले स्थान में या अपने घर की एक सुन्दर कोठरी में बैठकर साधना करना। साधना में प्रवृत्त होने के पहले समस्त प्राचीन योगियों, अपने गुरुदेव तथा भगवान को प्रणाम करना और फिर साधना में प्रवृत्त होना।

ध्यान का विषय पहले ही कहा जा चुका है। अब ध्यान की कुछ प्रणालियाँ वर्णित की जाती हैं। सीधे बैठकर अपनी नाक के ऊपरी भाग पर दृष्टि रखो। तुम देखोगे कि उससे मन की स्थिरता में विशेष रूप से सहायता मिलती है। आँख के दो स्नायुओं को वश में लाने से प्रतिक्रिया के केन्द्रस्थल को काफी वश में लाया जा सकता है, अतः उससे इच्छाशक्ति भी बहुत अधीन हो जाती है। अब ध्यान के कुछ प्रकार कहे जाते हैं। सोचो, सिर के ऊर्ध्व देश में एक कमल है, धर्म उसका मूलदेश है, ज्ञान उसकी नाल है, योगी की अष्टसिद्धियाँ उस कमल के आठ दलों के समान हैं और वैराग्य उसके अन्दर की कणिका है। जो योगी अष्टसिद्धियाँ आने पर भी उनको छोड़ सकते हैं, वे ही मुक्ति प्राप्त करते हैं। इसीलिए अष्टसिद्धियों का बाहर के आठ दलों के रूप में, तथा अन्दर की कणिका का परवैराग्य अर्थात् अष्टसिद्धियाँ आने पर भी उनके प्रति वैराग्य के रूप में वर्णन किया गया है। इस कमल के अन्दर हिरण्मय, सर्वशक्तिमान, अस्पर्श्य, ओंकारवाच्य, अव्यक्त, किरणों से परिव्याप्त परमज्योति का चिन्तन करो। उस पर ध्यान करो।

और एक प्रकार के ध्यान का विषय बताया जाता है–सोचो कि तुम्हारे हृदय में एक आकाश है, और उस आकाश के अन्दर अग्निशिखा के समान एक ज्योति उद्‌भासित हो रही है–उस ज्योतिशिखा का अपनी आत्मा के रूप में चिन्तन करो, फिर उस ज्योति के अन्दर और एक ज्योतिर्मय आकाश की भावना करो; वही तुम्हारी आत्मा की आत्मा है–परमात्मस्वरूप ईश्वर है। हृदय में उसका ध्यान करो। ब्रह्मचर्य, अहिंसा, महाशत्रु को भी क्षमा कर देना, सत्य, आस्तिक्य–ये सब विभिन्न व्रत हैं। यदि इन सबमें तुम सिद्ध न रहो, तो भी दुःखित या भयभीत मत होना। प्रयत्न करो, धीरे-धीरे सब हो जायेगा। विषय की लालसा, भय और क्रोध छोड़कर जो भगवान के शरणागत हुए हैं, उनमें तन्मय हो गए हैं, जिनका हृदय पवित्र हो गया है, वे भगवान के पास जो कुछ चाहते हैं, भगवान उसी समय उसकी पूर्ति कर देते हैं। अतः ज्ञान, भक्ति या वैराग्य योग से उनकी उपासना करो।

"जो किसी की हिंसा नहीं करते, जो सबके मित्र हैं, जो सबके प्रति करुणासम्पन्न हैं, जिनका अहंकार चला गया है, जो सदैव सन्तुष्ट हैं, जो सर्वदा योगयुक्त, यतात्मा और दृढ़ निश्चय वाले हैं, जिनका मन और बुद्धि मुझमें अर्पित हो गई है, वे ही मेरे प्रिय भक्त हैं। जिनसे लोग उद्विग्न नहीं होते, जो लोगों से उद्विग्न नहीं होते, जिन्होने अतिरिक्त हर्ष, दु:ख, भय और उद्वेग त्याग दिया है, ऐसे भक्त ही मेरे प्रिय हैं। जो किसी का भरोसा नहीं करते, जो शुचि और दक्ष हैं, सुख और दु:ख में उदासीन हैं, जिनका दु:ख चला गया है, जो निन्दा और स्तुति में समभावापन्न हैं, मोनी हैं, जो कुछ पाते हैं, उसी में सन्तुष्ट रहते हैं, जिनका कोई निर्दिष्ट घर-बार नहीं, सारा जगत् ही जिनका घर है, जिनकी बुद्धि स्थिर है, ऐसे व्यक्ति ही मेरे प्रिय भक्त हैं।" ऐसे व्यक्ति ही योगी हो सकते हैं।

नारद नाम के एक पहुँचे हुए ऋषि थे। जैसे मनुष्यों में ऋषि या बड़े-बड़े योगी रहते हैं, वैसे ही देवताओं में भी बड़े-बड़े योगी हैं। नारद भी वैसे ही एक महायोगी थे। वे सर्वत्र भ्रमण किया करते थे। एक दिन एक वन में से जाते हुए उन्होंने देखा कि एक मनुष्य ध्यान कर रहा है। वह ध्यान में इतना मग्न है और इतने दिनों से एक ही आसन पर बैठा है कि उसके चारों ओर दीमक का ढेर लग गया है। उसने नारद से पूछा, "प्रभो, आप कहाँ जा रहे हैं?" नारदजी ने उत्तर दिया, "मैं बैकुण्ठ, जा रहा हूँ।" तब उसने कहा, "अच्छा, आप भगवान से पूछते आएँ, वे मुझ पर कब कृपा करेंगे, मैं कब मुक्ति प्राप्त करूँगा।" फिर कुछ दूर और जाने पर नारदजी ने एक दूसरे मनुष्य को देखा। वह कूँद-फाँद रहा था, कभी नाचता था तो कभी गाता था। उसने भी नारदजी से वहीं प्रश्न किया। उस व्यक्ति का कण्ठस्वर, वाग्भगी आदि सभी उन्मत्त के समान थे। नारदजी ने उसे भी पहले के समान उत्तर दिया। वह बोला, "अच्छा, तो भगवान से पूछते आएँ, मैं कब मुक्त होऊँगा।" लौटते समय नारदजी ने दीमक के ढेर के अन्दर रहनेवाले उस ध्यानस्थ योगी को देखा। उस योगी ने पूछा, "देवर्षि, क्या आपने मेरी बात पूछी थी?" नारदजी बोले, "हाँ, पूछी थी।" योगी ने पूछा, "तो

उन्होंने क्या कहा?" नारदजी ने उत्तर दिया, "भगवान ने कहा, मुझको पाने के लिए उसे और चार जन्म लगेंगे।" तब तो वह योगी घोर विलाप करते हुए कहने लगा, "मैंने इतना ध्यान किया है कि मेरे चारों ओर दीमक का ढेर लग गया, फिर भी मुझे और चार जन्म लेने पड़ेंगे।" नारदजी तब दूसरे व्यक्ति के पास गए। उसने भी पूछा, "क्या आपने मेरी बात भगवान से पूछी थी?" नारदजी बोले, "हाँ, भगवान ने कहा है, उसके सामने जो इमली का पेड़ है, उसके जितने पत्ते हैं, उतनी बार उसको जन्म ग्रहण करना पड़ेगा।" यह बात सुनकर वह व्यक्ति आनन्द से नृत्य करने लगा और बोला, "मैं इतने कम समय में मुक्ति प्राप्त करूँगा!" तब एक देववाणी हुई "वत्स, तुम इसी क्षण मुक्ति प्राप्त करोगे।" वह दूसरा व्यक्ति इतना अध्यवसायसम्पन्न था! इसीलिए उसे वह पुरस्कार मिला। वह इतने जन्म साधना करने के लिए तैयार था। कुछ भी उसे उद्योगशून्य न कर सका। परन्तु वह प्रथमोक्त व्यक्ति चार जन्मों की ही बात सुनकर घबरा गया। जो व्यक्ति मुक्ति के लिए सैकड़ों युग तक बाट जोहने को तैयार था, उसके समान अध्यवसायसम्पन्न होने पर ही उच्चतम फल प्राप्त होता है।

# पांतजल-योगसूत्र

(मूल संस्कृत सूत्र, सूत्रार्थ और व्याख्या सहित)

व्याख्याकार

स्वामी विवेकानन्द

# पांतजाल-योगसूत्र

## उपक्रमणिका

योगसूत्रों को हाथ में लेने से पहले मैं एक ऐसे प्रश्न की मीमांसा करने का प्रयत्न करूँगा, जिस पर योगियों के सारे धार्मिक मत प्रतिष्ठित हैं। ऐसा मालूम पड़ता है कि संसार के सभी श्रेष्ठ मनीषियों का इस बात में एकमत है–और यह बात भौतिक प्रकृति के अनुसन्धान से भी एक प्रकार से प्रमाणित ही हो गई है–कि हम लोग अपने वर्तमान सविशेष (सापेक्ष)भाव के पीछे विद्यमान एक निर्विशेष (निरपेक्ष) भाव के बाहरी प्रकाश एवं व्यक्त रूप हैं, और हम फिर से उसी निर्विशेष भाव में लौटने के लिए लगातार अग्रसर हो रहे हैं। यदि यह बात स्वीकार कर ली जाये, तो प्रश्न यह उठता है कि वह निर्विशेष अवस्था श्रेष्ठतर है अथवा यह वर्तमान अवस्था? संसार में ऐसे लोगों की कमी नहीं, जो समझते हैं कि यह व्यक्त अवस्था ही मनुष्य की सबसे ऊँची अवस्था है। कई चिन्तनशील मनीषियों का मत है कि हम एक निर्विशेष सत्ता के व्यक्त रूप हैं, और यह सविशेष अवस्था निर्विशेष अवस्था से श्रेष्ठ है। वे सोचते हैं कि निर्विशेष सत्ता में कोई गुण नहीं रह सकता, अतः वह अवश्य अचेतन हैं, जड़ हैं, प्राणशून्य हैं, और यह सोचकर वे धारणा कर लेते हैं कि केवल इस जीवन में ही सुखभोग सम्भव है, अतएव इस जीवन के सुख में ही हमें आसक्त रहना चाहिए। अब हम पहले देखे, इस जीवन-समस्या के और कौन-कौन से समाधान है, पहले उनके बारे में चर्चा की जाये। इस सम्बन्ध में एक प्राचीन सिद्धान्त यह था कि मनुष्य मरने के बाद, जैसा पहले था वैसा ही रहता है, केवल उसके सारे

अशुभ चले जाते हैं और उनके स्थान पर उसका जो कुछ अच्छा है। वही अनन्त काल के लिए बचा रहता है। यदि तर्कसंगत भाषा में इस सत्य को रखा जाये, तो वह ऐसा रूप लेता है–यह जगत् ही मनुष्य की चरम गति है और इस जगत् की ही कुछ उच्चावस्था को, जहाँ उसके सारे अशुभ निकल जाते हैं और केवल शुभ-ही-शुभ बचा रहता है, स्वर्ग कहते हैं। यही पूर्वोक्त मतावलम्बियों का चरम लक्ष्य है। यह बड़ी आसानी से समझा जा सकता है कि यह मत नितान्त असंगत और बच्चों की बात के समान है, क्योंकि ऐसा हो ही नहीं सकता। ऐसा कभी नहीं हो सकता कि भला है, पर बुरा नहीं है, अथवा बुरा है, पर भला नहीं। जहाँ कुछ भी बुरा नहीं है, सब भला-ही-भला है, ऐसे जगत् में वास करने की कल्पना, भारतीय नैयायिकों के अनुसार, दिवा-स्वप्न देखना है। फिर, एक और मतवाद आजकल के बहुत से सम्प्रदायों से सुना जाता है, वह यह कि मनुष्य लगातार उन्नति कर रहा है, चरम लक्ष्य तक पहुँचने की सतत: कोशिश कर रहा है, किन्तु कभी भी वहाँ तक पहुँच न सकेगा। यह मत ऊपर से सुनने में तो बड़ा युक्तिसंगत मालूम होता है, पर यह भी वस्तुत: बिलकुल असंगत ही है, क्योंकि कोई भी गति एक सरल रेखा में नहीं होती। प्रत्येक गति वर्तुलाकार में ही होती है। यदि तुम एक पत्थर लेकर आकाश में फेंको, उसके बाद यदि तुम्हारा जीवन काफी हो और पत्थर के मार्ग में कोई बाधा न आए, तो घूमकर वह ठीक तुम्हारे हाथ में वापस आ जायेगा। यदि एक सरल रेखा अनन्त दूरी तक फैला दी जाये, तो वह अन्त में एक वृत्त का रूप धारण कर लेगी। अतएव: यह मत कि मनुष्य की गति सदैव अनन्त उन्नति की ओर है–उसका कहीं भी अन्त नहीं, सर्वथा असंगत है। प्रसंग के थोड़ा बाहर होने पर भी मैं अब इस पूर्वोक्त मत के बारे में दो-एक बातें कहूँगा। नीतिशास्त्र कहते हैं, किसी के भी प्रति घृणा मत करो–सबको प्यार करो। नीतिशास्त्र के इस सत्य का स्पष्टीकरण पूर्वोक्त मत से हो जाता है। जैसे विद्युत-शक्ति के बारे में आधुनिक मत यह है कि वह विद्युदावार (dynamo) से बाहर निकल, घूमकर फिर से उसी यन्त्र में लौट आती

है, यहाँ भी ठीक वैसा ही है। प्रकृति की समस्त शक्तियों के बारे में यह नियम लागू होता है। सभी शक्तियाँ, घूम-फिरकर, जिस स्थान से निकली थीं ठीक वहीं वापस आ जायेंगी। अतएव: किसी से घृणा करना उचित नहीं, क्योंकि यह शक्ति-यह घृणा, जो तुममें से बहिर्गत होगी, घूमकर कालान्तर में फिर तुम्हारे ही पास वापस आ जायेगी। यदि तुम मनुष्यों को प्यार करो, तो, वह प्यार घूम-फिरकर तुम्हारे पास ही लौट आयेगा। यह सोलहो आने सत्य है कि मनुष्य के मन से घृणा की जो कुछ मात्रा बाहर निकलती है, वह अन्त में उसी के पास लौट आकर अपनी पूरी शक्ति से उस पर आक्रमण करती है। कोई भी इसकी गति रोक नहीं सकता। प्यार के बारे में भी ऐसा ही है। हम और भी अन्यान्य प्रत्यक्ष बातों पर आधारित बहुत-सी युक्तियों से यह प्रमाणित कर सकते हैं कि यह अनन्त उन्नति सम्बन्धी मत ठहर नहीं सकता। हम तो यह प्रत्यक्ष देखते हैं कि सारी भौतिक वस्तुओं की एक ही अन्तिम गति है, और वह है विनाश। अतएव: अनन्त उन्नतिवाला मत किसी भी प्रकार टिक नहीं सकता। हमारे ये सारे संघर्ष, सारी आशाएँ, भय और सुख इन सबका आखिर परिणाम क्या है? मृत्यु ही हम सबकी चरम गति है। इससे अधिक ठहरी हुई बात और कुछ भी नहीं हो सकती। तब फिर यह सरल रेखा में गति कहाँ रही? यह अनन्त उन्नति कहाँ रही? यह तो केवल थोड़ी दूर जाना है और फिर से उस केन्द्र में लौट आना है, जहाँ से गति शुरु होती है। देखो, नीहारिका (nebulae) से किस प्रकार सूर्य, चन्द्रमा और तारे पैदा होते हैं, और फिर से उसी में समा जाते हैं। ऐसा ही सर्वत्र हो रहा है। पेड़-पौधे मिट्टी से ही सार ग्रहण करते हैं और सड़-गलकर फिर से मिट्टी में ही मिल जाते हैं। इस संसार में जितने भी रूपवान पदार्थ हैं, सब अपने चारों ओर वर्तमान परमाणुओं से पैदा होकर फिर से उन परमाणुओं में ही मिल जाते हैं।

यह कभी हो नहीं सकता कि एक ही नियम अलग-अलग स्थानों में अलग-अलग रूप से कार्य करें। नियम सर्वत्र ही समान है। इससे अधिक निश्चित बात और कुछ नहीं हो सकती। यदि यही प्रकृति

का नियम हो, तो वह अन्तर्जगत् पर क्यों नहीं लागू होगा? मन भी अपने उत्पत्ति-स्थान में जाकर लय को प्राप्त करेगा। हम चाहे या न चाहे, हमें अपने उस आदि कारण में लौट ही जाना पड़ेगा, जिसे ईश्वर या निरपेक्ष सत्ता कहते हैं। हम ईश्वर से आए हैं, और पुनः ईश्वर में ही लौट जायेंगे। इस ईश्वर को फिर किसी भी नाम से क्यों न पुकारो-गॉड (God) कहो, निरपेक्ष सत्ता कहो, प्रकृति कहो अथवा अन्य किसी भी नाम से क्यों न सम्बोधित करो–सब एक ही बात है। 'यतो वा इमानि भूतानि जायन्ते, येन जातानि जीवन्ति, यत प्रयन्त्यभिसविशन्ति'–जिनसे भाव पैदा हुए हैं, जिनमें उत्पन्न हुए समस्त प्राणी स्थित हैं और जिनमें सब फिर से लौट जायेंगे। इससे अधिक निश्चित बात और कुछ भी नहीं हो सकती। प्रकृति सर्वत्र एक ही नियम से कार्य करती है। एक लोक में जो नियम कार्य करता है, दूसरे लाखों लोकों में भी वह नियम कार्य करेगा। ग्रहों में जो व्यापार देखने में आता है, इस पृथ्वी, मनुष्यमात्र और सब नक्षत्रों में भी वही व्यापार चल रहा है। एक बड़ी लहर लाखों छोटी-छोटी लहरों से बनी होती है। उसी प्रकार सारे जगत् का जीवन लाखों छोटे-छोटे जीवनों की एक समष्टि मात्र है; और इन सब लाखों छोटे-छोटे जीवों की मृत्यु ही जगत् की मृत्यु है।

अब प्रश्न उठता है कि इस भगवान में वापस जाना उच्चतर अवस्था है या निम्नतर? योगमतावलम्बी दार्शनिकगण इस बात के उत्तर में दृढ़तापूर्वक कहते हैं, 'हाँ, वह उच्चतर अवस्था है। वे कहते हैं कि मनुष्य की वर्तमान अवस्था एक अवनत अवस्था है। इस धरती पर ऐसा कोई धर्म नहीं, जो कहता हो कि मनुष्य पहले की अपेक्षा आज अधिक उन्नत अवस्था में है। (इसका भाव यह है कि मनुष्य प्रारम्भ में शुद्ध और पूर्ण रहता है, फिर उसकी अवनति होने लगती है और एक अवस्था ऐसी आ जाती है, जिसके नीचे वह और नहीं जा सकता। तब वह पुनः अपना वृत्त पूरा करने के लिए ऊपर उठने लगता है। उसे वृत्त की पूर्ति करनी ही पड़ती है। वह कितने भी नीचे क्यों न चला जाये, अन्त में उसे वृत्त का ऊपरी मोड़ लेना ही पड़ता है–अपने आदिकारण

भगवान में वापस आना ही पड़ता है। मनुष्य पहले भगवान से आता है, मध्य में वह मनुष्य के रूप में रहता है और अन्त में पुनः भगवान के पास वापस चला जाता है) यह हुई द्वैतवाद की भाषा। अद्वैतवाद की भाषा में यह भाव व्यक्त करने पर कहना पड़ेगा कि मनुष्य भगवान है, और घूमकर फिर उन्हीं में लौट जाता है। यदि हमारी वर्तमान अवस्था ही उच्चतर अवस्था हो, तो संसार में इतने दु:ख-कष्ट, इतनी सब भयावह घटनाएँ क्यों भरी पड़ी हैं? यदि यही उच्चतर अवस्था हो, तो इसका अवसान क्यों होता है? जिसमें विकार और पतन होता हो, वह कभी भी सबसे ऊँची अवस्था नहीं हो सकती। यह जगत् इतने पैशाचिक भावों से क्यों भरा हो–यह इतना अतृप्तिकर क्यों हो? इसके पक्ष में बहुत हुआ तो इतना ही कहा जा सकता है कि इसमें से होकर हम एक उच्चतर रास्ते में जा रहे हैं, पुनः उन्नतस्वभाव होने के लिए हमें इसमें से होकर जाना ही पड़ता है। जमीन में बीज बो दो, वह गलकर-विश्लिष्ट होकर कुछ समय बाद मिट्टी के साथ बिलकुल मिल जायेगा, फिर उसी विश्लिष्ट अवस्था से एक महाकाय वृक्ष उत्पन्न होगा। इस महाकाय वृक्ष के उत्पन्न होने के लिए प्रत्येक बीज को सड़ना पड़ेगा। उसी प्रकार ब्रह्मभावापन्न होने के लिए-ब्रह्मस्वरूप हो जाने के लिए प्रत्येक जीवात्मा को इस अवनति की अवस्था में से होकर जाना पड़ेगा। अतएवः यह स्पष्ट है कि हम जितनी जल्दी इस 'मानव'-संज्ञक अवस्थाशिेष का अतिक्रमण कर उसके ऊपर चले जायें, उतना ही हमारा कल्याण है। तो क्या आत्म-हत्या करके हमें इस अवस्था के बाहर होना होगा? नहीं, कभी नहीं। वरन् उससे तो उलटा ही फल होगा। शरीर को व्यर्थ में कष्ट देना अथवा संसार को वृथा कोसना इस संसार से तरने का उपाय नहीं है। उसके लिए तो हमें इस नैराश्य के पकिल सरोवर में से होकर जाना पड़ेगा, और जितनी जल्दी हम उसे पार कर जायें, उतना ही मंगल है। पर यह सदैव स्मरण रहे कि हमारी यह वर्तमान अवस्था ही सबसे ऊँची अवस्था नहीं है।

यहाँ यह बात समझना सचमुच कठिन है कि जिस निर्विशेष

अवस्था को सबसे ऊँची अवस्था कहा जाता है, वह, जैसा कि बहुत-से लोग शंका करते हैं, पत्थर या अर्धजन्तु-अर्धवृक्षवत् कोई जीवविशेष के समान नहीं है। जो लोग ऐसा सोचते हैं, उनके मत से संसार भर के सारे अस्तित्व केवल दो भागों में विभक्त हैं—एक तो वह, जो पत्थर आदि के समान जड़ की अवस्था है, और दूसरा वह, जो विचार या चिन्तन की अवस्था है। किन्तु हम उनसे पूछते हैं कि सारे अस्तित्व को इन दो ही भागों में सीमित कर देने का उन्हें क्या अधिकार है? क्या विचार से अनन्तगुनी अधिक ऊँची और कोई अवस्था नहीं है? आलोक का कम्पन अत्यन्त मृदु होने पर वह हमें दृष्टिगोचर नहीं होता। जब वह कम्पन अपेक्षाकृत कुछ तीव्र होता है, तब वह हमारी दृष्टि का विषय हो जाता हैं-तब हमारी आँखों के सामने वह आलोक के रूप में दीख पड़ता है। पर जब वह और भी तीव्र हो जाता है, तब हम पुनः उसे नहीं देख पाते। वह हमें अन्धकार के समान ही प्रतीत होता है। तो क्या यह बाद का अन्धकार उस पहले अन्धकार के समान है? नहीं, कभी नहीं, उन दोनों में तो दो ध्रुवों का-जमीन-आसमान का-अन्तर है। क्या पत्थर की विचारशून्यता और भगवान की विचारशून्यता दोनों एक है? बिलकुल नहीं। भगवान सोचते नहीं—वे विचार करते नहीं। वे भला करेंगे भी क्यों? उनके लिए क्या कुछ अज्ञात है, जो वे विचार करेंगे? पत्थर विचार कर सकता नहीं, और ईश्वर विचार करते नहीं-बस यहीं अन्तर है। ये पूर्वोक्त दार्शनिकगण सोचते हैं कि विचार से राज्य के बाहर जाना अत्यन्त भयानक बात है। वे विचार के अतीत कुछ भी नहीं पाते।

युक्ति के राज्य के उस पार बहुत-सी उच्चतर अवस्थाएँ हैं। वास्तव में धर्म-जीवन की पहली अवस्था तो बुद्धि की सीमा लाँघने पर शुरू होती है। जब तुम विचार, बुद्धि, युक्ति—इन सबके परे चले जाते हो, तभी तुमने भगवत्प्राप्ति के पथ में पहला कदम रखा है। वही जीवन का सच्चा प्रारम्भ है। जिसे हम साधारणतः जीवन कहते हैं, वह तो असल जीवन की भ्रूण-अवस्था मात्र है।

अब प्रश्न हो सकता है कि विचार और युक्ति के अतीत की

अवस्था ही सबसे ऊँची अवस्था है, इसका क्या प्रमाण? पहले तो, संसार के श्रेष्ठ महापुरुषगण-कोरी लम्बी-चौड़ी हाँकने वालों की अपेक्षा कहीं श्रेष्ठ महापुरुषगण, जिन्होंने अपनी शक्ति के बल से सम्पूर्ण जगत् को हिला दिया था, जिनके हृदय में स्वार्थ का लेश मात्र न था, जगत् के सामने घोषणा कर गए हैं कि हमारा यह जीवन उस सर्वातीत अनन्तस्वरूप में पहुँचने के लिए रास्ते में केवल एक सराय के समान है। दूसरे, उन्होंने केवल मुख से ऐसा कहा हो, सो नहीं, वरन् उन्होने सभी को वहाँ जाने का रास्ता बतला दिया है, अपनी साधन-प्रणाली सभी को समझा दी है, जिससे सब लोग उनका पदानुसरण कर आगे बढ़ सकें। तीसरे, पहले जो व्याख्या दी गई है, उसको छोड़ जीवन समस्या की और किसी प्रकार से सन्तोषजनक व्याख्या नहीं दी जा सकती। यदि मान लिया जाये कि इसकी अपेक्षा उच्चतर अवस्था और कोई नहीं है, तो भला हम लोग चिरकाल इस चक्र के भीतर से क्यों जा रहे हैं? किस युक्ति के आधार पर इस दृश्यमान जगत् की व्याख्या की जाये? यदि हममें इससे अधिक दूर जाने की शक्ति न रहे, यदि हमारे लिए इसकी अपेक्षा कुछ अधिक चाहने को न रहे, तब तो यह पचेन्द्रिय-ग्राह्य जगत् ही हमारे ज्ञान की चरम सीमा रह जायेगा। इसी को अज्ञेयवाद कहते हैं। किन्तु पुनः यह है कि इन इन्द्रियों की गवाही में विश्वास करने के लिए भला हमारे पास कौन-सी युक्ति है? मैं तो उन्हीं को यथार्थ अज्ञेयवादी कहूँगा, जो रास्ते में चुप खड़े रहकर मर सकते हैं। यदि युक्ति ही हमारा सर्वस्व हो, तो वह तो-हमें इस शून्यवाद को लेकर संसार में स्थिर होकर कहीं रहने न देगी। यदि कोई धन और नाम-यश की स्पृहा को छोड़ शेष सभी विषयों के सम्बन्ध में आस्थाहीन हो, तो वह केवल पाखण्डी हैं। कन्ट (Kant) ने निःसंदिग्ध रूप से प्रमाणित किया है कि हम युक्तिरूपी दुर्भेद्य दीवार का अतिक्रमण कर उसके उस पार नहीं जा सकते। किन्तु भारत में तो समस्त विचारधाराओं की पहली बात है-युक्ति के उस पार चले जाना। योगीगण अत्यन्त साहस के साथ इस राज्य की खोज में प्रवृत्त होते हैं, और अन्त में ऐसी एक अवस्था को प्राप्त करने में सफल होते

हैं, जो समस्त युक्ति-विचार के परे है और केवल जिसमें ही हमारी वर्तमान परिदृश्यमान अवस्था का स्पष्टीकरण मिलता है। यही लाभ है उसके अध्ययन से, जो हमें जगत् के अतीत ले जाता है। "तुम हमारे पिता हो, तुम हमें अज्ञान के उस पार ले जाओगे।।" "त्वं हि न पिता, योऽस्माकमविद्याया पर पार तारयसि।।" यही धर्मविज्ञान है। इसके अतिरिक्त और कुछ भी यथार्थ धर्मविज्ञान नाम के योग्य नहीं हो सकता।

# 1. समाधिपाद

अथ योगानुशासनम् ।।१।।

**सूत्रार्थ**–अब योग की व्याख्या करते है ।

योगश्चित्तवृत्तिनिरोधः ।।२।।

**सूत्रार्थ**–चित्त को विभिन्न वृत्तियों अर्थात् आकार में परिणत होने से रोकना ही योग है।

**व्याख्या**–यहाँ बहुत-सी बातें समझाने की आवश्यकता है। पहले हमें यह समझ लेना होगा कि यह चित्त और ये वृत्तियाँ क्या हैं! मेरी ये आँखें हैं। आँखें वास्तव में नहीं देखती। यदि मस्तिष्क में स्थित दर्शनेन्द्रिय या दर्शनशक्ति को नष्ट कर दो, तो भले ही तुम्हारी आँखें रहें, आँखों की पुतलियाँ भी साबुत रहें और आँख के ऊपर जिस छवि के पड़ने से दर्शन होता है, वह भी रहे, पर फिर भी आँखें देख न सकेंगी। अतः आँख दर्शन का गौण यन्त्र मात्र हुई। वह वास्तव में दर्शनेन्द्रिय नहीं हैं। दर्शनेन्द्रिय तो मस्तिष्क के अन्तर्गत स्नायु-केन्द्र में अवस्थित है। अतएवः हमने देखा कि दर्शन-क्रिया के लिए केवल दो आँखें ही पर्याप्त नहीं हैं। कभी-कभी मनुष्य आँखें खुली रखकर सो जाता है। वस्तु का चित्र आँखों पर बना हुआ है, दर्शनेन्द्रिय भी हैं, पर और एक तीसरी वस्तु की आवश्यकता है और वह है मन। मन को इन्द्रिय के साथ संयुक्त रहना चाहिए। अतः दर्शन-क्रिया के लिए चक्षुरूप बहिर्यन्त्र, मस्तिष्क में स्थित स्नायु-केन्द्र और मन–ये तीन चीजें चाहिए। कभी-कभी ऐसा होता है कि रास्ते से गाड़ियाँ दौड़ती हुई निकल जाती हैं, पर तुम उन्हें सुन नहीं पाते। क्यों? इसलिए कि तुम्हारा मन श्रवणेन्द्रिय के साथ संयुक्त

नहीं रहता। अतएवः, प्रत्येक अनुभव-क्रिया के लिए पहले तो बाहर का यन्त्र, उसके बाद इन्द्रिय, और तृतीयत, इन दोनों के साथ मन का योग चाहिए। मन, विषय के अभिघात से उत्पन्न हुई संवेदना को और भी अन्दर ले जाकर निश्चयात्मिका बुद्धि के सामने पेश करता है। तब बुद्धि से प्रतिक्रिया होती है। इस प्रतिक्रिया के साथ अहं-भाव जाग उठता है। फिर क्रिया और प्रतिक्रिया का यह मिश्रण पुरुष अर्थात् प्रकृत आत्मा के सामने लाया जाता है। तब वे पुरुष इस मिश्रण को एक (ससीम) वस्तु के रूप में अनुभव करते हैं। पाँचों इन्द्रिय, मन, निश्चयात्मिका बुद्धि और अंहकार को मिलाकर अन्तः करण कहते हैं। ये सब मन के उपादान स्वरूप चित्त के भीतर होनेवाली भिन्न-भिन्न प्रक्रियाएँ हैं। चित्त में उठनेवाली विचार-तरंगों को वृत्ति (भंवर) कहते हैं। अब प्रश्न यह है कि यह विचार है क्या चीज? गुरुत्वाकर्षण या विकर्षण शक्ति के समान विचार भी एक शक्ति है। प्रकृति के अक्षय शक्ति-भंडार से चित्त नामक करण कुछ शक्ति को ग्रहण कर लेता है, अपने में मिला लेता है और उसे विचार के रूप में बाहर भेजता है। यह शक्ति हमें खाद्यान्न के जरिये प्राप्त होती है और इस खाद्यान्न से शरीर गति आदि की शक्ति प्राप्त करता है। दूसरी अर्थात् सूक्ष्मतर शक्तियों को वह विचार के रूप में बाहर भेजता है। अतएवः मन चेतन नहीं है, फिर भी वह चेतन-सा प्रतीत होता है। क्यों? इसलिए कि चेतन आत्मा उसके पीछे है। तुम ही एकमात्र चेतन पुरुष हो मन तो केवल एक करण अर्थात् यन्त्र मात्र है, जिसके द्वारा तुम बाह्य जगत् की उपलब्धि करते हो। इस पुस्तक की ही बात लो, बाहर में इसका पुस्तकरूपी अस्तित्व नहीं है। बाहर में वस्तुतः जो है, वह तो अज्ञात और अज्ञेय है। वह केवल स्फूर्ति (संकेत) देनेवाला कारण मात्र है। जैसे पानी में एक पत्थर फेंकने पर पानी प्रवाहाकार में बँटकर उस पत्थर पर प्रतिघात करता है, ठीक वैसे ही वह अज्ञात वस्तु जाकर मन में आघात प्रदान करती है, और मन से पुस्तक के रूप में एक प्रतिक्रिया होती है। यथार्थ बहिर्जगत् तो स्फूर्ति देनेवाला कारण मात्र है जिससे मानसिक प्रतिक्रिया होती है। एक पुस्तक का रुप, हाथी का रूप

या मनुष्य का रूप बाहर में कोई अस्तित्व नहीं रखता, हम जो कुछ जानते हैं, वह बाहर की स्फूर्ति से होनेवाली हमारी मानसिक प्रतिक्रया मात्र है। जॉन स्टुअर्ट मिल ने कहा है, "अनुभव की नित्य सम्भाव्यता का नाम जड़ पदार्थ है।" बाहर में जो है, वह है केवल इस प्रतिक्रिया को उत्पन्न करनेवाली स्फूर्ति मात्र। उदाहरणार्थ, मोती की एक सीप को लो। तुम लोग जानते हो, मोती किस तरह पैदा होता है। बालू का एक कण या अन्य कोई चीज सीप में घुस जाती है और उसमें क्षोभ उत्पन्न करने लगती है। इससे वह सीप उस बालू के-कण के चारों ओर 'एनामेल' के समान एक प्रकार का लेप-सा डालने लगती है। बस उसी से मोती तैयार होता है। यह सारा अनुभवात्मक जगत् मानों हमारे अपने उस लेप के समान है, और यथार्थ जगत् मानों वह बालू का-कण है। सामान्य मनुष्य उसे कभी समझ न सकेगा, क्योंकि जब कभी वह उसे समझने की कोशिश करता है, त्योंही वह बाहर में मानों अपना लेप डालने लगता है, और बस अपने उस लेप को ही देखता है। अब हम समझें कि वृत्ति का सच्चा अर्थ क्या है। मनुष्य का जो असल स्वरूप है, वह मन के अतीत है। मन तो उसके हाथों एक यन्त्रस्वरूप है। उसी का चैतन्य इस मन के भीतर में से होकर आ रहा है। जब तुम इस मन के पीछे द्रष्टा-रूप से अवस्थित रहते हों, तभी वह चैतन्यमय होता है। जब मनुष्य इस मन को बिलकुल त्याग देता है, तो उस मन का सम्पूर्ण नाश हो जाता है, उसका अस्तित्व ही नहीं रह जाता। अब समझ में आया कि चित्त का क्या तात्पर्य है। वह मन का उपादानस्वरूप है, और वृत्तियाँ उस पर उठनेवाली लहरें और तरंगें हैं। जब बाहर के कुछ कारण उस पर कार्य करने लगते हैं, त्योंही वह तरंग-रूप धारण कर लेता है। हम जिसे जगत् कहते हैं, वह तो इन वृत्तियों की समष्टि मात्र हैं।

हम लोग सरोवर की तली को नहीं देख सकते, क्योंकि उसकी सतह छोटी-छोटी लहरों से व्याप्त रहती है। उस तली की झलक मिलना तभी सम्भव है, जब ये सारी लहरें शान्त हो जायें और पानी स्थिर हो जाये। यदि पानी गँदला हो, या सारे समय उसमें हलचल होती रहे, तो

वह तली कभी दिखाई न देगी। पर यदि पानी निर्मल हो और उसमें एक भी लहर न रहे, तब हम उस तली को अवश्य देख सकेंगे। यह चित्त मानों उस सरोवर के समान है और हमारा असल स्वरूप मानों उसकी तली है, वृत्तियाँ उस पर उठनेवाली लहरें हैं। फिर यह भी देखा जाता है कि यह मन तीन प्रकार की अवस्थाओं में रहता है। एक है तम् की अर्थात् अन्धकारमय अवस्था, जैसा कि हम पशुओं और अत्यन्त मूर्खों में पाते हैं। ऐसे मन की प्रवृत्ति केवल औरों को अनिष्ट पहुँचाने में ही होती है। मन की इस अवस्था में और दूसरा कोई विचार ही नहीं सूझता। दूसरा है–रज अर्थात् मन की क्रियाशील अवस्था, जिसमें केवल प्रभुत्व और भोग की इच्छा रहती है। उस समय यहीं भाव रहता है कि मैं शक्तिमान होऊँगा और दूसरों पर प्रभुत्व करूँगा। तीसरा है–सत्त्व अर्थात् मन की गम्भीर और शान्त अवस्था, जिसमें समस्त तरंगें शान्त हो जाती हैं और मानस-सरोवर का जल निर्मल हो जाता है। यह कोई जड़ावस्था नहीं है, प्रत्युत यह तो तीव्र क्रियाशील अवस्था है। शान्त होना शक्ति की महत्तम अभिव्यक्ति है। क्रियाशील होना तो सहज है। बस लगाम ढीली कर दो, तो घोड़े स्वयं तुम्हें भगा ले जायेंगे। यह तो कोई भी कर सकता है, पर शक्तिमान पुरुष तो वह है, जो इन तेज घोड़ों को थाम सके। किसमें अधिक शक्ति लगती है–लगाम ढीली कर देने में अथवा उसे थामे रखने में? शान्त मनुष्य और आलसी मनुष्य एक समान नहीं हैं। सत्त्व को कहीं आलस्य न समझ बैठना। शान्त मनुष्य वह है, जो मन की इन लहरों को अपने वश में लाने में समर्थ हुआ है। क्रियाशीलता निम्नतर शक्ति का प्रकाश है और शान्तभाव उच्चतर शक्ति का।

यह चित्त अपनी स्वाभाविक पवित्र अवस्था को फिर से प्राप्त करने के लिए सतत: चेष्टा कर रहा है, किन्तु इन्द्रियाँ उसे बाहर खींचे रखती है। उसका दमन करना, उसकी इस बाहर जाने की प्रवृत्ति को रोकना और उसे लौटाकर उस चैतन्यधन पुरुष के पास ले जानेवाले रास्ते पर लाना–यही योग का पहला सोपान है; क्योंकि केवल इसी उपाय से चित्त अपने यथार्थ रास्ते पर आ सकता है।

यद्यपि उच्चतम से लेकर निम्नतम तक सभी प्राणियों में यह चित्त विद्यमान है, तथापि केवल मनुष्य-शरीर में ही हम उसे बुद्धि-रूप में विकसित देख पाते हैं। जब तक यह चित्त बुद्धि का रूप धारण नहीं कर लेता, तब तक उसके लिए इन सब विभिन्न सोपानों में से होते हुए लौटकर आत्मा को मुक्त करना सम्भव नहीं। यद्यपि गाय या कुत्ते के भी मन है पर उनके लिए सद्योमुक्ति असम्भव है, क्योंकि उनका चित्त अभी बुद्धि का रूप धारण नहीं कर सकता।

यह चित्त अवस्था-भेद से बहुत-से रूप धारण करता है जैसे–क्षिप्त, मूढ़, विक्षिप्त और एकाग्र (विवेकख्याति या प्रसंख्यान)। मन इन चार प्रकार की अवस्थाओं में चार प्रकार के रूप धारण करता है। पहला है क्षिप्त, जिसमें मन चारों ओर बिखर जाता है और कर्मवासना प्रबल रहती है। इस अवस्था में मन की प्रवृत्ति केवल सुख और दुःख इन दो भावों में ही प्रकाशित होने की होती है। उसके बाद है मूढ़ अवस्था। यह अवस्था तमोगुणात्मक है और इसमें मन की प्रवृत्ति केवल औरों का अनिष्ट करने में होती है। विक्षिप्त अवस्था वह है, जब मन अपने केन्द्र की ओर जाने का प्रयत्न करता है। यहाँ पर टीकाकार कहते हैं कि विक्षिप्त अवस्था देवताओं के लिए स्वाभाविक है और मूढ़ावस्था असुरों के लिए। एकाग्र चित्त ही हमें समाधि में ले जाता है।

तदा द्रष्टु स्वरूपेऽवस्थानम् ।।३।।

**सूत्रार्थ**–उस समय (अर्थात् इस निरोध की अवस्था में) द्रष्टा (पुरुष) अपने (अपरिवर्तनशील) स्वरूप में अवस्थित रहते हैं।

**व्याख्या**–ज्यों ही लहरें शान्त हो जाती हैं और पानी स्थिर हो जाता है, त्योंही हम सरोवर की तली को देख पाते हैं। मन के बारे में भी ठीक ऐसा ही समझो। जब यह शान्त हो जाता है, तब हम देख पाते हैं कि अपना असल स्वरूप क्या है, फिर हम उन तरंगों के साथ अपने आपको एकरूप नहीं कर लेते, वरन् अपने स्वरूप में अवस्थित रहते हैं।

वृत्तिसारूप्यमितरत्र ।।४।।

**सूत्रार्थ**– (इस निरोध की अवस्था को छोड़कर) दूसरे समय

में द्रष्टा वृत्ति के साथ एकरूप होकर रहते हैं।

**व्याख्या**—उदाहरणार्थ, मान लो किसी ने मेरी निन्दा की। बस वह मेरे मन में एक वृत्ति उठा देता है और मैं उसके साथ अपने आपको एकरूप कर देता हूँ। इसका परिणाम होता है—दु:ख।

वृत्तय पंचतय्य क्लिष्टा अक्लिष्टा ।।५।।

**सूत्रार्थ**—वृत्तियाँ पाँच प्रकार की हैं (कुछ) क्लेशयुक्त और (कुछ) क्लेशशून्य।

प्रमाण-विपर्यय-विकल्प-निद्रा-स्मृतय: ।।६।।

**सूत्रार्थ**—(वे हैं)प्रमाण, विषर्यप, विकल्प, निद्रा और स्मृति—अर्थात् सत्यज्ञान, भ्रमज्ञान, शब्द-भ्रम, निद्रा और स्मृति।

प्रत्यक्षानुमानागमा: प्रमाणानि ।।७।।

**सूत्रार्थ**—प्रत्यक्ष अर्थात् साक्षात् अनुभव, अनुमान और आगम अर्थात् विश्वस्त लोगों के वाक्य–(ये तीन) प्रमाण हैं।

**व्याख्या**—जब हमारी दो अनुभूतियाँ आपस में विरोधी नहीं होतीं, तब उसे हम प्रमाण कहते हैं। मान लो, मैंने कुछ सुना, यदि वह पहले अनुभव की हुई किसी बात का खण्डन करें, तो मेरे भीतर उसके विरुद्ध तर्क-वितर्क होने लगते हैं और मैं उस पर विश्वास नहीं करता। प्रमाण के फिर तीन प्रकार हैं। साक्षात् अनुभव या प्रत्यक्ष—यह एक प्रकार का प्रमाण है। यदि हम किसी प्रकार आँख और कान के भ्रम में न पड़े हों, तो हम जो कुछ देखते या अनुभव करते हैं, उसे प्रत्यक्ष कहा जायेगा। मैं इस दुनिया को देखता हूँ, बस यह उसके अस्तित्व का पर्याप्त प्रमाण है। दूसरा है अनुमान—लक्षण से लक्ष्य वस्तु पर आना। तुमने कोई संकेत देखा और उससे तुम उस वस्तु पर आ गए, जिसका कि वह संकेत है। तीसरा है आप्तवाक्य-योगियों अर्थात् सत्यद्रष्टा ऋषियों की प्रत्यक्ष अनुभूति। हम सभी ज्ञान की प्राप्ति के लिए सतत: प्रयत्न कर रहे हैं, पर तुम्हें और मुझे उसके लिए कड़ी चेष्टा करनी पड़ती है, दीर्घकाल तक विचाररूप अरुचिकर रास्ते से होकर अग्रसर होना पड़ता है; किन्तु विशुद्धसत्त्व योगी इन सबके पार चले गए हैं। उनके मनश्चक्षु के सामने

भूत, भविष्य और वर्तमान सब एक हो गए है, उनके लिए वे सब मानों एक पाठ्य पुस्तक के समान हैं। हम लोगों को ज्ञान-लाभ के लिए जिस अरुचिकर प्रणाली में से होकर जाना पड़ता है, उनके लिए उसकी फिर और आवश्यकता नहीं रह जाती। उनका वाक्य ही प्रमाण है, क्योंकि वे अपने भीतर ही सारे ज्ञान की उपलब्धि करते हैं। वे सर्वज्ञ पुरुष हैं। ऐसे व्यक्ति ही पवित्र शास्त्रग्रन्थों के प्रणेता हैं, और इसीलिए शास्त्र प्रमाण-रूप से ग्राह्य हैं। यदि वर्तमान समय में ऐसे मनुष्य कोई हो, तो उनकी बात भी अवश्य प्रमाण-रूप से ग्राह्य होगी। दूसरे दार्शनिकों ने इस आप्त के बारे में बहुत से तर्क-वितर्क किए हैं। उनका प्रश्न है कि आप्तवाक्य को सत्य क्यों माना जाये? इसका उत्तर यह है कि वह उनकी प्रत्यक्ष अनुभूति है। मान लो, तुमने या मैंने कोई बात देखी। यदि वह पहले किए हुए अनुभव की विरोधी न हो, तो वह प्रमाण-रूप से ग्राह्य होती है। ठीक इसी तरह उसका भी प्रामाण्य समझना चाहिए। इन्द्रियों के भी अतीत एक ज्ञान है, और जब कभी यह ज्ञान युक्ति और मनुष्य की पूर्व-अनुभूति का खण्डन नहीं करता, तब उसे प्रमाण कहते हैं। यदि कोई पागल इस कमरे में घुस आए और कहने लगे, 'मैं सब ओर देवता देख रहा हूँ,' तो वह प्रमाण न कहा जायेगा। पहले तो, वह ज्ञान सत्य होना चाहिए। दूसरे, वह पहले के किसी ज्ञान का खण्डन न करे। और तीसरे, वह उस मनुष्य के चरित्र-बल पर आधारित हो। मैंने बहुतों को यह कहते सुना है कि मनुष्य का चरित्र उतने महत्त्व का नहीं है, जितना कि उसके शब्द, वह क्या कहता है। बस उसी को पहले सुनो। अन्य विषयों के सम्बन्ध में यह बात भले ही सत्य हो, पर धर्म के सम्बन्ध में तो यह सम्भव नहीं। एक व्यक्ति दुष्ट स्वभाव वाला होता हुआ भी ज्योतिष के बारे में कुछ आविष्कार कर सकता है, पर धर्म के बारे में बात अलग है, क्योंकि कोई भी अपवित्र मनुष्य धर्म के यथार्थ सत्य को किसी काल में प्राप्त नहीं कर सकता। अतएव:, सबसे पहले हमें देखना होगा कि जो व्यक्ति अपने आपको आप्त कहकर ढिंढोरा पीटता है, वह पूर्णतया निःस्वार्थ और पवित्र है अथवा नहीं। दूसरे, उसने अतीन्द्रिय ज्ञान की प्राप्ति की है या नहीं।

तीसरे, वह जो कुछ कहता है, वह मनुष्य-जाति के किसी पूर्व-ज्ञान या पूर्व-अनुभव का खण्डन तो नहीं करता। आविष्कृत कोई भी नया सत्य पूर्वकालीन किसी सत्य का खण्डन नहीं करता, वरन् वह तो पूर्व सत्य के साथ पूरी तरह मेल खाता है। और चौथे, दूसरों के लिए उस सत्य की प्राप्ति करना सम्भव होना चाहिये। यदि कोई मनुष्य कहे कि मुझे एक दर्शन हुआ है और साथ ही यह भी बोले कि उसे मैं ही देख सकता हूँ,-और किसी के वश की वह बात नहीं, तो मैं उसकी बात पर विश्वास नहीं करता। प्रत्येक मनुष्य स्वयं प्रत्यक्ष उपलब्धि करके यह देख सके कि वह सत्य है या नहीं। फिर, जो व्यक्ति अपना ज्ञान बेचता फिरता है, वह आप्त नहीं है। ये सब शर्तें अवश्य पूरी होनी चाहिए। तुम्हें पहले देखना होगा कि वह व्यक्ति पवित्र और निःस्वार्थ है, उसमें रुपया-कौड़ी या नाम-यश की तृष्णा नहीं। दूसरे, उसके जीवन से यह प्रकट होना चाहिए कि वह ज्ञानातीत भूमि पर पहुँच गया है। तीसरे, उसे हम लोगों को ऐसा कुछ देना चाहिए, जो हम इन्द्रियों से न पा सकते हों और जो संसार के कल्याण के लिए हो। साथ ही, वह किसी दूसरे सत्य का खण्डन न करें; यदि वह दूसरे वैज्ञानिक सत्यों का खण्डन करता हो, तो उसे तुरन्त त्याग दो। और चौथे, वह व्यक्ति किसी सत्य की ठेकेदारी न करे, अर्थात् वह ऐसा न कहे कि इस सत्य में मेरा ही अधिकार है, किसी दूसरे का नहीं। वह अपने जीवन में उसी को कार्यरूप में परिणत करके दिखाए, जो दूसरों के लिए भी प्राप्त करना सम्भव हो। अतएवः, प्रमाण तीन प्रकार के हुए-प्रत्यक्ष अर्थात् इन्द्रियों द्वारा विषयों की अनुभूति, अनुमान और आप्तवाक्य। मैं इस 'आप्त' शब्द का अंग्रेजी में अनुवाद नहीं कर सकता। इसे 'अनुप्राणित' (inspired) शब्द द्वारा व्यक्त नहीं किया जा सकता, क्योंकि यह अनुप्राणन बाहर से आता है। और यहाँ जिस भाव की बात हो रही है, वह भीतर से आता है। इसका शाब्दिक अर्थ है-"जिन्होंने पाया है"।

विपर्ययो मिथ्याज्ञानमतद्रूपप्रतिष्ठम् ।।८।।

**सूत्रार्थ**-विपर्यय का अर्थ है मिथ्याज्ञान, जो उस वस्तु के

यथार्य स्वरूप में प्रतिष्ठित नहीं है। (इसके तीन प्रकार है–संशय, विपर्यय भोर तर्क।)

**व्याख्या**–दूसरे प्रकार की वृत्ति है–एक वस्तु में किसी दूसरे वस्तु की भ्रान्ति, जैसे शुक्ति में रजत का भ्रम। इसे विपर्यय कहते हैं।

शब्दज्ञानानुपाती वस्तुशून्यो विकल्पः ।।९।।

**सूत्रार्थ**–यदि किसी शब्द से सूचित वस्तु का अस्तित्व न रहे, तो उस शब्द से जो एक प्रकार का ज्ञान उठता है, उसे विकल्प अर्थात् शब्द–जात भ्रम कहते हैं। (इसके तीन प्रकार हैं–वस्तु, क्रिया व अभाव।)

**व्याख्या**–विकल्प नामक और एक प्रकार की वृत्ति है। कोई बात हम सुनते हैं, और उसके अर्थ पर शान्तभाव से विचार न कर झट से एक सिद्धान्त कर बैठते हैं। यह चित्त की कमजोरी का लक्षण है। अब संयमवाद अच्छी तरह समझ में आ सकेगा। मनुष्य जितना कमजोर होता है, उसकी संयम की शक्ति उतनी ही कम रहती है। तुम अपने आपको सदा इस संयम की कसौटी पर कसो। जब तुममें क्रोध या दुःखित होने का भाव आए, तो उस समय विचार करके देखना कि यह कैसे हो रहा है, यह कैसे है कि कोई खबर तुम्हारे पास आते ही तुम्हारे मन को वृत्तियों में परिणत किए दे रही है।

अभावप्रत्ययालम्बना वृत्तिनिद्रा ।।१०।।

**सूत्रार्थ**–जो वृत्ति शून्यभाव का अवलम्बन करके रहती है, उसे निद्रा कहते हैं।

**व्याख्या**–और एक प्रकार की वृत्ति का नाम है निंद्रा (स्वप्न और सुपुप्ति)। हम जब जाग उठते हैं, तब हम जान पाते हैं कि हम सो रहे थे। केवल अनुभूत विषय की ही स्मृति हो सकती है। हम जिसका अनुभव नहीं करते, उस विषय की हमें कोई स्मृति नहीं आ सकती। हर एक प्रतिक्रिया मानों चित्तरूपी सरोवर की एक तरंग है। अब, यदि निंद्रा में मन की किसी प्रकार की वृत्ति न रहती, तो उस अवस्था में हमें भावात्मक या अभावात्मक कोई भी अनुभूति न होती। अतः हम उसका

स्मरण भी नहीं कर पाते। हम जो निद्रावस्था का स्मरण कर सकते हैं, उसी से यह प्रमाणित हो जाता है कि निद्रावस्था में मन में एक प्रकार की तरंग थी। स्मृति भी एक प्रकार की वृत्ति है।

अनुभूतविषयासम्प्रमोषः स्मृतिः ।।११।।

**सूत्रार्थ**–अनुभव किए हुए विषयों का मन से लोप न होना (और संस्कारवश उनका ज्ञान के स्तर पर आ उठना) स्मृति कहलाता है। (इसके दो प्रकार है–भावित और अनुदभावित।)

**व्याख्या**–ऊपर में जिन चार प्रकार की वृत्तियों के बारे में कहा गया है, उनमें से प्रत्येक से स्मृति आ सकती है। मान लो, तुमने एक शब्द सुना। यह शब्द चित्तरूपी सरोवर में फेंके गए एक पत्थर के समान है, उससे एक छोटी-सी लहर पैदा हो जाती है और यह लहर फिर बहुत-सी छोटी-छोटी लहरों को उत्पन्न करती है। यही स्मृति है। निद्रा में भी यही घटना होती रहती है। जब निद्रा नामक लहरविशेष चित्त के अन्दर स्मृतिरूप अनेक लहरें उत्पन्न कर देती है, तब उसे स्वप्न कहते हैं। जाग्रत् अवस्था में जिसे स्मृति कहते हैं, निद्राकाल में उसी प्रकार की वृत्ति को स्वप्न कहते हैं।

अभ्यासवैराग्याभ्यां तन्निरोधः ।।१२।।

**सूत्रार्थ**–अभ्यास और वैराग्य से उन (वृत्तियों) का निरोध होता है।

**व्याख्या**–इस वैराग्य को प्राप्त करने के लिए यह विशेष रूप से आवश्यक है कि मन निर्मल, सत् और विचारपूर्ण हो। अभ्यास करने की क्या आवश्यकता है? प्रत्येक कार्य सरोवर के वक्षस्थल पर काँपते हुए प्रवाह के समान है। प्रत्येक कार्य से मानों चित्तरूपी सरोवर के ऊपर एक तरंग खेल जाती है। यह कम्पन कुछ समय बाद नष्ट हो जाता है। फिर क्या शेष रहता है?–केवल संस्कारसमूह। मन में ऐसे बहुत-से संस्कार पड़ने पर वे इकट्ठे होकर अभ्यास के रूप में परिणत हो जाते हैं। ऐसा कहा जाता है कि "अभ्यास ही द्वितीय स्वभाव है।" केवल द्वितीय स्वभाव नहीं, वरन् वह 'प्रथम' स्वभाव भी है–मनुष्य का समस्त स्वभाव

इस अभ्यास पर निर्भर रहता है। हमारा अभी जो स्वभाव है, वह पूर्व अभ्यास का फल है। यह जान सकने से कि सब कुछ अभ्यास का ही फल है, मन में शान्ति आती है, क्योंकि यदि हमारा वर्तमान स्वभाव केवल अभ्यासवश हुआ हो, तो हम चाहे तो किसी भी समय उस अभ्यास को नष्ट भी कर सकते हैं। हमारे मन में जो विचार-धाराएँ बह जाती हैं, उनमें से प्रत्येक अपना एक-एक चिह्न छोड़ जाती हैं। उन्हीं की समष्टि को संस्कार कहते हैं।

हमारा चरित्र इन सब संस्कारों की समष्टिस्वरूप है। जब कोई विशेष वृत्ति-प्रवाह प्रबल होता है, तब मनुष्य उसी प्रकार का हो जाता है। जब सद्गुण प्रबल होता है, तब मनुष्य सत् हो जाता है। यदि खराब भाव प्रबल हो, तो मनुष्य खराब हो जाता है। यदि आनन्द का भाव प्रबल हो, तो मनुष्य सुखी होता है। असत् अभ्यास का एकमात्र प्रतिकार है–उसका विपरीत अभ्यास। हमारे चित्त में जितने असत् अभ्यास संस्कार-बद्ध हो गए हैं, उन्हें सत् अभ्यास द्वारा नष्ट करना होगा। केवल सत्कार करते रहो, सर्वदा पवित्र चिन्तन करो, असत् संस्कार रोकने का बस यही एक उपाय है। ऐसा कभी मत कहो कि अमुक के उद्धार की कोई आशा नहीं है। क्यों? इसलिए कि वह व्यक्ति केवल एक विशिष्ट प्रकार के चरित्र का–कुछ अभ्यासों की समष्टि का घोतक मात्र है, और ये अभ्यास नए और सत् अभ्यास से दूर किए जा सकते हैं। चरित्र बस पुनः-पुनः अभ्यास की समष्टि मात्र है और इस प्रकार का पुनः-पुनः अभ्यास ही चरित्र का पुनर्गठन कर सकता है।

तत्र स्थितौ यत्नोऽभ्यासः ।।१३।।

**सूत्रार्थ**–उन (वृत्तियों) को पूर्णतया वश में रखने के लिए, जो सतत प्रयत्न है, उसे अभ्यास कहते हैं।

**व्याख्या**–अभ्यास किसे कहते हैं? मन को दमन करने की चेष्टा अर्थात् प्रवाह-रूप में उसकी बाहर जाने की प्रवृति को रोकने की चेष्टा ही अभ्यास है।

सतु दीर्घकालनैरन्तर्यसत्कारासेवितो दृढ़भूमिः ।।१४।।

**सूत्रार्थ**–दीर्घकाल तक परम श्रृद्धा के साथ (उस परमपद की प्राप्ति के लिए) सततः चेष्टा करने से यह (अभ्यास) दृढ़भूमि (अर्थात्: दृढ़ अवस्थावाला) हो जाता है।

**व्याख्या**–यह संयम एक दिन में नहीं आता, इसके लिए तो दीर्घकाल तक निरन्तर अभ्यास करना पड़ता है।

दृष्टानुश्रविकविषयवितृष्णस्य वशीकारसंज्ञा वैराग्यम् ॥१५॥

**सूत्रार्थ**–देखें और सुने हुए विषयों के प्रति तृष्णा का सर्वथा त्याग कर देनेवाले के पास वो एक अपूर्व भाव आता है, जिससे वह समस्त विषय-वासनाओं का दमन करने में समर्थ होता है, उसे वैराग्य या अनासक्ति कहते हैं। (उसके चार प्रकार हैं–यतमान, व्यतिरेक, एकेन्द्रिय और वशीकार।)

**व्याख्या**–दो शक्तियाँ हमारी सारी कार्य-प्रवृत्तियों की नियामक हैं। एक है हमारी अपनी अभिज्ञता और दूसरी है, दूसरों की अनुभूति। ये दो शक्तियाँ हमारे मानस-सरोवर में नाना प्रकार की तरंगें पैदा करती रहती हैं। इन दोनों शक्तियों के विरुद्ध लड़ाई ठानने और मन को वश में रखने के लिए हमें वैराग्यरूपी शक्ति की सहायता लेनी पड़ती है। इन दोनों का त्याग ही हमारा अभीष्ट है। मान लो, मैं एक सड़क से जा रहा हूँ। एक मनुष्य आता है और मेरी घड़ी छीन लेता है। यह मेरा निजी अनुभव हुआ। यह मैं स्वयं देखता हूँ। वह तुरन्त मेरे चित्त में एक तरंग उत्पन्न कर देता है, जो क्रोध का आकार ले लेती है। अब मुझे चाहिए कि मैं उस भाव को न आने दूँ। यदि मैं उसे न रोक सकूँ, तो फिर मुझमें है ही क्या? कुछ भी नहीं। यदि मैं रोक सका, तभी समझा जायेगा कि मुझमें वैराग्य है। फिर, संसारी लोगों का अनुभव हमें सिखाता है कि विषय-भोग ही जीवन का चरम लक्ष्य है। ये सब हमारे लिए भयानक प्रलोभन है। उन सबके प्रति पूर्णतयाः उदासीन हो जाना और उन सबसे प्रभावित होकर मन को तद्रूप, वृत्ति के आकार में परिणत न होने देना ही वैराग्य है। स्वयं अपने अनुभव किए हुए और दूसरों के अनुभव किए हुए विषयों से हममें जो दो प्रकार की कार्य-प्रवृत्तियाँ उत्पन्न होती हैं,

उन्हें दबाना और इस प्रकार चित्त को उनके वश में नहीं आने देना ही वैराग्य कहलाता है। वे सब मेरे अधीन रहें, मैं उनके अधीन न होऊ—इस प्रकार के मनोबल को वैराग्य कहते हैं, और यह वैराग्य ही मुक्ति का एकमात्र उपाय है।

तत्परं पुरुषख्यातेर्गुणवतृष्णयम् ॥१६॥

**सूत्रार्थ**—जो (वैराग्य) पुरुष के (असल स्वरूप के) ज्ञान से आता है और जो गुणों का भी सर्वथा त्याग कर देता है, यह परवैराग्य है।

**व्याख्या**—वैराग्य की शक्ति का उच्चतम विकास तो तब होता है, जब वह गुणों के प्रति हमारी आसक्ति को भी दूर हटा देता है। पहले हमें समझ लेना होगा कि यह पुरुष या आत्मा क्या है, ये गुण क्या हैं। योगशास्त्र के मत से, यह सारी प्रकृति त्रिगुणात्मिका है। ये गुण हैं—तम, रज और सत्त्व। ये तीनों गुण बाह्य जगत् में क्रमशः तम (अन्धकार) या जड़ता, आकर्षण या विकर्षण और उन दोनों का सामंजस्य, इन तीन प्रकार के भावों में प्रकाशित होते हैं। प्रकृति की सारी वस्तुएँ, यह सारा-का-सारा प्रपंच ही इन तीनों शक्तियों के विभिन्न मेल से उत्पन्न हुआ है। सांख्य मत वालों ने प्रकृति को नाना प्रकार के तत्त्वों में विभक्त किया है, मनुष्य की आत्मा इन सबके बाहर है, प्रकृति के बाहर है, वह स्वयंप्रकाश, शुद्ध और पूर्णस्वरूप है। प्रकृति में हम जो कुछ चैतन्य का प्रकाश देख पाते हैं, वह सभी प्रकृति में आत्मा का प्रतिबिम्ब मात्र है। प्रकृति स्वयं जड़ है। यह स्मरण रखना चाहिए कि मन भी प्रकृति शब्द के अन्तर्भूत है, वह प्रकृति के भीतर की वस्तु है। हमारे जो कुछ विचार हैं, वे सब-के-सब प्रकृति के ही अन्तर्गत हैं। विचार से लेकर सबसे स्थूलतम जड़ पदार्थ तक सभी प्रकृति के अन्तर्गत हैं—प्रकृति की विभिन्न अभिव्यक्ति मात्र हैं। इस प्रकृति ने मनुष्य की आत्मा को आवृत्त कर रखा है, और जब वह अपने इस आवरण को हटा लेती है, तब आत्मा आवरण-मुक्त हो अपनी महिमा में प्रकाशित हो जाती है। पन्द्रहवें सूत्र में जिस वैराग्य की बात बतलाई गई है, उसके द्वारा समस्त विषयों को

अर्थात् प्रकृति को वश में लाया जाता है, वह आत्मा के प्रकाशित होने में सबसे बड़ा सहायक है। अगले सूत्र में समाधि या पूर्ण एकाग्रता के लक्षण का वर्णन किया गया है। यह समाधि ही योगी का चरम लक्ष्य है।

वितर्कविचारानन्दास्मितानुगमात् सम्प्रज्ञातः ॥१७॥

**सूत्रार्थ**—वितर्क, विचार, आनन्द और अस्मिता इन चारों के सम्बन्ध से युक्त (जो समाधि है, वह) सम्प्रज्ञात या सम्यक् ज्ञानपूर्वक समाधि कहलाती है।

**व्याख्या**—समाधि दो प्रकार की हैं। एक है सम्प्रज्ञात और दूसरी, असम्प्रज्ञात। इस सम्प्रज्ञात समाधि में प्रकृति को वश में करने की समस्त शक्तियाँ आती हैं। सम्प्रज्ञात समाधि के चार प्रकार हैं। इसके प्रथम प्रकार को सवितर्क समाधि कहते हैं। सब समाधियों में ही मन को अन्य सब विषयों से हटाकर विशिष्ट विषय के ध्यान में पुनः-पुनः नियुक्त करना पड़ता है। इस तरह के विचार या ध्यान के विषय दो-प्रकार के हैं। एक तो, चौबीस जड़ तत्त्व और दूसरा, चेतन पुरुष। योग का यह अंश सम्पूर्णतया सांख्यदर्शन पर स्थापित है। इस सांख्यदर्शन के बारे में मैं तुमसे पहले ही कह चुका हूँ। तुम्हें शायद याद होगा कि मन, बुद्धि और अहंकार की एक साधारण आधारभूमि है। उसे चित्त कहते हैं, चित्त से ही उनकी उत्पत्ति है। यह चित्त प्रकृति की विभिन्न शक्तियों को लेकर उन्हें विचार के रूप मे परिणत करता है। फिर यह भी अवश्य स्वीकार करना होगा कि शक्ति और जड़ पदार्थ दोनों का कारणस्वरूप एक पदार्थ है, जहाँ पर वे दोनों एक हैं। यह पदार्थ अव्यक्त कहलाता है—वह सृष्टि के पूर्व प्रकृति की अप्रकाशित अवस्था है। उसमें एक कल्प के बाद सारी प्रकृति लौट आती है, फिर दूसरे कल्प में उससे पुनः सब प्रादुर्भूत होते हैं। इन सबके अतीत चैतन्यधन पुरुष विद्यमान है। ज्ञान ही वास्तविक शक्ति है। किसी वस्तु का ज्ञान प्राप्त होने पर ही हम उस पर अपना अधिकार चलाने में समर्थ होते हैं। इसी प्रकार, जब हमारा मन इन सब विभिन्न तत्त्वों पर ध्यान करने लगता है, तो उन पर अधिकार प्राप्त करता जाता है। जिस प्रकार की समाधि में बाह्य स्थूल भूत ही ध्यान के

विषय होते हैं, उसे सवितर्क कहते हैं। वितर्क का अर्थ है प्रश्न, और सवितर्क का अर्थ है प्रश्न के साथ-मानों उन स्थूल भूतों से पूछना, जिससे वे अपने अन्तर्गत सत्य और अपनी सारी शक्ति अपने ऊपर ध्यान करने वाले पुरुष को दें दें, इसी को सवितर्क कहते हैं। किन्तु सिद्धियाँ प्राप्त करने से ही मुक्ति नहीं हो जाती। वह तो भोग के लिए साधन मात्र है। पर यहाँ, इस जीवन में, यथार्थ भोग-सुख है ही नहीं। संसार में यही सबसे पुराना उपदेश है कि यहाँ भोग-सुख का अन्वेषण क्या है; पर मनुष्य के लिए इसे समझना अत्यन्त कठिन है। किन्तु जब वह इसकी धारणा कर लेता है, तब इस जगत-प्रपंच से अतीत होकर मुक्त हो जाता हैं। जिन्हें साधारणतः सिद्धियाँ कहते हैं, उनको प्राप्त करने का अर्थ है दुनियादारी तथा संसार के जंजाल को और भी बढ़ाना। अन्त में उनमें क्लेश की ही वृद्धि होती है। यह सत्य है कि विज्ञान की दृष्टि को अपनाते हुए पतंजलि इन सिद्धियों के लाभ की सम्भावना को स्वीकार किया है, पर साथ ही वे इन सब सिद्धियों के प्रलोभन से हमें सावधान करते रहने में भी कभी नहीं चूके।

फिर, उसी ध्यान में जब उन भूतों को देश और काल से अलग करके उनके स्वरूप का चिन्तन किया जाता है, तब उस समाधि को निर्वितर्क समाधि कहते हैं। जब और एक कदम आगे बढ़कर तन्मात्राओं को ध्यान का विषय बनाया जाता है और उन्हें देशकाल के अन्तर्गत समझकर उन पर ध्यान किया जाता है, तब उसे सविचार समाधि कहते हैं। फिर जब इसी समाधि में देशकाल के अतीत जाकर उन सूक्ष्म भूतों के स्वरूप का चिन्तन किया जाता है, तब उसे निर्विचार समाधि कहते हैं। इसके बाद का कदम वह है, जिसमें सूक्ष्म और स्थूल दोनों प्रकार के भूतों का चिन्तन छोड़कर अन्तः करण को ध्यान का विषय बनाया जाता है। जब अन्तः करण को रज और तम इन दोनों गुणों से रहित सोचा जाता है, तब उसे आनन्द समाधि कहते हैं। जब स्वयं मन ध्यान का विषय होता है, जब ध्यान बिलकुल परिपक्व और एकाग्र हो जाता है, जब स्थूल और सूक्ष्म भूतों की समस्त भावनाएँ त्याग दी जाती हैं और

जब अन्य सब विषयों से पृथक् होकर अहंकार की केवल सत्त्वावस्था ही शेष रहती है, तब उसे अस्मिता समाधि कहते हैं। इस अवस्था में भी पूर्णतया मन के अतीत होना सम्भव नहीं होता। जिस मनुष्य ने इस अवस्था की प्राप्ति कर ली है, उसे वेदों में 'विदेह' कहा गया है। ऐसा व्यक्ति स्वयं का स्थूल देह से रहित रूप में चिन्तन कर सकता है, पर तो भी उसे स्वयं को एक सूक्ष्मशरीरधारी के रूप में सोचना ही पड़ता है। जो लोग इस अवस्था में रहते हुए, उस परमपद की प्राप्ति बिना किए, प्रकृति में लीन हो जाते हैं, उन्हें प्रकृतिलय कहते हैं, पर जो लोग इस प्रकार के सूक्ष्म भोग-सुख से भी सन्तुष्ट नहीं होते, वे ही चरम लक्ष्य-मुक्ति-प्राप्त करते हैं।

विरामप्रत्ययाभ्यासपूर्वः संस्कारशेषोऽन्यः ।।१८।।

**सूत्रार्थ**–दूसरे प्रकार की समाधि में समस्त मानसिक क्रियाओं के विराम का सततः अभ्यास किया जाता है, (उसमें व्युत्थान-प्रत्ययहीन) संस्कार मात्र ही शेष रहता है।

**व्याख्या**–यही वह पूर्ण ज्ञानातीत असम्प्रज्ञात समाधि है, जो हमें मुक्त कर देती है। पहले जिस समाधि की बात कहीं गई है, वह हमें मुक्ति नहीं दे सकती–आत्मा को मुक्त नहीं कर सकती। भले ही कोई मनुष्य समस्त शक्तियाँ प्राप्त कर ले, पर तो भी उसका पतन हो सकता है। जब तक आत्मा प्रकृति के अतीत होकर सम्प्रज्ञात समाधि के भी बाहर नहीं चली जाती, तब तक पतन का भय बना ही रहता है। यद्यपि इसकी साधन-प्रणाली बहुत सरल मालूम होती है, पर इसे प्राप्त करना अत्यन्त कठिन है। यह साधन-प्रणाली ऐसी है कि इसमें स्वयं मन पर ध्यान करना पड़ता है, और जब कभी कोई विचार उठता है, तो तत्क्षण उसे दबा देना पड़ता है। मन के अन्दर किसी प्रकार के विचार को स्थान न देकर उसे सम्पूर्णतया शून्य कर देना पड़ता है। जब हम सचमुच यह करने में समर्थ हो जायेंगे, तो बस उसी क्षण हम मुक्त हो जायेंगे। जो लोग पूर्व-साधन या पूर्व-तैयारियाँ किए बिना ही मन को शून्य करने का प्रयत्न करते हैं, उनका मन अज्ञानात्मक तमोगुण से आवृत्त हो जाता है,

और वह उनके मन को आलसी एव अकर्मण्य कर देता है, यद्यपि वे सोचते हैं कि वे मन को शून्य कर रहे हैं। इसके साधन में सचमुच समर्थ होना उच्चतम शक्ति का प्रकाश है–मन को शून्य करने में समर्थ होना यानी संयम की चरमावस्था प्राप्त कर लेना है। जब इस असम्प्रज्ञात या ज्ञानातीत अवस्था की प्राप्ति हो जाती है, तब यह समाधि निर्वीज हो जाती है। समाधि के निर्वीज होने का तात्पर्य क्या है? सम्प्रज्ञात समाधि में चित्तवृत्तियों का केवल दमन भर होता है, पर तब भी वे संस्कार या बीजाकार में विद्यमान रहती हैं। अवसर पाते ही वे पुनः तरंगाकार में प्रकट हो जाती हैं। पर जब संस्कारों को भी निर्मूल कर दिया जाता है, जब मन को भी लगभग नष्ट कर दिया जाता है, तब समाधि निर्वीज हो जाती है, तब मन में ऐसा कोई संस्कार–बीज नहीं रह जाता, जिससे यह जीवन–लता फिर से लहलहा सके, जिससे यह अविराम जन्म–मृत्यु का चक्र और भी घूम सके।

तुम लोग पूछ सकते हो कि वह फिर ऐसी कौन–सी अवस्था है, जहाँ मन नहीं, जिसमें कोई ज्ञान नहीं? जिसे हम ज्ञान कहते हैं, वह तो उस ज्ञानातीत अवस्था की तुलना में एक निम्नतर अवस्था मात्र है। यह हमेशा स्मरण रखना चाहिए कि किसी विषय की सर्वोच्च और सर्वनिम्न अवस्थाएँ प्रायः एक ही प्रकार की मालूम होती हैं। ईथर (आकाश–तत्त्व) का कम्पन मृदुतम होने से उसे अन्धकार कहते हैं, फिर उसका उच्चतम कम्पन भी अन्धकार के समान दिखता है। तो क्या ये दोनों प्रकार के अन्धकार एक ही हैं? नहीं, उनमें से एक सचमुच अन्धकार है, और दूसरा अत्यन्त तीव्र आलोक, यद्यपि दोनों देखने में एक ही समान प्रतीत होते हैं। इसी प्रकार, अज्ञान सबसे निम्नावस्था है और ज्ञान मध्यावस्था। और इस ज्ञान के भी अतीत एक उच्च अवस्था है। पर अज्ञानावस्था और ज्ञानातीत अवस्था दोनों देखने में एक ही समान हैं। हम जिसे ज्ञान कहते हैं, वह एक उत्पन्न द्रव्य है–एक मिश्र पदार्थ है, वह प्रकृत सत्य नहीं है।

प्रश्न उठ सकता है, इस उच्चतर समाधि के लगातार अभ्यास

का फल क्या होगा? इस अभ्यास के पहले अस्थिरता और जड़त्व की ओर हमारे मन की जो एक गति थी, इस अभ्यास से वह तो नष्ट होगी ही, साथ ही सत्प्रवृत्ति का भी नाश हो जायेगा। बिना साफ किए हुए सोने में, मल निकालने के लिए कोई रासायनिक वस्तु मिलाने पर जो कुछ होता है, यहाँ भी ठीक वैसा ही होता है। जब खदान से निकाली हुई अपरिष्कृत धातु को गलाया जाता है, तब जो रासायनिक पदार्थ उसके साथ मिलाए जाते हैं, वे भी उसके मैल के साथ गल जाते हैं। इसी प्रकार, पूर्वोक्त समाधि के सतत् अभ्यास से जो संयमशक्ति प्राप्त होती हैं, उससे पहले की असत्-प्रवृत्तियाँ नष्ट हो जाती हैं और अन्त में सत्-प्रवृत्तियाँ भी। इस तरह सत् और असत् दोनों प्रकार की प्रवृत्तियों के निरोध से आत्मा सब प्रकार के बन्धनों से विमुक्त हो जाती है और अपनी महिमा में, सर्वव्यापी, सर्वशक्तिमान एवं सर्वज्ञ रूप से अवस्थित रहती है। तब मनुष्य जान पाता है कि न कभी उसका जन्म था, न मृत्यु, न उसे कभी इहलोक की जरूरत थी, न परलोक की। तब वह जान पाता है कि न वह कहीं से आया था, न कहीं गया, वह तो प्रकृति थी, जो यहाँ-वहाँ आना-जाना कर रही थी, और प्रकृति की यह हलचल ही आत्मा में प्रतिबिम्बित हो रही थी। काँच में से प्रतिबिम्बित होकर प्रकाश दीवार पर पड़ता है और हिलता-डुलता है। दीवार मूर्ख के समान शायद सोचती हो कि मैं ही हिल-डुल रही हूँ। ठीक ऐसा ही हम सबों के बारे में भी है, चित्त ही लगातार इधर-उधर जा रहा है, अपने को नाना रूपों में परिणत कर रहा है, पर हम लोग सोचते हैं कि हमीं ये विभिन्न रूप धारण कर रहे हैं। असम्प्रज्ञात समाधि के अभ्यास से यह सारा अज्ञान दूर हो जायेगा। जब वह मुक्त आत्मा कोई आदेश देगी–भिखारी की भाँति प्रार्थना करेगी या भागेगी नहीं, वरन् आदेश देगी–तब वह जो कुछ चाहेगी, सब तुरन्त पूर्ण हो जायेगा, वह जो कुछ इच्छा करेगी, वही करने में समर्थ होगी। सांख्यदर्शन के मतानुसार ईश्वर का अस्तित्व नहीं है। यह दर्शन कहता है कि जगत् का कोई ईश्वर नहीं रह सकता, क्योंकि यदि वह रहे, तो अवश्य वह एक आत्मा ही होनी चाहिए, और आत्मा या तो

बद्ध होगी या मुक्त। जो आत्मा प्रकृति के अधीन है, प्रकृति ने जिस पर अपना अधिपत्य जमा लिया है, वह भला कैसे सृष्टि कर सकेगी? वह तो स्वयं एक दास है। और दूसरी ओर, यदि आत्मा मुक्त हो, तो वह क्योंकर इस जगत-प्रपंच की रचना करेगी, क्यों इस पूरे संसार की क्रिया आदि का संचालन करेगी? उसकी तो कोई अभिलाषा नहीं रह सकती, अतः उसके सृष्टि या जगत-शासन आदि करने का कोई प्रयोजन नहीं रह जाता। द्वितीयत, यह सांख्यदर्शन कहता है कि ईश्वर का अस्तित्व स्वीकार करने की कोई आवश्यकता नहीं है। प्रकृति को मानने से ही जब सभी का स्पष्टीकरण हो जाता है, तो फिर किसी ईश्वर को लाने की आवश्यकता क्या? कपिल मुनि कहते हैं कि बहुत से व्यक्ति ऐसे हैं, जो सिद्धावस्था के नजदीक जाकर भी विभूति-लाभ की वासना पूर्णतया छोड़ने में समर्थ न होने के कारण योगभ्रष्ट हो जाते हैं। उनका मन कुछ काल तक प्रकृति में लीन होकर रहता है, जब वे पुनः पैदा होते हैं, तब प्रकृति के मालिक होकर आते हैं। यदि इन्हें ईश्वर कहो, तो ऐसे ईश्वर अवश्य हैं। हम सभी एक समय ऐसा ईश्वरत्व प्राप्त करेंगे। सांख्यदर्शन के मतानुसार, वेद में जिस ईश्वर की बात कही गई है, वह ऐसी ही एक मुक्तात्मा का वर्णन मात्र है। इसके अतिरिक्त जगत् का अन्य कोई नित्यमुक्त, आनन्दमय सृष्टिकर्ता नहीं है। दूसरी ओर, योगीगण कहते हैं, "नहीं, ईश्वर हैं, अन्य सभी आत्माओं से-सभी पुरुषों से अलग एक विशेष पुरुष है, वे समग्र सृष्टि के नित्य प्रभु हैं, वे नित्यमुक्त हैं और सभी गुरुओं के गुरुस्वरूप हैं।" सांख्यमतवाले जिन्हें प्रकृतिलय कहते हैं, योगीगण उनका भी अस्तित्व स्वीकार करते हैं। वे कहते हैं कि ये योगभ्रष्ट योगी है। कुछ समय तक के लिए उनकी चरम लक्ष्य की ओर गति में बाधा होती है, और उस समय वे जगत के अंश विशेष के अधिपति-रूप से अवस्थान करते हैं।

भवप्रत्ययो विदेहप्रकृतिलयानाम् ।।१९।

**सूत्रार्थ**–(यह समाधि यदि परवैराग्य के साथ अनुष्ठित न हो, तो) वही देवताओं और प्रकृतिलीनों की पुनरुत्पत्ति का कारण है।

**व्याख्या**–भारतीय धर्मप्रणालियों में देवता का तात्पर्य है–कुछ उच्चपदस्थ व्यक्ति। भिन्न-भिन्न जीवात्मा एक के बाद एक इन पदों की पूर्ति करती हैं। पर इनमें से कोई भी पूर्ण नहीं है।

श्रद्धावीर्यस्मृतिसमाधिप्रज्ञापूर्वक इतरेषाम् ॥२०॥

**सूत्रार्थ**–दूसरों को श्रद्धा अर्थात् विश्वास, वीर्य अर्थात् मन का तेज, स्मृति, समाधि अर्थात् एकाग्रता और प्रज्ञा अर्थात् सत्य वस्तु के विवेक से (यह समाधि) प्राप्त होती है।

**व्याख्या**–जो लोग देवतापद या किसी कल्प के शासनकर्ता होने की भी कामना नहीं करते, उन्हीं की बात कही जा रही है। वे मुक्ति प्राप्त करते हैं।

तीव्रसंवेगानामासन्नः ॥२१॥

**सूत्रार्थ**–जिनके साधन की गति तीव्र है, उनके लिए (यह योग)। शीघ्र (सिद्ध) हो जाता है।

मृदुमध्याधिमात्रत्वात् ततोऽपि विशेषः ॥२२॥

**सूत्रार्थ**–साधन की हल्की, मध्यम और उच्च मात्रा के अनुसार–योगियों को सिद्धि में भी भेद हो जाता है।

ईश्वरप्रणिधानाद्वा ॥२३॥

**सूत्रार्थ**–अथवा ईश्वर के प्रति भक्ति से भी (समाधि सिद्ध होती है)।

क्लेशकर्मविपाकाशयैरपरामृष्टः पुरुषविशेष ईश्वरः ॥२४॥

**सूत्रार्थ**–दुःख, कर्म, कर्मफल और वासना के सम्बन्ध से रहित पुरषविशेष ईश्वर (परम नियन्ता) है।

**व्याख्या**–हमें यहाँ फिर से स्मरण करना होगा कि पातंजल योगदर्शन सांख्यदर्शन पर स्थापित है। भेद केवल इतना है कि सांख्यदर्शन में ईश्वर का स्थान नहीं है, जब कि योगीगण ईश्वर का अस्तित्व स्वीकार करते हैं। ईश्वर को मानने पर भी योगीगण ईश्वर सम्बन्धी सृष्टि-कर्त्तत्व आदि विविध भावों की कोई बात नहीं उठाते। योगियों के ईश्वर से जगत् के सृष्टिकर्ता ईश्वर का बोध नहीं होता। वेद के

मतानुसार ईश्वर जगत-स्रष्टा हैं। वेद का अभिप्राय यह है कि जगत् में जब सामंजस्य देखा जाता है, तो जगत् अवश्य एक इच्छा-शक्ति का ही प्रकाश होगा।

योगीगण ईश्वर का अस्तित्व स्थापित करने के लिए एक नए प्रकार की युक्ति काम में लाते हैं। वे कहते हैं–

तत्र निरतिशयं सर्वज्ञत्वबीजम् ।।२५।।

**सूत्रार्थ**–औरों में जिस सर्वज्ञत्व का बीज मात्र रहता है, वही उनमें निरतिशय अर्थात् अनन्त भाव धारण करता है।

**व्याख्या**–मन को सदैव अति बृहत् और अति क्षुद्र, इन दो चरम भावों के भीतर ही घूमना पड़ता है। तुम एक असीम देश की बात भले ही सोचो, पर वही भावना तुम्हारे भीतर असीम देश का भाव भी जगा देगी। यदि आँखें बन्द करके तुम एक छोटे-से देश के बारे में सोचो, तो देखोगे, उस छोटे-से देशरूप वृत्त के साथ ही उसके चारों ओर अमर्यादित विस्तारवाला एक दूसरा वृत्त भी है। काल के बारे में भी ठीक यही बात है। मान लो, तुम एक सेकण्ड समय के बारे में सोच रहे हो। तो उसके साथ-ही-साथ तुमको अनन्त काल की भी बात सोचनी पड़ेगी। ज्ञान के बारे में भी ठीक ऐसा ही समझना चाहिए। मनुष्य में ज्ञान का केवल बीज-भाव है; पर इस क्षुद्र ज्ञान की बात मन में लाने के साथ ही अनन्त ज्ञान के बारे में भी सोचना पड़ेगा। इस प्रकार, हमारे मन की गठन से ही यह बिलकुल स्पष्ट है कि एक अनन्त ज्ञान है। इस अनन्त ज्ञान को ही योगीगण ईश्वर कहते हैं।

स पूर्वेषामपि गुरुः कालेनानवच्छेदात् ।।२६।।

**सूत्रार्थ**–ये प्राचीन गुरुगणों के भी गुरु हैं, क्योंकि वे काल से सीमित नहीं हैं।

**व्याख्या**–यह सत्य है कि समस्त ज्ञान हमारे भीतर ही निहित है, पर उसे एक दूसरे ज्ञान के द्वारा जागृत करना पड़ता है। यद्यपि जानने की शक्ति हमारे अन्दर ही विद्यमान है, फिर भी हमें उसे जगाना पड़ता है। और योगियों के मतानुसार, ज्ञान को इस प्रकार जगाना अर्थात् ज्ञान

का उन्मेष एक दूसरे ज्ञान के सहारे ही हो सकता है। अचेतन जड़ पदार्थ ज्ञान का विकास कभी नहीं करा सकता—केवल ज्ञान की शक्ति से ही ज्ञान का विकास होता है। हमारे अन्दर जो ज्ञान है, उसको जगाने के लिए ज्ञानी पुरुषों का हमारे पास रहना सदैव आवश्यक है। यही कारण है कि इन गुरुओं की आवश्यकता सदा ही बनी रही है। जगत् कभी भी इन आचार्यों से रहित नहीं हुआ। उनकी सहायता बिना कोई भी ज्ञान नहीं आ सकता। ईश्वर सारे गुरुओं के भी गुरु हैं, क्योंकि ये सब गुरु कितने ही उन्नत क्यों न रहे हों, वे देवता या स्वर्गदूत ही क्यों न रहे हों, पर वे सब-के-सब बद्ध थे और काल से सीमित थे, किन्तु ईश्वर काल से आबद्ध नहीं हैं। योगियों के दो विशेष सिद्धान्त हैं। एक तो यह कि सान्त वस्तु की भावना करते ही मन बाध्य होकर अनन्त की भी बात सोचेगा, और यदि उस मानसिक अनुभूति का एक भाग सत्य हो, तो उसका दूसरा भाग भी अवश्यमेव सत्य होगा। क्यों? इसलिए कि जब दोनों उस एक ही मन की अनुभूतियाँ हैं, तो दोनों अनुभूतियों का मूल्य समान ही होगा। मनुष्य का ज्ञान अल्प है अर्थात् मनुष्य अल्पज्ञ है—इसी से जाना जाता है कि ईश्वर का ज्ञान अनन्त है, ईश्वर अनन्त ज्ञानसम्पन्न है। यदि हम इन दोनों अनुभूतियों में से एक को ग्रहण करें, तो दूसरे को भी क्यों न ग्रहण करेंगे? युक्ति तो कहती है—या तो दोनों को मान लो, या फिर दोनों को ही छोड़ दो। यदि मैं विश्वास करूँ कि मनुष्य अल्प ज्ञानसम्पन्न है। तो मुझे यह भी अवश्य मानना पड़ेगा कि उसके पीछे कोई असीम ज्ञानसम्पन्न पुरुष है। दूसरा सिद्धान्त यह है कि गुरु बिना कोई भी ज्ञान नहीं हो सकता। आजकल के दार्शनिकों का जो कथन है कि मनुष्य का ज्ञान उसके स्वयं के भीतर से उत्पन्न होता है, यह सच है, सारा ज्ञान मनुष्य के भीतर ही विद्यमान है, पर उस ज्ञान के विकास के लिए कुछ अनुकूल परिस्थितियों की आवश्यकता होती है। हम गुरु बिना कोई ज्ञान प्राप्त नहीं कर सकते। अब बात यह है कि यदि मनुष्य, देवता अथवा कोई स्वर्गदूत हमारे गुरु हों, तो वे भी तो असीम हैं, फिर उनसे पहले उनके गुरु कौन थे? हमें मजबूर होकर यह चरम सिद्धान्त स्थिर करना

ही होगा कि एक ऐसे गुरु हैं, जो काल के द्वारा सीमाबद्ध या अवच्छिन्न नहीं हैं। उन्हीं अनन्त ज्ञानसम्पन्न गुरु को, जिनका आदि भी नहीं और अन्त भी नहीं, ईश्वर कहते हैं।

तस्य वाचकः प्रणवः ।।२७।।

**सूत्रार्थ**–प्रणव अर्थात् ओंकार उनका वाचक (प्रकाशक) है।

**व्याख्या**–तुम्हारे मन में जो भी भाव उठता है, उसका एक प्रतिरूप शब्द भी रहता है, इस शब्द और भाव को अलग नहीं किया जा सकता। एक ही वस्तु के बाहरी भाग को शब्द और अन्तर्भाग को विचार या भाव कहते हैं। कोई भी व्यक्ति विश्लेषण के बल से विचार को शब्द से अलग नहीं कर सकता। बहुतों का मत है कि कुछ लोग एक साथ बैठकर यह स्थिर करने लगें कि किस भाव के लिए कौन-से शब्द का प्रयोग किया जाये, और इस प्रकार भाषा की उत्पत्ति हो गई। किन्तु यह प्रमाणित हो चुका है कि यह मत भ्रमात्मक है। जब से मनुष्य विद्यमान है, तब से शब्द और भाषाएँ रही हैं। अब बात यह है कि एक भाव और एक शब्द में परस्पर क्या सम्बन्ध है। यद्यपि हम देखते हैं कि एक भाव के साथ एक शब्द का रहना अनिवार्य है, तथापि ऐसा नहीं कि एक भाव एक ही शब्द द्वारा प्रकाशित हो। बीस विभिन्न देशों में भाव एक ही होने पर भी भाषाएँ, बिलकुल भिन्न-भिन्न हो सकती हैं। प्रत्येक भाव को प्रकट करने के लिए एक-न-एक शब्द की आवश्यकता अवश्य होगी, किन्तु इस एक भाव के प्रकाशक शब्दों का एक ही उच्चारण-विशिष्ट होना कोई आवश्यक नहीं। विभिन्न देशों में भिन्न-भिन्न उच्चारण-विशिष्ट शब्दों का व्यवहार होगा। इसीलिए टीकाकार ने कहा है, यद्यपि भाव और शब्द का परस्पर सम्बन्ध स्वाभाविक है तथापि एक शब्द और एक भाव के बीच एक नितान्त अलंघनीय, सम्बन्ध ही रहे, ऐसी कोई बात नहीं। यद्यपि ये सब शब्द भिन्न-भिन्न होते हैं, तो भी शब्द और भाव का परस्पर सम्बन्ध स्वाभाविक है। यदि वाच्य और वाचक के बीच प्रकृत सम्बन्ध रहे, तभी यह कहा जा सकता है कि भाव और शब्द के बीच परस्पर सम्बन्ध है। यदि ऐसा न हो, तो वह वाचक शब्द कभी

सर्वसाधारण के उपयोग में नहीं आ सकता। वाचक वाच्यपदार्थ का प्रकाशक होता है। यदि वह वाच्य वस्तु पहले से अस्तित्व में रहे, और हम यदि पुनः-पुनः परीक्षा द्वारा यह देखें कि उस वाचक शब्द ने उस वस्तु को अनेक बार सूचित किया है, तो हम निश्चित रूप से यह मान सकते हैं कि उस वाच्य और वाचक के बीच एक यथार्थ सम्बन्ध है। यदि ये वाच्यपदार्थ न भी रहें, तो भी हजारों मनुष्य उनके वाचकों के द्वारा ही उनका ज्ञान प्राप्त करेंगे। पर हाँ, वाच्य और वाचक के बीच एक स्वाभाविक सम्बन्ध रहना अनिवार्य है। ऐसा होने पर, ज्योंही उस वाचक शब्द का उच्चारण किया जायेगा, त्योंही वह उस वाच्यपदार्थ की बात मन में ला देगा। सूत्रकार कहते हैं, ओंकार ईश्वर का वाचक है। सूत्रकार ने विशेष रूप से 'ॐ' शब्द का ही उल्लेख क्यों किया है? 'ईश्वर'–इस भाव को व्यक्त करने के लिए तो सैकड़ों शब्द हैं। एक भाव के साथ हजारों शब्दों का सम्बन्ध रहता है। 'ईश्वर'–इस भाव का सैकड़ों शब्दों के साथ सम्बन्ध है और उनमें से प्रत्येक ही तो ईश्वर का वाचक है। फिर उन्होंने 'ॐ' को ही क्यों चुना? हाँ, ठीक है, पर वैसा होने पर भी उन शब्दों में से एक सामान्य शब्द चुन लेना चाहिए। उन सारे वाचकों का एक सामान्य आधार निकालना होगा, और जो वाचक-शब्द सबका सामान्य वाचक होगा, वही सर्वश्रेष्ठ समझा जायेगा, और वास्तव में वही उसका यथार्थ वाचक होगा। किसी शब्द के उच्चारण के लिए हम कण्ठ नली और ताल का शब्द उच्चारण के आधार-रूप में व्यवहार करते हैं। क्या ऐसा कोई भौतिक शब्द है, जिसकी कि अन्य सब शब्द अभिव्यक्ति हैं, जो स्वभावतः ही दूसरे सब शब्दों को समझा सकता है? हाँ, 'ओम्' (अउम) ही वह शब्द है, वही सारे शब्दों की भित्तिस्वरूप है। उसका प्रथम अक्षर 'अ' सभी शब्दों का मूल है–वह सारे शब्दों की कुँजी के समान है, वह जिह्वा या तालू के किसी अंश को स्पर्श किए बिना ही उच्चारित होता है। 'म' समस्त शब्दों का अन्तिम शब्द है, उसका उच्चारण करने में दोनों ओठों को बन्द करना पड़ता है। और 'उ' शब्द जिह्वा के मूल से लेकर मुख के मध्यवर्ती शब्दाधार की अन्तिम सीमा

तक मानों ढुलकता आता है। इस प्रकार 'ॐ' शब्द के द्वारा शब्दोच्चारण की सम्पूर्ण क्रिया प्रकट हो जाती है। अतएव: वही स्वाभाविक वाचक-शब्द है, वही सब विभिन्न शब्दों की जननीस्वरूप है। जितने प्रकार के शब्द उच्चारित हो सकते हैं-हमारी ताकत में जितने प्रकार के शब्द उच्चारण की सम्भावना है, 'ओम्' उन सभी का सूचक है। यह सब तात्त्विक चर्चा छोड़ देने पर भी, हम देखते हैं कि भारतवर्ष में जितने सारे विभिन्न धर्मभाव हैं, यह ओंकार उन सबका केन्द्रस्वरूप है, वेद के सब विभिन्न धर्मभाव इस ओंकार का ही अवलम्बन किए हुए हैं। अब प्रश्न यह है कि इसके साथ अमेरिका, इंगलैण्ड और अन्यान्य देशों का क्या सम्बन्ध है? उत्तर यह है कि सब देशों में इस ओंकार का व्यवहार हो सकता है। कारण, भारतवर्ष में धर्म के विकास की प्रत्येक अवस्था में-उसके प्रत्येक सोपान में ओंकार को अपनाया गया है, उसका आश्रय लिया गया है और वह ईश्वर सम्बन्धी सारे विभिन्न भावों को व्यक्त करने के लिए व्यवहृत हुआ है। अद्वैतवादी, द्वैतवादी, द्वैताद्वैतवादी, भेदवादी, यहाँ तक कि नास्तिकों ने भी अपने उच्चतम आदर्श को प्रकट करने के लिए इस ओंकार का अवलम्बन किया था।

मानव-जाति के अधिकांश के लिए यह ओंकार उनकी अपनी धार्मिक स्पृहा का एक प्रतीक बन गया है। अतएव: अन्य सब देशों की विभिन्न जातियाँ भी इसका अवलंबन कर सकती हैं। अँगरेजी गॉड (God) शब्द को लो। वह जिस भाव को प्रकट करता है, वह कोई अधिक दूर तक नहीं जा सकता। यदि तुम उसके अतिरिक्त अन्य कोई भाव उस शब्द से व्यक्त करने की इच्छा करो, तो तुम्हें उसमें विशेषण लगाना पड़ेगा—जैसे Personal (सगुण), Impersonal (निर्गुण), Absolute (निर्विशेष) आदि-आदि। अन्य दूसरी भाषाओं में ईश्वर-वाचक जो सब शब्द हैं, उनके बारे में भी यही बात घटती है, उनमें बहुत कम भाव प्रकट करने की शक्ति है, किन्तु 'ॐ' शब्द में ये सभी प्रकार के भाव विद्यमान है। अतएव: सर्वसाधारण को उसका ग्रहण करना चाहिए।

सज्जपस्तदर्थ भावनम् ॥२८॥

**सूत्रार्थ**–इस (ओंकार) का जप और उसके अर्थ का ध्यान (समाधि लाभ का उपाय है)।

**व्याख्या**–जप अर्थात् बारम्बार उच्चारण की आवश्यकता क्या है? हम संस्कार-विषयक मतवाद को न भूले होंगे, हमें स्मरण होगा कि समस्त संस्कारों की समष्टि हमारे मन में विद्यमान है। ये संस्कार क्रमशः सूक्ष्म से सूक्ष्मतर होकर अव्यक्त भाव धारण करते हैं। पर वे बिलकुल लुप्त नहीं हो जाते, वे मन के अन्दर ही रहते हैं, और ज्योंही उन्हें यथोचित स्फूर्ति मिलती है, बस त्योंही वे मानस-सरोवर की सतह पर उठ आते हैं। परमाणु-कम्पन कभी बन्द नहीं होता। जब यह सारा संसार नाश को प्राप्त होता है, तब सब बड़े-बड़े कम्पन या प्रवाह लुप्त हो जाते हैं, सूर्य, चन्द्रमा, तारे, पृथ्वी, सभी लय को प्राप्त हो जाते हैं, पर परमाणुओं में कम्पन बचा रहता है। इन बड़े-बड़े ब्रह्माण्डों में जो कार्य होता है, प्रत्येक परमाणु वही कार्य करता है। ठीक ऐसा ही चित्त के बारे में भी है। चित्त में होनेवाले सब कम्पन अदृश्य अवश्य हो जाते हैं, फिर भी परमाणु के कम्पन के समान उनकी सूक्ष्म गति अक्षुण्ण बनी रहती है, और ज्योंही उन्हें कोई स्फूर्ति मिलती है, बस त्योंही वे पुनः बाहर आ जाते हैं। अब हम समझ सकेंगे कि जप अर्थात् बारम्बार उच्चारण का तात्पर्य क्या है। हम लोगों के अन्दर जो धर्म के संस्कार हैं, उन्हें विशेष रूप से बल देने में यह प्रधान सहायक है। "क्षणमिह सज्जनसगतिरेका। भवति भवार्णवतरणे नौका।"–साधुओं की एक क्षण की भी संगति भवसागर पार होने के लिए नौकास्वरूप है। सत्संग की ऐसी जबरदस्त शक्ति है। बाह्य सत्संग की जैसी शक्ति बतलाई गई है, वैसी ही आन्तरिक सत्संग की भी है। इस ओंकार का बारम्बार जप करना और उसके अर्थ का मनन करना ही आन्तरिक सत्संग है। जप करो और उसके साथ उस शब्द के अर्थ का ध्यान करो। ऐसा करने से, देखोगे, हृदय में ज्ञानालोक आयेगा और आत्मा प्रकाशित हो जायेगी।

'ॐ' शब्द पर मनन तो करोगे ही, पर साथ ही उसके अर्थ पर

भी मनन करो। कुसंगति छोड़ दो, क्योंकि पुराने घाव के चिह्न अभी भी बने हुए हैं, उन पर कुसंगति की गर्मी लगने भर की देर है कि बस वे फिर से ताजे हो उठेंगे। ठीक इसी प्रकार हम लोगों में जो उत्तम संस्कार हैं, वे भले ही अभी अव्यक्त हों, पर सत्संग से वे फिर से जागृत हो जायेंगे–व्यक्त भाव धारण कर लेंगे। संसार में सत्संग से पवित्र और कुछ भी नहीं है, क्योंकि सत्संग से ही शुभ संस्कारों के जागृत होने का सुयोग उपस्थित होता है–वे सब शुभ संस्कार चित्तरूपी सरोवर की तली से ऊपरी सतह पर उठ आते हैं।

ततः प्रत्यक्चेतनाधिगमोऽप्यन्तरायाभावश्च ।।२९।।

**सूत्रार्थ**–उससे अन्तदृष्टि प्राप्त होती है और (योग के) विघ्नों का नाश होता है।

**व्याख्या**–इस ओंकार के जप और चिन्तन का पहला फल यह देखोगे कि क्रमशः अन्तदृष्टि विकसित होने लगेगी और योग के मानसिक एव शारीरिक विघ्नसमूह दूर होते जायेंगे। योग के ये विघ्न कौन-कौन से हैं?

व्याधिस्त्यानसशयप्रमावालस्याविरतिभ्रान्तिदर्शनालब्ध-
भूमिक्त्वानवस्यितत्वानि चित्तविक्षेपास्तेऽन्तराया: ।।३०।।

**सूत्रार्थ**–रोग, मानसिक जड़ता, सन्देह, उद्यमशून्यता, आलस्य, विषय-तृष्णा, मिथ्या अनुभव, एकाग्रता न पाना, और उसे पाने पर भी उसका न ठहरना-ये जो चित्त के विक्षेप है, वे ही विघ्न हैं।

**व्याख्या**–व्याधि-इस जीवन-समुद्र के उस पार जाने के लिए यह शरीर ही एकमात्र नाव है। इसे स्वस्थ रखने के लिए विशेष यत्न करना चाहिए। जिसका शरीर अस्वस्थ है, वह योगी नहीं हो सकता। मानसिक जड़ता आने पर हमारा योगविषयक सारा अनुराग जाता रहता है। और इस अनुराग के अभाव में, साधन करने के लिए जिस दृढ़ संकल्प एवं शक्ति का रहना आवश्यक है, उसका कुछ भी शेष नहीं रह जाता। हमारा इस विषय में विचारजनित विश्वास कितना भी क्यों न रहे, पर जब तक दूरदर्शन, दूरश्रवण आदि अलौकिक अनुभूतियाँ नहीं होती,

तब तक इस विद्या की सत्यता के बारे में बहुत-से संशय उपस्थित होंगे। जब इन सबका थोड़ा-थोड़ा आभास आने लगता है, तो मन भी क्रमशः दृढ़ होता जाता है। और उससे साधक साधनमार्ग में और भी अध्यवसायशील होता जाता है। अनवस्थितत्व-साधन करते-करते देखोगे कि कुछ दिन या कुछ सप्ताह तो मन अनायास ही एकाग्र और स्थिर हो जाता है, उस समय ऐसा मालूम होगा कि तुम साधनमार्ग में बहुत शीघ्र उन्नति कर रहे हो। अचानक एक दिन देखोगे कि तुम्हारा यह उन्नति-स्रोत बन्द हो गया है, मानों जहाज दलदल में फँस गया हो। पर उससे कहीं हताश मत हो जाना, अध्यवसाय मत खो बैठना। लगे रहो। इस प्रकार उत्थान और पतन में से होते हुए ही उन्नति होती है।

दुःखदौर्मनस्यांगमेजयत्वश्वासप्रश्वासा विक्षेपसहभुवः ।।३१।।

**सूत्रार्थ**–दुःख, मन खराब होना, शरीर हिलना, अनियमित श्वास-प्रश्वास–ये सब (चित्त के) विक्षेपों के साथ-साथ उत्पन्न होते हैं।

**व्याख्या**–जब कभी एकाग्रता का अभ्यास किया जाता है, तभी मन और शरीर पूर्ण स्थिरभाव धारण करते हैं। जब साधना ठीक तरीके से नहीं होती, अथवा जब चित्त पर्याप्त संयत नहीं रहता, तभी ये सब विघ्न आ उपस्थित होते हैं। ओंकार के जप और ईश्वर के प्रति आत्मसमर्पण से मन दृढ़ होता है तथा नया बल प्राप्त होता है। साधनमार्ग में ऐसी स्नायविक चंचलता प्रायः सभी को आती है। उधर तनिक भी ध्यान न दें साधना करते रहो। साधना से ही वे सब चले जायेंगे, और तब आसन स्थिर हो जायेगा।

तत्प्रतिषेधार्थमेकतत्त्वाभ्यासः ।।३२।।

**सूत्रार्थ**–उनको दूर करने के लिए एक तत्त्व का अभ्यास (करना चाहिए)।

**व्याख्या**–कुछ समय तक के लिए मन को किसी विशिष्ट विषय के आकार में परिणत करने की चेष्टा करने से पूर्वोक्त विघ्न दूर हो जाते हैं। यह उपदेश अत्यन्त साधारण रूप से दिया गया है। अगले

सूत्रों में यही उपदेश विस्तृत रूप से समझाया जायेगा और विशिष्ट ध्येय-विषयों के सम्बन्ध में इस साधारण उपदेश का प्रयोग बतलाया जायेगा। एक ही प्रकार का अभ्यास सब के लिए उपयोगी नहीं हो सकता, इसी लिए विभिन्न उपायों की बात कही गई है। प्रत्येक मनुष्य स्वयं परीक्षा करके अपने लिए उपयोगी उपाय चुन ले सकता है।

मैत्रीकरूणामुदितोपेक्षाणां सुखदुःखपुण्यापुण्यविषयाणां
भावनातश्चित्तप्रसादनम् ।।३३।।

**सूत्रार्थ**–सुख, दुःख, पुण्य और पाप–इन भावों के प्रति क्रमशः मित्रता, दया, आनन्द और उपेक्षा का भाव धारण कर सकने से चित्त प्रसन्न होता है।

**व्याख्या**–हममें ये चार प्रकार के भाव रहने ही चाहिए। यह आवश्यक है कि हम सब के प्रति मैत्री-भाव रखें, दीन-दुखियों के प्रति दयावान हों, लोगों को सत्कर्म करते देख सुखी हों, और दुष्ट मनुष्य के प्रति उपेक्षा दिखाएँ। इसी प्रकार, जो भी विषय हमारे सामने आते हैं, उन सब के प्रति भी हमारे ये ही भाव रहने चाहिए। यदि कोई विषय सुखकर हो, तो उसके प्रति मित्रता अर्थात् अनुकूल भाव धारण करना चाहिए। इसी तरह, यदि कोई दुःखकर घटना हमारी भावना का विषय हो, तो हमारे अन्तः करण को उसके प्रति करुणापूर्ण होना चाहिए। यदि वह कोई शुभ विषय हो, तो हमें आनन्दित होना चाहिए, तथा असत् विषय होने पर उसके प्रति उदासीन रहना ही श्रेयस्कर है। इन सब विभिन्न विषयों के प्रति मन के इस प्रकार विभिन्न भाव धारण करने से मन शान्त हो जायेगा। मन की इस प्रकार के विभिन्न भावों को धारण करने की असमर्थता ही हमारे दैनिक जीवन की अधिकांश गड़बड़ी एवं अशान्ति का कारण है। मान लो, किसी ने मेरे प्रति कोई अनुचित व्यवहार किया। तो मैं तुरन्त उसका प्रतिकार करने को उद्यत हो जाता हूँ। और इस प्रकार बदला लेने की भावना ही यह दर्शा देती है कि हम चित्त को दबा रखने में असमर्थ हो रहे हैं। वह उस वस्तु की ओर तरंगाकार में प्रवाहित होता है, और बस हम अपनी मन की शक्ति खो बैठते हैं। हमारे मन में घृणा

अथवा दूसरों का अनिष्ट करने की प्रवृत्ति के रूप में जो प्रतिक्रिया होती है, वह मन की शक्ति का क्षय मात्र है। दूसरी ओर, यदि किसी अशुभ विचार या घृणाप्रसूत कार्य अथवा किसी प्रकार की प्रतिक्रिया की भावना का दमन किया जाये, तो उससे शुभकरी शक्ति उत्पन्न होकर हमारे ही उपकार के लिए संचित रहती है। यह बात नहीं कि इस प्रकार के संयम से हमारी कोई क्षति होती हो, वरन् उससे तो हमारा आशातीत उपकार ही होता है। जब कभी हम घृणा अथवा क्रोध की वृत्ति को संयत करते हैं, तभी वह हमारे अनुकूल शुभ शक्ति के रूप में संचित होकर उच्चतर शक्ति में परिणत हो जाती है।

प्रच्छर्दनविधारणाभ्यां वा प्राणस्य ।।३४।।

**सूत्रार्थ**–अथवा प्राणवायु को बाहर निकालने और धारण करने से भी (चित्त स्थिर होता है)।

**व्याख्या**–यहाँ पर 'प्राण' शब्द का व्यवहार हुआ है। प्राण ठीक श्वास नहीं है। समग्र जगत् में जो शक्ति व्याप्त हो रही है, उसी का नाम है प्राण। संसार में तुम जो कुछ देखते हो, जो कुछ हिलता-डुलता या कार्य करता है, जिसमें भी जीवन है–वह सब-का-सब इस प्राण की ही अभिव्यक्ति है। जगत् में जितनी भी शक्तियाँ विद्यमान है, उनकी समष्टि को प्राण कहते हैं। कल्प-आरम्भ के पूर्व यह प्राण एक प्रकार से बिलकुल गतिहीन अवस्था में रहता है, और कल्प के शुरू होने पर वह फिर से व्यक्त होना प्रारम्भ करता है। यह प्राण ही गति के रूप में-मनुष्यों अथवा अन्य प्राणियों में स्नायविक गति के रूप में-प्रकाशित होता है। फिर यही विचार तथा अन्य शक्तियों के रूप में भी प्रकाशित होता है। यह सारा जगत् इस प्राण एवं आकाश की समष्टि है। मनुष्य-देह के बारे में भी ठीक यही बात है। जो कुछ तुम देखते हो या अनुभव करते हो, वे सारे पदार्थ आकाश से उत्पन्न हुए हैं और प्राण से सारी विभिन्न शक्तियाँ। इस प्राण को बाहर निकालने और धारण करने का नाम ही प्राणायाम है। योगदर्शन के पितृस्वरूप पतंजलि ने इस प्राणायाम के बारे में कोई विशेष विधान नहीं किया है, परन्तु उनके बाद दूसरे योगियों ने

इस प्राणायाम के सम्बन्ध में अनेक तत्त्वों का आविष्कार कर उसकी एक महान् विद्या तैयार कर दी। पतंजलि के मतानुसार, यह प्राणायाम चित्तवृत्तिनिरोध के विभिन्न उपायों में से केवल एक उपाय है, परन्तु उन्होंने इस पर कोई विशेष जोर नहीं दिया है। उनका अभिप्राय इतना ही रहा है कि श्वास को बाहर निकालकर फिर से अन्दर खींच लो और कुछ देर तक उसे धारण किए रखो, उससे मन अपेक्षाकृत कुछ स्थिर हो, जायेगा। किन्तु बाद में इसी से प्राणायाम नामक एक विशेष विद्या की उत्पत्ति हो गई। अब हम देखेंगे कि ये सब बाद के योगीगण उसके बारे में क्या कहते हैं। इस सम्बन्ध में मैंने पहले ही कुछ कहा है, यहाँ पर उसकी कुछ पुनरावृत्ति करने से वह मन में पक्का बैठ जायेगा। पहले तो, यह ध्यान रखना होगा कि यह प्राण ठीक श्वास-प्रश्वास नहीं है, वरन् जिस शक्ति के बल से श्वास-प्रश्वास को गति होती है, जो वस्तुतः श्वास-प्रश्वास की भी जीवनी-शक्ति है, वही प्राण है। फिर, यह 'प्राण' शब्द सब इन्द्रियों के लिए भी व्यवहार में लाया जाता है, वे सब-की-सब प्राण कहलाती हैं, मन को भी प्राण कहा जाता है। अतएवः हम देखते हैं कि प्राण का अर्थ है शक्ति। तो भी इसे हम शक्ति नाम नहीं दे सकते, क्योंकि शक्ति तो इस प्राण की अभिव्यक्ति मात्र है। यह प्राण ही शक्ति तथा नाना प्रकार की गति के रूप में प्रकाशित होता है। चित्त यन्त्रस्वरूप होकर चारों ओर से प्राण को भीतर खींचता है और उससे शरीर-रक्षा करनेवाली विभिन्न जीवनी-शक्तियाँ तथा विचार, इच्छा एवं अन्यान्य सब शक्तियाँ उत्पन्न करता है। पूर्वोक्त प्राणायाम-क्रिया से हम शरीर की समस्त भिन्न-भिन्न गतियों को तथा शरीर के अन्तर्गत समस्त भिन्न-भिन्न स्नायविक शक्तिप्रवाहों को वश में ला सकते हैं। पहले हम उनको पहचानने लगते हैं, उनका साक्षात् अनुभव करने लगते हैं, और फिर धीरे-धीरे उन पर अधिकार प्राप्त करते जाते हैं—उनको वशीभूत करने में सफल होते जाते हैं। पतंजलि के बाद के इन योगियों के मतानुसार मनुष्य-देह में तीन मुख्य प्राण-प्रवाह अर्थात् नाड़ियाँ हैं। वे एक को इडा, दूसरे को पिंगला और तीसरे को सुषुम्ना कहते हैं। उनके मतानुसार,

पिंगला मेरुदण्ड के दाहिनी ओर है और इडा बाई ओर, और उस मेरुदण्ड के मध्य में से होते हुए सुषुम्ना नाम की एक खोखली नाली है। उनके मतानुसार इडा और पिंगला ये दो नाड़ियाँ प्रत्येक मनुष्य में कार्य करती हैं, उनके सहारे ही हमारा जीवन चलता है। सुषुम्ना का कार्य सभी में होना सम्भव अवश्य है, किन्तु असल में योगी के शरीर में ही उसके भीतर से कार्य हुआ करता है। तुम्हें याद रखना चाहिए कि योगी योगसाधना के बल से अपने शरीर को परिवर्तित कर लेते हैं। तुम जितना ही साधन करोगे, तुम्हारा शरीर उतना ही परिवर्तित होता जायेगा। साधन के पूर्व तुम्हारा शरीर जैसा था, बाद में वैसा नहीं रह जायेगा। यह बात कोई अयौक्तिक नहीं है, युक्ति के द्वारा इसको समझाया जा सकता है। हम जो कुछ नए विचार सोचते हैं, वे मानों हमारे मस्तिष्क में एक नई प्रणाली तैयार कर देते हैं। इससे हम अच्छी तरह समझ सकते हैं कि मनुप्य-स्वभाव इतनी रक्षणशीलता का पक्षपाती क्यों है। मनुष्य-स्वभाव ही ऐसा है कि वह पहले चले हुए रास्ते में ही भ्रमण करना पसन्द करता है, क्योंकि वह अपेक्षाकृत सरल होता है। यदि दृष्टान्त के रूप में हम सोचे कि मन एक सुई के समान है और मस्तिष्क उसके सामने एक कोमल पिण्ड, तो, हम देखेंगे कि हमारा प्रत्येक विचार मस्तिष्क के अन्दर मानों एक रास्ता-एक लीक तैयार कर देता है, और यदि मस्तिष्क के अन्दर का धूसर पदार्थ उस रास्ते के चारों ओर एक सीमा खड़ी न कर दे, तो वह रास्ता बन्द हो जायेगा। यदि वह धूसर रंगवाला पदार्थ न रहता, तो हमारी स्मृति ही सम्भव न होती; क्योंकि स्मृति का अर्थ है—मानों इन पुराने रास्तों पर से होकर जाना—जो विचार एक बार उठ चुके हैं, उनका मानो पदानुगमन करना। तुम लोगों ने शायद गौर किया होगा, जब मैं सब लोगों के परिचित कुछ विषयों को लेकर, उन्हीं को घुमा-फिराकर कुछ बोलता हूँ, तो तुम सब अनायास ही मेरी बात समझ लेते हो। इसका कारण बस इतना ही है कि इस विचार की लीकें या प्रणालियाँ हर एक के मस्तिष्क में विद्यमान हैं, और उन पर से होकर केवल बारम्बार आना-जाना मात्र आवश्यक होता है। परन्तु जब कभी

कोई नया विषय हमारे सामने आता है। तब मस्तिष्क में एक नई प्रणाली के निर्माण की आवश्यकता होती है, इसीलिए वह विषय उतनी सरलता से समझ में नहीं आता। यही कारण है कि मस्तिष्क (मनुष्य नहीं, मस्तिष्क ही) बिना जाने ही किसी नए प्रकार के भाव द्वारा परिचालित होने से इनकार करता है। वह मानों बलपूर्वक इस नए प्रकार के भाव की गति को रोकने का प्रयत्न करता है। प्राण नई-नई प्रणालियाँ बनाने का प्रयत्न कर रहा है, और मस्तिष्क उसे करने नहीं देता। बस यही मनुष्य की रक्षणशीलता का रहस्य है। मस्तिष्क में ये प्रणालियाँ जितने थोड़े परिमाण में होगी और प्राणरूप सुई उसके भीतर जितनी कम लीकें तैयार करेंगी, मस्तिष्क उतना ही रक्षणशीलताप्रिय होगा, वह उतना ही नए प्रकार के विचार और भाव के विरुद्ध लड़ाई ठानेगा। मनुष्य जितना ही चिन्तनशील होता है, उसके मस्तिष्क के भीतर के मार्ग उतने ही अधिक जटिल होते हैं, और उतनी ही सुगमता से वह नए-नए भाव ग्रहण कर सकता है तथा उन्हें समझ सकता है। प्रत्येक नवीन भाव के सम्बन्ध में ऐसा ही समझना चाहिए। मस्तिष्क में एक नवीन भाव आते ही उसके भीतर एक नई प्रणाली तैयार हो जाती है। यही कारण है कि योगाभ्यास के समय हमारे सामने पहले इतनी शारीरिक बाधाएँ आती हैं; क्योंकि योग सम्पूर्णतया नवीन प्रकार के विचारों एवं भावों की समष्टि है। इसीलिए हम देखते हैं कि धर्म का वह अंश, जो प्राकृतिक, जागतिक भाव को लेकर सामने आता है, सर्वसाधारण के लिए इतनी बहुतायत से ग्राह्य होता है, और उसका दूसरा अंश अर्थात् दर्शन या मनोविज्ञान, जो केवल मनुष्य के आभ्यन्तरिक भाग को लेकर संलग्न रहता है, साधारणतः लोगों को उतना ग्राह्य नहीं होता। हमें अपने इस जगत् की व्याख्या स्मरण रखनी चाहिए। हमारा यह जगत् क्या है? वह तो हमारे ज्ञान के स्तर पर प्रकाशित अनन्त सत्ता मात्र है। अनन्त का केवल कुछ अंश हमारे ज्ञान के सामने प्रकाशित हुआ है और उसी को हम अपना जगत् कहते हैं। अतएव हमने देखा कि जगत् के अतीत एक अनन्त सत्ता वर्तमान है। और धर्म को इन दोनों को लेकर रहना पड़ता है। अर्थात् यह

क्षुद्र पिण्ड, जिसे हम अपना जगत् कहते हैं, और जगत् के अतीत अनन्त सत्ता–ये दोनों ही धर्म के विषय हैं। जो धर्म इन दोनों में से केवल एक को लेकर रहता है, वह अपूर्ण है। धर्म को इन दोनों को ही अपना विषय बनाना चाहिए। अनन्त का जो भाग हम अपने इस ज्ञान के भीतर से अनुभव करते हैं, जो मानों देश-कालनिमित्तरूप चक्र के भीतर आ पड़ा है, उसको धर्म के जिस अंश ने अपना विषय बनाया है, वह अंश अनायास हमें बोधगम्य हो जाता है, क्योंकि हम तो पहले से ही उसी के अन्दर हैं और इस जगत् के भाव एक प्रकार से स्मरणातीत काल से ही हमारे परिचित हैं। पर उसका जो अंश अनन्त को लेकर है, वह हमारे लिए सर्वथा नवीन है, इसीलिए उसके चिन्तन से मस्तिष्क में नई प्रणालियाँ तैयार होती रहती हैं, जिससे सारा शरीर ही मानों उलट-पलट जाता है। यही कारण है कि साधना करते समय साधारण मनुष्य पहले-पहल अपने मार्ग से विच्युत हो जाता है। इन विघ्न-बाधाओं को यथासम्भव कम करने के लिए ही पतंजलि ने इन सब उपायों का आविष्कार किया है, ताकि हम उनमें से ऐसी किसी एक साधनप्रणाली को चुनकर अपना लें, जो हमारे लिए सर्वथा उपयोगी हो।

विषयवती वा प्रवृत्तिरुत्पन्ना मनसः स्थितिनिबन्धिती ।।३५।।

**सूत्रार्थ**–जिन सब समाधियों में अलौकिक इन्द्रिय-विषयों की अनुभूति होती है, वे मन की स्थिति के कारण होती हैं।

**व्याख्या**–यह बात धारणा अर्थात एकाग्रता से अपने-आप आती रहती हैं, योगीगण कहते हैं कि यदि नासिका के अग्र भाग से मन को एकाग्र किया जाये, तो कुछ दिनों में ही अद्‌भुत सुगन्धि का अनुभव होने लगता है। इसी प्रकार जिह्वामूल में मन को एकाग्र करने पर सुन्दर शब्द सुनाई देता है। जिह्वाग्र में ऐसा करने पर दिव्य रसास्वादन होता है। जिह्वा के बीच में संयम करने पर प्रतीत होता है कि मैंने मानों किसी एक वस्तु का स्पर्श किया। तालू में संयम करने पर दिव्य रूप दीख पड़ते हैं। यदि कोई अस्थिरचित्त व्यक्ति इस योग के कुछ साधनों का अवलम्बन करना चाहे और फिर भी उनकी सच्चाई में संदिग्ध चित्त हो,

तो कुछ दिन साधन करने के बाद, ये सब अनुभूतियाँ होने पर, फिर उसे सन्देह नहीं रहेगा। तब फिर वह अध्यवसाय के साथ साधना करता रहेगा।

विशोका वा ज्योतिष्मती ।।३६।।

**सूत्रार्थ**–अथवा शोक से रहित ज्योतिष्मान पदार्थ के (ध्यान) से भी (समाधि होती है')।

**व्याख्या**–यह और एक प्रकार की समाधि है। ऐसा ध्यान करो कि हृदय में मानों एक कमल है; उसकी पंखुड़ियाँ अधोमुखी हैं और उसके भीतर से सुषुम्ना गई है। उसके बाद पूरक करो, फिर रेचक करते समय सोचो कि वह कमल पंखुड़ियों सहित ऊर्ध्वमुखी हो गया है और कमल के भीतर एक महाज्योति विद्यमान है। उस ज्योति का ध्यान करो।

वीतरागविषयं वा चित्तम् ।।३७।।

**सूत्रार्थ**–अथवा जिस हृदय ने इन्द्रिय-विषयों के प्रति समस्त आसक्ति छोड़ दी है, (उसके ध्यान से भी चित्त स्थिर होता है)।

**व्याख्या**–किन्हीं महापुरुष या साधु को लो, जो पूर्ण रूप से अनासक्त हो और जिन पर तुम्हारी अत्यन्त श्रद्धा हो। उनके हृदय के बारे मे चिन्तन करो। उनका अन्त: करण सर्व विषयों में अनासक्त हो गया है, अत: उनके अन्त: करण के बारे में चिन्तन करने पर तुम्हारा अन्त: करण शान्त हो जायेगा। यदि यह न कर सको, तो और एक उपाय है–

स्वप्ननिद्राज्ञानालम्बनं वा ।।३८।।

**सूत्रार्थ**–अथवा स्वप्नावस्था में कभी-कभी जो अपूर्व ज्ञान-लाभ होता है, उसका, तथा सुषुप्ति अवस्था में प्राप्त सात्त्विक सुख का ध्यान करने से भी (चित्त प्रशान्त होता है)।

**व्याख्या**–कभी-कभी मनुष्य ऐसा स्वप्न देखता है कि उसके पास देवता आकर बातचीत कर रहे हैं। वह मानों एक प्रकार से भावावेश में चूर हो गया है, वायु में एक अपूर्व संगीत की ध्वनि बहती हुई चली आ रही है और वह उसे सुन रहा है। उस स्वप्नावस्था में वह आनन्द में मस्त रहता है। जब वह जागता है, तब स्वप्न की वे घटनाएँ उसके मन

पर एक गहरी छाप छोड़ जाती हैं। उस स्वप्न को सत्य मानकर उसका ध्यान करो। यदि तुम इसमें भी समर्थ न होओ, तो जो कोई पवित्र वस्तु तुम्हें अच्छी लगे, उसी का ध्यान करो।

यथाभिमतध्यानाद्वा ।।३९।।

**सूत्रार्थ**–अथवा जिसे जो कोई चीज अच्छी लगे, उसी के ध्यान से (समाधि प्राप्त होती है)।

**व्याख्या**–इससे यह न समझ लेना चाहिए कि किसी असत् वस्तु का भी ध्यान करने से बनेगा। जो कोई सत् वस्तु, तुम्हें अच्छी लगे, जो स्थान तुम्हें बहुत पसन्द हो, जो दृश्य या जो भाव तुम्हें बहुत अच्छा लगता हो, जिससे तुम्हारा चित्त एकाग्र हो जाता हो, उसी का चिन्तन करो।

परमाणुपरममहत्त्वान्तोऽस्य वशीकार ।।४०।।

**सूत्रार्थ**–इस प्रकार ध्यान करते-करते परमाणु से लेकर परम बृहत् पदार्थ तक सभी में उनके मन की गति अव्याहत हो जाती है।

**व्याख्या**–मन इस अभ्यास के द्वारा अत्यन्त सूक्ष्म से लेकर वृहत्तम वस्तु तक सभी पर सुगमता से ध्यान कर सकता है। ऐसा होने पर ये मनोवृत्ति-प्रवाह भी धीरे-धीरे क्षीण होने लगते हैं।

क्षीणवृत्तेरभिजातस्येव मणेग्रहीतृश्ग्रहणग्राह्येषु
तस्थतर्दजनता समापत्तिः ।।४।।

**सूत्रार्थ**–जिन योगी की चित्तवृत्तियाँ इस प्रकार क्षीण हो चुकी हैं (वश में आ चुकी हैं) उनका चित्त उस समय ग्रहीता (आत्मा) ग्रहण (अन्तः करण और इन्द्रियाँ) और ग्राह्य (पंचभूत और विषयों) में उसी प्रकार एकाग्रता और एकीभाव को प्राप्त होता है, जिस प्रकार शुद्ध स्फटिक (भिन्न-भिन्न रंगवाली वस्तुओं के सामने भिन्न-भिन्न रंग धारण करता है)।

**व्याख्या**–इस प्रकार लगातार ध्यान करते-करते कौन-सा फल प्राप्त होता है? हमें यह स्मरण होगा कि पूर्वोक्त एक सूत्र में पतंजलि ने विभिन्न प्रकार की समाधियों का वर्णन किया है। पहली समाधि है स्थूल

विषय को लेकर, और दूसरी है सूक्ष्म विषय को लेकर। आगे चलकर, क्रमशः और भी सूक्ष्मतर वस्तुएँ हमारी समाधि का विषय होती जाती हैं, यह भी पहले कहा जा चुका है। इन सब समाधियों के अभ्यास का फल यह है कि हम जितनी सुगमता से स्थूल विषयों का ध्यान कर सकते हैं, उतनी ही सुगमता से सूक्ष्म विषयों का भी। इस अवस्था में योगी तीन वस्तुएँ देखते हैं–ग्रहीता, ग्राह्य और ग्रहण, अर्थात् आत्मा, विषय और मन। हमें ध्यान के लिए तीन प्रकार के विषय दिए गये हैं। पहला है स्थूल, जैसे–शरीर या भौतिक पदार्थ, दूसरा है सूक्ष्म, जैसे–मन या चित्त, और तीसरा है गुणविशिष्ट पुरुष अर्थात् अस्मिता या अहंकार। यहाँ आत्मा का अर्थ उसके यथार्थ स्वरूप से नहीं है। अभ्यास के द्वारा योगी इन सब ध्यानों में दृढ़प्रतिष्ठ होकर रहते हैं। तब उन्हें ऐसी एकाग्रता-शक्ति प्राप्त हो जाती है कि ज्योंही वे ध्यान करने बैठते हैं, त्योंही अन्य सभी वस्तुओं को मन से हटा दे सकते हैं। वे जिस विषय का ध्यान करते हैं, उस विषय के साथ एक हो जाते हैं, जब वे ध्यान करते हैं, तब वे मानों स्फटिक के एक टुकड़े के समान हो जाते हैं। यह स्फटिक यदि फूल के पास रहें, तो वह फूल के साथ मानों एकरूप हो जाता है। यदि वह फूल लाल हो, तो स्फटिक भी लाल दिखाई देता है, और यदि फूल नीले रंग का हो, तो स्फटिक भी नीला दिखाई देता है।

तत्र शब्दार्थज्ञानविकल्पैः संकीर्णा सवितर्का समापत्तिः ।।४२।।

**सूत्रार्थ**–शब्द, अर्थ और उससे उत्पन्न ज्ञान जब मिश्रित होकर रहते हैं, तब वह सवितर्क अर्थात् वितर्कयुक्त समाधि (कहलाती) है।

**व्याख्या**–यहाँ शब्द का अर्थ है कम्पन। अर्थ का मतलब है वह स्नायविक शक्ति-प्रवाह, जो उसे भीतर ले जाता है। और ज्ञान का अर्थ है प्रतिक्रिया। हमने अब तक जितने प्रकार की समाधि की बात सुनी है, पतंजलि इन सभी को सवितर्क कहते हैं। इसके बाद वे हमें क्रमशः और भी उच्चतर समाधियों की शिक्षा देंगे। इन सवितर्क समाधियों में हम विषयी और विषय इन दोनों को सम्पूर्ण रूप से पृथक रखते हैं। यह पार्थक्य या भेद शब्द, उसके अर्थ और तत्प्रसूत ज्ञान के

मिश्रण से उत्पन्न होता है। पहले तो है बाह्य कम्पन-शब्द; जब वह इन्द्रिय-प्रवाह द्वारा भीतर में प्रवाहित होता है, तब उसे अर्थ कहते हैं। उसके बाद चित्त में एक प्रतिक्रिया-प्रवाह आता है, उसे ज्ञान कहा जाता है। जिसे हम बाह्य वस्तु की अनुभूति कहते हैं, वह वस्तुत: इन तीनों की समष्टि (संकीर्ण) मात्र है। हमने अब तक जितने प्रकार की समाधियों की बात सुनी है, उन सब में यह समष्टि ही हमारे ध्यान का विषय होती है। इसके बाद जिस समाधि के बारे में कहा जायेगा, वह अपेक्षाकृत श्रेष्ठ है।

स्मृतिपरिशुद्धौ स्वरूपशून्येवार्थमात्रनिर्भासा निर्वितर्का ।।४३।।

**सूत्रार्थ**–जब स्मृति शुद्ध हो जाती है, अर्थात् स्मृति में जब और किसी प्रकार के गुण का सम्पर्क नहीं रह जाता, जब वह केवल ध्येय वस्तु का अर्थ मात्र प्रकाशित करती है, तब उसे निर्वितर्क अर्थात वितर्कशून्य समाधि कहते हैं।

**व्याख्या**–पहले जिस शब्द, अर्थ और ज्ञान की बात कही गई है, उन तीनों का एक साथ अभ्यास करते-करते एक समय ऐसा आता है, जब वे और अधिक मिश्रित नहीं होते, तब हम अनायास ही इन त्रिविध भावों का अतिक्रमण कर सकते हैं। अब पहले हम यहीं समझने की विशेष चेष्टा करेंगे कि ये तीन क्या हैं। देखो, यह चित्त है। यह हमेशा याद रखना कि चित्त अर्थात् मनस्तत्त्व की उपमा सरोवर से दी गई है और शब्द या वाक्य अर्थात् वस्तु का कम्पन मानों उसके ऊपर एक प्रवाह के समान है। तुम्हारे अपने भीतर ही यह स्थिर सरोवर विद्यमान है। मान लो, मैंने 'गाय' शब्द का उच्चारण किया। ज्योंही वह तुम्हारे कान में प्रवेश करता है, त्योंही वह तुम्हारे चित्तरूपी सरोवर में एक प्रवाह उठा देता है। यह प्रवाह ही 'गाय' शब्द से सूचित भाव या अर्थ है। तुम जो सोचते हो कि मैं एक गाय को जानता हूँ, वह केवल तुम्हारे मन के भीतर रहने वाली एक तरंग मात्र है। वह बाह्य एवं आभ्यन्तर शब्द-प्रवाह की प्रतिक्रिया के रूप में उत्पन्न होती है। उस शब्द के साथ वह प्रवाह भी नष्ट हो जाता है, वाक्य या शब्द के बिना प्रवाह रह ही नहीं सकता।

तुम पूछ सकते हो कि जब हम गाय के बारे में केवल सोचते हैं, पर बाहर से कोई शब्द कानों में नहीं पहुँचता, तब भला शब्द कहाँ रहता है? उत्तर यह है कि तब वह शब्द तुम स्वयं करते हो। तब तुम अपने मन-ही-मन 'गाय' शब्द का धीरे-धीरे उच्चारण करते रहते हो, और बस उसी से तुम्हारे भीतर एक प्रवाह आ जाता है। शब्द के इस अन्तर्वेग के बिना कोई प्रवाह नहीं आ सकता, और जब यह अन्तर्वेग बाहर से नहीं आता, तब भीतर से ही आता है। शब्द के साथ ही प्रवाह का भी नाश हो जाता है। तब फिर बच क्या रहता है? तब उस प्रतिक्रिया का परिणाम भर बच रहता है। वहीं ज्ञान है। हमारे मन के अन्दर ये तीनों इतने दृढ़सम्बद्ध होकर है कि हम उन्हें अलग नहीं कर सकते। ज्योंही शब्द आता है, त्योंही इन्द्रियाँ कम्पित हो उठती हैं और प्रतिक्रिया के रूप में एक प्रवाह उठ जाता है। ये तीनों क्रियाएँ एक के बाद एक इतनी शीघ्रता से होती हैं कि उनमें एक को दूसरे से अलग करना अत्यन्त कठिन है। यहाँ जिस समाधि की बात कही गई है, उसका दीर्घकाल तक अभ्यास करने पर समस्त संस्कारों की आधारभूमि स्मृति शुद्ध हो जाती है, और तब हम उनमें से एक-दूसरे को अलग कर सकते हैं। इसी को निर्वितर्क समाधि कहते हैं।

एतयैय सविचारा निर्विचारा च सूक्ष्मविषया व्याख्याता ।।४४।।

**सूत्रार्थ**–पूर्वोक्त दो सूत्रों में सवितर्क और निर्वितर्क जिन दो समाधियों को बात कही गई है, उन्हीं के द्वारा सूक्ष्मतर विषयवाली सविचार और निर्विचार समाधियों की भी व्याख्या कर दी गई है।

**व्याख्या**–यहाँ पहले के ही समान समझना चाहिए। भेद केवल इतना है कि पूर्वोक्त दोनों समाधियों के विषय स्थूल हैं और यहाँ वे विषय सूक्ष्म हैं।

सूक्ष्मविषयत्यं चालिंगपर्यवसानम् ।।४५।।

**सूत्रार्थ**–सूक्ष्म विषयों की अयाधि प्रधान पर्यस्त है।

**व्याख्या**–पद्य महामृत और उनसे उत्पन्न समस्त वस्तुओं को सूक्ष्म कहते हैं। सूक्ष्म वस्तु तन्माना से शुरु होती है। इन्द्रिय, मन (अर्थात्

साधारण इन्द्रिय-समस्त इन्द्रियों की समष्टिस्वरूप), अहंकार, महत्तत्त्व (जो समूचे व्यक्त जगत् का कारण है), सत्त्व, रज और तम की साम्यावस्थारूप प्रधान, प्रकृति या अव्यक्त–ये सभी सूक्ष्म वस्तु के अन्तर्गत हैं। केवल पुरुष अर्थात् आत्मा ही इसके भीतर नहीं आती।

ता एव सबीजः समाधिः ।।४।।

**सूत्रार्थ**–ये सभी सबीज समाधि है।

**व्याख्या**–इन सब समाधियों मे पूर्वकर्मों का बीज नष्ट नहीं होता, अतः उनसे मुक्ति प्राप्त नहीं होती। तो फिर उनसे होता क्या है? यह आगे के सूत्र में बतलाया गया है।

निर्विचारवैशारद्येऽध्यात्मप्रसादः ।।४७।।

**सूत्रार्थ**–निर्विचार समाधि की निर्मलता होने पर चित्त की स्थिति दृढ़ हो जाती है।

ऋतम्भरा तत्र प्रज्ञा ।।४८।।

**सूत्रार्थ**–उसमें जिस ज्ञान की प्राप्ति होती है, उसे ऋतम्भर यानी सत्यपूर्ण ज्ञान कहते हैं।

**व्याख्या**–अगले सूत्र में इसकी व्याख्या होगी।

श्रुतानुमानप्रज्ञाभ्यामन्यविषया विशेषार्थत्वात् ।।४९।।

**सूत्रार्थ**–जो ज्ञान विश्वस्त मनुष्यों के वाक्य और अनुमान से प्राप्त होता है, यह साधारण वस्तु विषयक होता है। जो सब विषय आगम और अनुमान से उत्पन्न ज्ञान के गोचर नहीं हैं, ये पूर्वोक्त समाधि द्वारा प्रकाशित होते हैं।

**व्याख्या**–तात्पर्य यह है कि हमें सामान्य वस्तुओं का ज्ञान प्रत्यक्ष अनुभव, उस पर स्थापित अनुमान और विश्वस्त मनुष्यों के वाक्यों से होता है। 'विश्वस्त मनुष्यों' से योगियों का तात्पर्य है 'ऋषिण', और ऋषि का अर्थ है–वेद में वर्णित भावों के द्रष्टा, अर्थात् जो उन सब भावों का साक्षात्कार कर चुके हैं। उनके मत से, शास्त्रों का प्रामाण्य केवल यह है कि वे विश्वस्त मनुष्यों के वचन हैं। शास्त्र विश्वस्त मनुष्यों के वचन होने पर भी, वे कहते हैं कि केवल शास्त्र हमें सत्य

का अनुभव कराने में कभी समर्थ नहीं हैं। हम भले ही सारे वेदों को पढ़ डाले, पर तो भी हो सकता है कि हमें किसी तत्त्व की अनुभूति न हो। पर जब हम उनमें वर्णित उपदेशों को अपने जीवन में उतारते हैं–उनके अनुसार कार्य करते हैं, तब हम ऐसी एक अवस्था में पहुँच जाते हैं, जिसमें शास्त्रोक्त बातों की प्रत्यक्ष उपलब्धि होती है। जहाँ युक्ति, प्रत्यक्ष या अनुमान किसी की भी पहुँच नहीं, यह अवस्था वहाँ भी ले जाने में समर्थ है; वहाँ आप्तवाक्य की भी कोई उपयोगिता नहीं। यहीं इस सूत्र का तात्पर्य है। प्रत्यक्ष उपलब्धि करना ही यथार्थ धर्म है, वहीं धर्म का सार है, और शेष सब–उदाहरणार्थ, धर्म सम्बन्धी भाषण सुनना, धार्मिक ग्रन्थों का पाठ करना, या विचार करना–उस रास्ते के लिए तैयारी मात्र है। वह यथार्थ धर्म नहीं है। केवल किसी मत के साथ बौद्धिक सहमति अथवा असहमति धर्म नहीं है। योगियों का मूल भाव यह है कि जैसे इन्द्रियों के विषयों के साथ हम लोगों का साक्षात् सम्बन्ध होता है, उसी प्रकार धर्म भी प्रत्यक्ष किया जा सकता है, और इतना ही नहीं, बल्कि वह तो और भी उज्ज्वलतर रूप से अनुभूत हो सकता है। ईश्वर, आत्मा आदि जो सब धर्म के प्रतिपाद्य सत्य है, वे वहिरिन्द्रियों से प्रत्यक्ष नहीं हो सकते। मैं आँखों से ईश्वर को नहीं देख सकता, या हाथ से उनका स्पर्श नहीं कर सकता। हम यह भी जानते हैं। कि युक्ति-विचार हमें इन्द्रियों के अतीत नहीं ले जा सकता, वह तो हमें सर्वथा एक अनिश्चित स्थल में छोड़ आता है। हम भले ही जीवन भर विचार करते रहें, जैसा कि दुनिया हजारों वर्षों से करती आ रही है, पर आखिर उसका फल क्या होता है? यही कि धर्म के सत्यों को प्रमाणित या अप्रमाणित करने में हम अपने को असमर्थ पाते है। हम जिसका इन्द्रियों से अनुभव करते हैं, उसी के आधार पर हम युक्ति, विचार आदि किया करते हैं। अतः यह स्पष्ट है कि युक्ति को इन्द्रिय-अनुभव की इस चारदीवारी के भीतर ही चक्कर काटना पड़ता है; वह उसके बाहर कभी नहीं जा सकती। अतएवः जो भी आध्यात्मिक तत्त्व हम अनुभव करेंगे, वह सभी हमारी इन्द्रियों के अनीत प्रदेश में होगा। योगीगण कहते हैं कि मनुष्य इन्द्रिय-अनुभूति

और विचारशक्ति दोनों का ही अतिक्रमण कर सकता है। मनुष्य में अपनी बुद्धि को भी लांघ जाने की शक्ति है, और यह शक्ति प्रत्येक प्राणी में, प्रत्येक जन्तु में निहित है। योग के अभ्यास से यह शक्ति जागृत हो जाती है। और तब मनुष्य विचार का घेरा पार कर तर्क के अगम्य विषयों का साक्षात्कार करता है।

तज्जः संस्कारोऽन्यसंस्कारप्रतिबन्धी ॥५०॥

**सूत्रार्थ**–यह समाधिजात संस्कार दूसरे सब संस्कारों का प्रतिबन्धी होता है, अर्थात् दूसरे संस्कारों को फिर आने नहीं देता।

**व्याख्या**–हमने पहले के सूत्र में देखा है कि उस ज्ञानातीत भूमि पर जाने का एकमात्र उपाय है–एकाग्रता। हमने यह भी देखा है कि पूर्व संस्कार ही उस प्रकार की एकाग्रता पाने में हमारे प्रतिबन्धक हैं। तुम सबों ने गौर किया होगा कि ज्योंही तुम लोग मन को एकाग्र करने का प्रयत्न करते हो, त्योंही तुम्हारे अन्दर नाना प्रकार के विचार आने लगते हैं। ज्योंही ईश्वर-चिन्तन करने की चेष्टा करते हो, ठीक उसी समय ये सब संस्कार जाग उठते हैं। दूसरे समय वे उतने प्रबल नहीं रहते, किन्तु ज्योंही तुम उन्हें भगाने की कोशिश करते हो, वे अवश्यमेव आ जाते हैं और तुम्हारे मन को बिलकुल आच्छादित कर देने का भरसक प्रयत्न करते हैं। इसका कारण क्या है? इस एकाग्रता के अभ्यास के समय ही वे इतने प्रबल क्यों हो उठते हैं? इसका कारण यही है कि तुम उनको दबाने की चेष्टा कर रहे हो। इसलिए वे अपने सारे बल से प्रतिक्रिया करते हैं। अन्य समय वे इस प्रकार अपनी ताकत नहीं लगाते। इन सब पूर्व संस्कारों की संख्या भी कितनी है। चित्त के किसी स्थान में वे चुपचाप बैठे रहते हैं और बाघ के समान झपटकर आक्रमण करने के लिए मानों हमेशा घात में रहते हैं। उन सब को रोकना होगा, ताकि हम जिस भाव को मन में रखना चाहें, वही आए और दूसरे सब भाव चले जायें। पर ऐसा न होकर वे सब तो उसी समय आने का प्रयत्न करते हैं। मन की एकाग्रता में बाधा देनेवाली ये ही संस्कारों की विभिन्न शक्तियाँ हैं। अतएव जिस समाधि की बात अभी कही गई है, उसका अभ्यास

सबसे उत्तम है, क्योंकि वह उन संस्कारों को रोकने में समर्थ है। इस समाधि के अभ्यास से जो संस्कार उत्पन्न होगा, वह इतना शक्तिमान होगा कि वह अन्य सब संस्कारों का कार्य रोककर उन्हें वशीभूत करके रखेगा।

तस्यापि निरोधे सर्वनिरोधानिर्वीजः समाधिः ।।५१।।

**सूत्रार्थ**–उसका भी (अर्थात् जो संस्कार अन्य सभी संस्कारों को रोक देता है) निरोध हो जाने पर, सबका निरोध हो जाने के कारण, निर्वीज समाधि (हो जाती है)।

**व्याख्या**–तुम लोगों को यह अवश्य स्मरण है कि हमारे जीवन का चरम लक्ष्य है–इस आत्मा की साक्षात् उपलब्धि करना। हम लोग आत्मा की उपलब्धि नहीं कर पाते, क्योकि यह आत्मा प्रकृति, मन और शरीर के साथ मिश्रित हो गई है। अत्यन्त अज्ञानी मनुष्य अपने शरीर को ही आत्मा समझता हैं। उसकी अपेक्षा कुछ उन्नत मनुष्य मन को ही आत्मा समझते हैं। किन्तु दोनों ही भूल में हैं। अच्छा, आत्मा इन सब उपाधियों के साथ कैसे मिश्रित हो जाती है? चित्त में ये नाना प्रकार की लहरें (वृत्तियाँ) उठकर आत्मा को आच्छादित कर लेती हैं, और हम इन लहरों में से आत्मा का कुछ प्रतिबिम्ब मात्र देख पाते हैं। यही कारण है कि जब क्रोध-वृत्तिरूप लहर उठती है, तो हम आत्मा को क्रोधयुक्त देखते हैं, कहते हैं कि हम क्रुद्ध हुए हैं, जब चित्त में प्रेम की लहर उठती है, तो उस लहर में अपने को प्रतिबिम्बित देखकर हम सोचते हैं कि हम प्यार कर रहे हैं। जब दुर्बलतारूप वृत्ति उठती है और आत्मा उसमें प्रतिबिम्बित हो जाती है, तो हम सोचते हैं कि हम कमजोर हैं। ये सब पूर्व-संस्कार जब आत्मा के स्वरूप को आच्छादित कर लेते हैं, तभी इस प्रकार के विभिन्न भाव उदित होते रहते हैं। चित्तरूपी सरोवर में जब तक एक भी लहर रहेगी, तब तक आत्मा का यथार्थ स्वरूप दिखाई नहीं देगा। जब तक समस्त लहरें बिलकुल शान्त नहीं हो जाती, तब तक आत्मा का प्रकृत स्वरूप कभी प्रकाशित नहीं होगा। इसीलिए पतंजलि ने पहले यह समझाया है कि ये प्रवाहरूप वृत्तियाँ क्या हैं और बाद में

उनको दमन करने का सर्वश्रेष्ठ उपाय सिखलाया है। और तीसरी बात यह सिखलाई है कि जैसे एक बृहत् अग्निराशि छोटे-छोटे अग्निकणों को निगल लेती है, उसी प्रकार एक लहर को इतना प्रबल बनाना होगा, जिससे अन्य सब लहरें बिलकुल लुप्त हो जायें। जब केवल एक ही लहर बची रहेगी, तब उसका भी निरोध कर देना सहज हो जायेगा। और जब वह भी चली जाती है, तब उस समाधि को निर्बीज समाधि कहते हैं। तब और कुछ भी नहीं बचा रहता और आत्मा अपने स्वरूप में, अपनी महिमा में प्रकाशित हो जाती हैं। तभी हम जान पाते हैं कि आत्मा मिश्र पदार्थ नहीं है, संसार में एकमात्र वही नित्य अमिश्र पदार्थ है, अतएव उसका जन्म भी नहीं है और मृत्यु भी नहीं—वह अमर है, अविनश्वर है, नित्य चैतन्यघन सत्तास्वरूप है।

# 2. साधनपाद

तपःस्वाध्यायेश्वरप्रणिधानानि क्रियायोगः ॥१॥

**सूत्रार्थ**—तपस्या, अध्यात्मशास्त्रों के पठन-पाठन और ईश्वर में समस्त कर्मफलों के समर्पण को क्रियायोग कहते हैं।

**व्याख्या**—पिछले अध्याय में जिन सब समाधियों की बात कही गई है, उन्हें प्राप्त करना अत्यन्त कठिन है। इसलिए हमें धीरे-धीरे—विभिन्न सोपानों में से होते हुए उन सब समाधियों को प्राप्त करने का प्रयत्न करना होगा। इसके पहले सोपान को क्रियायोग कहते हैं। इसका शब्दार्थ है—कर्म के सहारे योग की ओर बढ़ना। हमारी देह मानों एक रथ है, इन्द्रियाँ घोड़े हैं, मन लगाम है, बुद्धि सारथी है और आत्मा रथी है। यह गृहस्वामी, यह राजा, यह मनुष्य की आत्मा रथ में सवार है। यदि घोड़े बड़े तेज हों और लगाम खिंची न रहे, यदि बुद्धिरूपी सारथी उन घोड़ों को संयत करना न जाने, तो रथ की दुर्दशा हो जायेगी। पर यदि इन्द्रियरूपी घोड़े अच्छी तरह से संयत रहें और मनरूपी लगाम बुद्धिरूपी सारथी के हाथों अच्छी तरह थमी रहे, तो वह रथ ठीक अपने गन्तव्य स्थान पर पहुँच जाता है। अब यह समझ में आ जायेगा कि इस तपस्या शब्द का अर्थ क्या है। तपस्या शब्द का अर्थ है इस शरीर और इन्द्रियों को चलाते समय लगाम अच्छी तरह थामे रहना, उन्हें अपनी इच्छानुसार काम न करने देकर अपने वश में किए रहना। उसके बाद है पठन-पाठन या स्वाध्याय। यहाँ पाठ का तात्पर्य क्या है? नाटक, उपन्यास या कहानी की पुस्तक का पाठ नहीं, वरन् उन ग्रन्थों का पाठ, जो यह शिक्षा देते हैं कि आत्मा की मुक्ति कैसे होती है। फिर

स्वाध्याय से तर्क या विचारात्मक पुस्तक का पाठ नहीं समझना चाहिए। जो योगी है, वे तो विचार आदि करके तृप्त हो चुके रहते हैं, विचार में उनकी और कोई रुचि नहीं रह जाती। वे पठन-पाठन करते हैं केवल अपनी धारणाओं को दृढ़ करने के लिए। शास्त्रीय ज्ञान दो प्रकार के हैं। एक है वाद (जो तर्क-युक्ति और विचारात्मक है), और दूसरा है सिद्धान्त (मीमांसात्मक)। अज्ञानावस्था में मनुष्य प्रथमोक्त प्रकार के शास्त्रीय ज्ञान के अनुशीलन में प्रवृत्त होता है, वह तर्क-युद्ध के समान है—प्रत्येक वस्तु के सब पहलू देखकर विचार करना, इस विचार का अन्त होने पर वह किसी एक मीमांसा या सिद्धान्त पर पहुँचता है। किन्तु केवल सिद्धान्त पर पहुँचने से नहीं हो जाता। इस सिद्धान्त के बारे में मन की धारणा को दृढ़ करना होगा। शास्त्र तो अनन्त है और समय अल्प है, अतः ज्ञान-प्राप्ति का रहस्य है—सब वस्तुओं का सार भाग ग्रहण करना। उस सार भाग को ग्रहण करो और उसे अपने जीवन में उतारने का प्रयत्न करो। भारतवर्ष में एक पुरानी किम्वदन्ती है कि यदि तुम किसी राजहंस के सामने एक कटोरा भर पानी मिला हुआ दूध रख दो तो वह दूध-दूध पी लेगा और पानी छोड़ देगा। उसी प्रकार ज्ञान का जो अंश आवश्यक है, उसे लेकर असार भाग को हमें फेंक देना चाहिए। पहले-पहल बुद्धि की कसरत आवश्यक होती है। अन्धे के समान कुछ भी ले लेने से नहीं बनता। पर जो योगी है, वे इस तर्क-युक्ति की अवस्था को पार कर एक ऐसे सिद्धान्त पर पहुँच चुके हैं, जो पर्वत के समान अचल-अटल है। इसके बाद उनका सारा प्रयत्न उस सिद्धान्त के दृढ़ करने में होता है। ये कहते हैं, तर्क मत करो, यदि कोई तुम्हें तर्क करने को बाध्य करे, तो चुप रहो। किसी तर्क का जवाब न देकर शान्तभाव से वहाँ से चले जाओ, क्योंकि तर्क द्वारा मन केवल चंचल ही होता है। तर्क की आवश्यकता थी केवल बुद्धि को तेज करने के लिए, जब वह सम्पन्न हो चुका, तब और उसे बेकार चंचल करने की क्या जरूरत? बुद्धि तो एक दुर्बल यन्त्र मात्र है, वह हमें केवल इन्द्रियों के घेरे में रहनेवाला ज्ञान दे सकता है। पर योगी का उद्देश्य है

इन्द्रियानीत प्रदेश में चले जाना, अतएव उनके लिए बुद्धि चलाने की और कोई आवश्यकता नहीं रह जाती। उन्हें इस विषय में पक्का विश्वास हो चुका है, अतएव वे और अधिक तर्क नहीं करते, चुपचाप रहते हैं। क्योंकि तर्क करने में मन समता में च्युत हो जाता है, चित्त में एक हलचल मच जाती है, और चित्त की ऐसी हलचल उनके लिए एक विघ्न ही है। यह सब तर्क, युक्ति या विचारपूर्वक तत्त्व का अन्वेषण केवल प्रारम्भिक अवस्था के लिए है। इस तर्कयुक्ति के अतीत और भी उच्चतर तत्वसमूह हैं। सारे जीवन भर केवल विद्यालय के बच्चों के समान विवाद या विचारसमिति लेकर ही रहना पर्याप्त नहीं है। ईश्वर में कर्मफल अर्पण करने का तात्पर्य है—कर्म के लिए स्वयं कोई प्रशंसा या निन्दा न लेकर इन दोनों को ही ईश्वर को समर्पण कर देना और शान्ति से रहना।

समाधिभावनार्यः क्लेशतनूकरणार्थश्च ।।२।।

**सूत्रार्थ**—समाधि की सिद्धि के लिए और क्लेशजनक विघ्नों को क्षीण करने के लिए (इस क्रियायोग की आवश्यकता है)।

**व्याख्या**—हममें से अनेकों ने मन को लाड़-प्यार के लड़के के समान कर डाला है। वह जो कुछ चाहता है, उसे वही दे दिया करते है। इसीलिए क्रियायोग का सततः अभ्यास आवश्यक है, जिससे मन को संयत करके अपने वश में लाया जा सके। इस संयम के अभाव में ही योग के सारे विघ्न उपस्थित होते हैं और उनसे फिर क्लेश की उत्पत्ति होती है। उन्हें दूर करने का उपाय है—क्रियायोग द्वारा मन को वशीभूत कर लेना, उसे अपना कार्य न करने देना।

अविद्यास्मितारागद्वेषाभिनिवेशाः क्लेशाः ।।३।

**सूत्रार्थ**—अविद्या, अस्मिता (अहंकार), राग, द्वेष और अभिनिवेश (जीवन के प्रति ममता)—(ये पाँचों) क्लेश है।

**व्याख्या**—ये ही पंचक्लेश हैं, ये पाँच बन्धनों के समान हमें इस संसार में बाँधे रखते हैं। अविद्या ही शेष चार क्लेशों की जननीस्वरूप है। यह अविद्या ही हमारे दुःख का एकमात्र कारण है। भला और

किसकी शक्ति है, जो हमें इस प्रकार दुःख में रख सके? आत्मा तो नित्य आनन्दस्वरूप है। उसे अज्ञान-भ्रम-माया के सिवाय और कौन दुःखी कर सकता है? आत्मा के ये समस्त दुःख केवल भ्रम मात्र हैं।

अविद्या क्षेत्रमुत्तरेषां प्रसुप्ततनुविच्छिन्नोदाराणाम् ।।४।।

**सूत्रार्थ**–अविद्या ही उन शेष चार का उत्पादक क्षेत्रस्वरूप है। वे कभी लीनभाव से, कभी सूक्ष्मभाव से, कभी अन्य वृत्ति के द्वारा विच्छिन्न अर्थात् अभिभूत होकर और कभी प्रकाशित होकर रहते हैं।

**व्याख्या**–अविद्या ही अस्मिता, राग, द्वेष और अभिनिवेश का कारण हैं। ये संस्कारसमूह विभिन्न मनुष्यों के मन में विभिन्न अवस्थाओं में रहते हैं। कभी-कभी वे प्रसुप्त रूप से रहते हैं। तुम लोग अनेक समय 'शिशु के समान भोला'–यह वाक्य सुनते हो; परन्तु सम्भव है, इस शिशु के भीतर ही देवता या असुर का भाव विद्यमान हो, जो धीरे-धीरे समय पाकर प्रकाशित होगा। योगी में पूर्व कर्मों के फलस्वरूप ये संस्कार सूक्ष्म भाव से रहते हैं। इसका तात्पर्य यह है कि वे अत्यन्त सूक्ष्म अवस्था में रहते हैं और योगीगण उन्हें दबाकर रख सकते हैं। उनमें उन संस्कारों को प्रकाशित न होने देने की शक्ति रहती है। कभी-कभी कुछ प्रबल संस्कार अन्य कुछ संस्कारों को कुछ समय तक के लिए दबाकर रखते हैं, किन्तु ज्योंही वह दबा रखनेवाला कारण चला जाता है, त्योंही वे पहले के संस्कार फिर से उठ जाते हैं। इस अवस्था को विच्छिन्न कहते हैं। अन्तिम अवस्था का नाम है उदार। इस अवस्था में संस्कारसमूह अनुकूल परिस्थितियों का सहारा पाकर बड़े प्रबल भाव से शुभ या अशुभ रूप से कार्य करते रहते हैं।

अनित्याशुचिदुःखानात्मसु नित्यशुचिसुखात्मख्यातिरविद्या ।।५।।

**सूत्रार्थ**–अनित्य, अपवित्र, दुःखकर और आत्मा से भिन्न पदार्थ में (क्रमशः) नित्य, पवित्र, सुखकर और आत्मा की प्रतीति 'अविद्या' है।

**व्याख्या**–इन समस्त संस्कारों का एकमात्र कारण है अविद्या। हमें पहले यह जान लेना होगा कि यह अविद्या क्या है। हम सभी सोचते

हैं, "मैं शरीर हूँ–शुद्ध, ज्योतिर्मय, नित्य, आनन्दस्वरूप आत्मा नहीं।" यह अविद्या है। हम लोग मनुष्य को शरीर के रूप में ही देखते और जानते हैं। यह महान् भ्रम है।

दृग्दर्शनशक्त्योरेकात्मतैवास्मिता ।।६।।

**सूत्रार्थ**–दृक्-शक्ति और दर्शन-शक्ति का एकीभाव ही अस्मिता है।

**व्याख्या**–आत्मा ही यथार्थ द्रष्टा है; वह शुद्ध, नित्य–पवित्र, अनन्त और अमर है। और दर्शन-शक्ति अर्थात् उसके व्यवहार में आने वाले यन्त्र कौन-कौन से हैं? चित्त, बुद्धि अर्थात् निश्चयात्मिका वृत्ति, मन और इन्द्रियाँ–ये उसके यन्त्र हैं। ये सब बाह्य जगत् को देखने के लिए उसके यन्त्रस्वरूप हैं, और उसकी इन सब के साथ एकरूपता को अस्मितारूप अविद्या कहते हैं। हम कहा करते हैं, 'मैं चित्तवृत्ति हूँ', 'मैं क्रुद्ध हुआ हूँ', 'मैं सुखी हूँ'। पर सोचो तो सही, हम कैसे क्रुद्ध हो सकते हैं, कैसे किसी के प्रति घृणा कर सकते हैं? आत्मा के साथ हमें अपने को अभिन्न समझना चाहिए। आत्मा का तो कभी परिणाम नहीं होता। यदि आत्मा अपरिणामी हो, तो वह कैसे इस क्षण सुखी, और दूसरे ही क्षण दुःखी हो सकती है? वह निराकार, अनन्त और सर्वव्यापी है। उसे कौन परिणामी बना सकता है? आत्मा सर्व प्रकार के नियमों के अतीत हैं। उसे कौन विकृत कर सकता है? संसार में कोई भी, आत्मा पर किसी प्रकार का कार्य नहीं कर सकता। तो भी हम लोग अज्ञानवश अपने आप को मनोवृत्ति के साथ एकरूप कर लेते हैं और सोचा करते हैं कि हम सुख या दुःख का अनुभव कर रहे हैं।

सुखानुशयी रागः ।।७।।

**सूत्रार्थ**–जो मनोवृत्ति केवल सुखकर पदार्थ के ऊपर रहना चाहती है, उसे राग कहते हैं।

**व्याख्या**–हम किसी-किसी विषय में सुख पाते हैं। जिसमें हम सुख पाते हैं, मन एक प्रवाह के समान उसकी ओर दौड़ता रहता है। सुख-केन्द्र की ओर दौड़नेवाले मन के इस प्रवाह को ही राग या

आसक्ति कहते हैं। हम जिस विषय में सुख नहीं पाते, उधर हमारा मन कभी भी आकृष्ट नहीं होता। हम लोग कभी-कभी नाना प्रकार की विचित्र चीजों में सुख पाते हैं, तो भी राग की जो परिभाषा दी गई है, वह सर्वत्र ही लागू होती है। हम जहाँ सुख पाते हैं, वहीं आकृष्ट हो जाते हैं।

दु:खानुशयी द्वेषः ॥८॥

**सूत्रार्थ**–दु:खकर वस्तु पर पुनः-पुनः स्थितिशील एक विशेष अन्तः करण-वृत्ति को द्वेष कहते हैं।

**व्याख्या**–जिसमें हम दु:ख पाते हैं, उसे तत्क्षण त्याग देने का प्रयत्न करते हैं।

स्वरसवाही विदुषोऽपि तयारूढोऽभिनिवेशः ॥९॥

**सूत्रार्थ**–जो (पहले के मृत्यु के अनुभवों से) स्वभावतः चला आ रहा है एवं जो विवेकशील पुरूषों में भी विद्यमान देखा जाता है, वह अभिनिवेश अर्थात् जीवन के प्रति ममता है।

**व्याख्या**–जीवन के प्रति यह ममता जीवमात्र में प्रकट रूप से देखी जाती है। इस पर उत्तर-काल सम्बन्धी बहुत-से मतों को स्थापित करने का प्रयत्न किया गया है। मनुष्य ऐहिक जीवन से इतना प्यार करता है कि उसकी यह आकांक्षा रहती है कि वह भविष्य में भी जीवित रहे। यह कहने की आवश्यकता नहीं कि इस युक्ति का कोई विशेष मूल्य नहीं है–पर इसमें सबसे आश्चर्यजनक बात तो यह है कि पाश्चात्यों के मतानुसार इस जीवन के प्रति ममता से भविष्य-जीवन की जो सम्भावना सूचित होती है, वह केवल मनुष्य के बारे में सत्य है, दूसरे प्राणियों के बारे में नहीं। भारत में, पूर्वसंस्कार और पूर्वजीवन को प्रमाणित करने के लिए यह अभिनिवेश एक युक्तिस्वरूप हुआ है। मान लो, यदि समस्त ज्ञान हमें प्रत्यक्ष अनुभूति से प्राप्त हुए हों, तो यह निश्चित है कि हमने जिसका कभी प्रत्यक्ष अनुभव नहीं किया उसकी कल्पना भी कभी नहीं कर सकते, अथवा उसे समझ भी नहीं सकते। मुरगी के बच्चे अण्डे में से बाहर आते ही दाना चुगना आरम्भ कर देते

हैं। बहुधा ऐसा भी देखा गया है कि यदि कभी मुरगी के द्वारा बत्तक का अण्डा सेया गया, तो बत्तक का बच्चा अण्डे में से बाहर आते ही पानी में चला गया, और उसकी मुरगी-माँ इधर सोचती है कि शायद बच्चा पानी में डूब गया। यदि प्रत्यक्ष-अनुभूति ही ज्ञान का एकमात्र उपाय हो, तो इन मुरगी के बच्चों ने कहाँ से दाना चुगना सीखा? अथवा बत्तक के इन बच्चों ने यह कैसे जाना कि पानी उनका स्वाभाविक स्थान है? यदि तुम कहो कि वह सहज प्रेरणा (Instinct) मात्र है, तो उससे कुछ भी बोध नहीं होता, वह तो केवल एक शब्द का प्रयोग मात्र हुआ–वह कोई स्पष्टीकरण तो है नहीं। यह सहज प्रेरणा क्या है? हम लोगों में भी ऐसी बहुत-सी सहज प्रेरणाएँ हैं। उदाहरणार्थ, आप में से अनेक महिलाएँ पियानो बजाती हैं, आपको यह अवश्य स्मरण होगा, जब आपने पहले पहल पियानो सीखना आरम्भ किया था, तब आपको सफेद और काले परदों में, एक के बाद दूसरे में कितनी सावधानी के साथ उँगलियाँ रखनी पड़ती थी, किन्तु कुछ वर्षों के अभ्यास के बाद अब शायद आप किसी मित्र के साथ बातचीत भी कर सकती हैं और साथ ही आपकी उंगलियाँ भी पियानो पर अपने आप चलती रहती हैं। अर्थात् वह अब आप लोगों की सहज प्रेरणा में परिणत हो गया है–वह आप लोगों के लिए अब पूर्ण रूप से स्वाभाविक हो गया है। हम जो अन्य सब कार्य करते हैं, उनके बारे में भी ठीक ऐसा ही है। अभ्यास से वह सब सहज प्रेरणा में परिणत हो जाता है, स्वाभाविक हो जाता है। और जहाँ तक हम जानते हैं, आज जिन क्रियाओं को हम स्वाभाविक या सहज प्रेरणा से उत्पन्न कहते हैं, वे सब पहले विचारपूर्वक ज्ञान की क्रियाएँ थी और अब निम्नभावापन्न होकर इस प्रकार स्वाभाविक हो पड़ी हैं। योगियों की भाषा में, सहज ज्ञान या सहज प्रेरणा विचार की निम्नभावापन्न क्रमसंकुचित अवस्था मात्र है। विचार-जनित ज्ञान अवनतभावापन्न होकर स्वाभाविक संस्कार के रूप में परिणत हो जाता है। अतएव यह बात पूर्णरूपेण युक्तिसंगत है कि हम इस जगत् में जिसे सहज प्रेरणा कहते हैं, वह विचारजनित ज्ञान की निम्नावस्था मात्र है। पर

चूंकि यह विचार प्रत्यक्ष-अनुभूति बिना नहीं हो सकता, इसलिए समस्त सहज प्रेरणाएँ पहले की प्रत्यक्ष-अनुभूतियों के फल हैं। मुरगी के बच्चे चील से डरते हैं, बत्तक के बच्चे पानी पसन्द करते हैं, ये दोनों पहले की प्रत्यक्ष-अनुभूतियों के फलस्वरूप है। अब प्रश्न यह है कि यह अनुभूति जीवात्मा की है, अथवा केवल शरीर की? बत्तक अभी जो कुछ अनुभव कर रही है, वह उस बत्तक के पूर्वजों की अनुभूति से आया है, अथवा वह उसकी अपनी प्रत्यक्ष-अनुभूति है? आधुनिक वैज्ञानिक कहते हैं, वह केवल उसके शरीर का धर्म है, पर योगीगण कहते हैं कि वह मन की अनुभूति है और वह शरीर के भीतर से होकर आ रही है। इसी को पुनर्जन्मवाद कहते हैं।

हमने पहले देखा है कि हमारा समस्त ज्ञान-प्रत्यक्ष, विचारजनित या सहज-एकमात्र प्रत्यक्ष-अनुभूतिरूप ज्ञान की प्रणाली से होकर ही आ सकता है; और जिसे हम सहज ज्ञान या सहज प्रेरणा कहते हैं, वह हमारी पूर्व प्रत्यक्ष-अनुभूति का फल है, वह पूर्व अनुभूति ही आज अवनतभावापन्न होकर सहज प्रेरणा के रूप में परिणत हो गई है और यह सहज प्रेरणा फिर से विचारजनित ज्ञान में परिणत हो जाती है। सारे संसार भर में यही क्रिया चल रही है। इस पर ही भारत में पुनर्जन्मवाद की एक प्रधान युक्ति स्थापित हुई है। पूर्वानुभूत बहुत से भय के संस्कार कालान्तर में इस जीवन के प्रति ममता के रूप में परिणत हो जाते हैं। यही कारण है कि बालक बिलकुल बचपन से ही अपने आप डरता रहता है, क्योंकि उसके मन में दुःख का पूर्व अनुभूतिजनित संस्कार विद्यमान है। अत्यन्त विद्वान् मनुष्यों में भी-जो जानते हैं कि यह शरीर एक दिन चला जायेगा, जो कहते हैं कि 'आत्मा की मृत्यु नहीं, हमारे तो सैकड़ों शरीर हैं, अतएव भय किस बात का'—ऐसे विद्वान् पुरुषों में भी, उनकी सारी विचारजनित धारणाओं के बावजूद भी हम इस जीवन के प्रति प्रगाढ़ ममता देखते हैं। जीवन के प्रति यह ममता कहाँ से आई? हमने देखा है कि यह हमारे लिए सहज या स्वाभाविक हो गई है। योगियों की दार्शनिक भाषा में कह सकते हैं कि वह संस्कार के रूप

में परिणत हो गई है। ये सारे संस्कार सूक्ष्म (तनु) और गुप्त (प्रसुप्त) होकर मन के भीतर मानों सोए हुए पड़े हैं। मृत्यु के ये सब पूर्व अनुभव–वह सब जिसे हम सहज प्रेरणा या सहज ज्ञान कहते हैं–मानों अवचेतन अर्थात् ज्ञान की निम्न भूमि में पहुँच गए हैं। वे चित्त में ही वास करते हैं। वे वहाँ निष्क्रिय रूप से अवस्थान करते हो,' ऐसी बात नहीं, वरन् भीतर-ही-भीतर कार्य करते रहते हैं।

स्थूल रूप में प्रकाशित चित्तवृत्तियों को हम समझ सकते हैं और उनका अनुभव कर सकते हैं, उनका दमन अधिक सुगमता से किया जा सकता है। पर इन सब सूक्ष्मतर संस्कारों का दमन कैसे होगा? उन्हें कैसे दबाया जाये? जब मैं क्रुद्ध होता हूँ, तब मेरा सारा मन मानों क्रोध की एक बड़ी तरंग में परिणत हो जाता है। मैं वह अनुभव कर सकता हूँ, उसे देख सकता हूँ, उसे मानो हाथ में लेकर हिला-डुला सकता हूँ, उसके साथ अनायास ही, जो इच्छा हो वही कर सकता हूँ, उसके साथ लड़ाई कर सकता हूँ, पर यदि मैं मन के अत्यन्त गहरे प्रदेश में न जा सकूँ, तो कभी भी मैं उसे जड़ से उखाड़ने में सफल न हो सकूँगा। कोई मुझे दो कड़ी बातें सुना देता है, और मैं अनुभव करता हूँ कि मेरा खून गरम होता जा रहा है। उसके और भी कुछ कहने पर मेरा खून उबल उठता है और मैं अपने आपे से बाहर हो जाता हूँ, क्रोध-वृत्ति के साथ मानों अपने को एक कर लेता हूँ। जब उसने मुझे सुनाना आरम्भ किया था, उस समय मुझे अनुभव हो रहा था कि मुझमें क्रोध आ रहा है। उस समय क्रोध अलग था और मैं अलग; किन्तु जब मैं क्रुद्ध हो उठा, तो मैं ही मानों क्रोध में परिणत हो गया। इन वृत्तियों को जड़ से उनकी सूक्ष्मावस्था से ही उखाड़ना पड़ेगा, वे हमारे ऊपर कार्य कर रही हैं, यह समझने के पहले ही उन पर संयम करना पड़ेगा। संसार के अधिकतर मनुष्यों को तो इन वृत्तियों की सूक्ष्मावस्था के अस्तित्व तक का पता नहीं। जिस अवस्था में ये वृत्तियाँ अवचेतन अर्थात ज्ञान की निम्न भूमि से थोड़ी-थोड़ी करके उदित होती हैं, उसी को वृत्ति की सूक्ष्मावस्था कहते हैं। जब किसी सरोवर की तली से एक बुलबुला

ऊपर उठता है, तब हम उसे देख नहीं पाते; केवल इतना ही नहीं, जब वह सतह के बिलकुल नजदीक आ जाता है, तब भी हम उसे देख नहीं पाते, पर जब वह ऊपर उठकर फट जाता है और एक लहर फैला देता है, तभी हम उसका अस्तित्व जान पाते हैं। इसी प्रकार जब हम इन वृत्तियों को उनकी सूक्ष्मावस्था में ही पकड़ सकेंगे, तभी हम उन्हें रोकने में समर्थ हो सकेंगे। उनके स्थूल रूप धारण करने के पहले ही यदि हम उनको पकड़ न सके, उनको संयत न कर सके, तो फिर किसी भी वासना पर सम्पूर्ण रूप से जय प्राप्त कर सकने की आशा नहीं। वासनाओं को संयत करने के लिए हमें उनके मूल में जाना पड़ेगा। तभी हम उनके बीज तक को दग्ध कर डालने में सफल होंगे। जैसे भूने हुए बीज जमीन में बो देने पर फिर अंकुरित नहीं होते, उसी प्रकार ये वासनाएँ भी फिर कभी उदित न होंगी।

ते प्रतिप्रसवहेयाः सूक्ष्माः ॥१०॥

**सूत्रार्थ**–उन सूक्ष्म संस्कारों को प्रतिप्रसव यानी प्रतिलोम-परिणाम के द्वारा (अर्थात् चित्त को अपने कारण में विलीन करने के साधन द्वारा) नाश करना पड़ता है।

**व्याख्या**–ध्यान के द्वारा जब चित्तवृत्तियाँ नष्ट हो जाती हैं, तब जो बच रहता है, उसे सूक्ष्म संस्कार या वासना कहते हैं। उसको नष्ट करने का उपाय क्या है? उसे प्रतिप्रसव अर्थात् प्रतिलोम-परिणाम के द्वारा नष्ट करना पड़ता है। प्रतिलोम परिणाम का अर्थ है–कार्य का कारण में लय। चित्तरूप कार्य जब समाधि के द्वारा अस्मितारूप अपने कारण में लीन हो जाता है, तभी चित्त के साथ ये सब संस्कार भी नष्ट हो जाते हैं।

ध्यानहेयास्तद्वृत्तयः ॥११॥

**सूत्रार्थ**–ध्यान के द्वारा उनकी (स्थूल) वृत्तियाँ नष्ट करनी पड़ती हैं।

**व्याख्या**–ध्यान ही इन बड़ी तरंगों की उत्पत्ति को रोकने का एक प्रधान उपाय है। ध्यान के द्वारा मन की ये वृत्तिरूप लहरें दब जाती

हैं। यदि तुम दिन-पर-दिन, मास-पर-मास, वर्ष-पर-वर्ष, इस ध्यान का अभ्यास करो–जब तक वह तुम्हारे स्वभाव में न भिद जाये, जब तक तुम्हारे इच्छा न करने पर भी वह ध्यान आप-से-आप न आने लगे–तो क्रोध, घृणा आदि वृत्तियाँ संयत हो जायेंगी।

क्लेशमूलः कर्माशयो दृष्टादृष्टजन्मवेदनीयः ।।१२।।

**सूत्रार्थ**–कर्मसंस्कारों के समुदाय की जड़ ये सब पूर्वोक्त क्लेश ही हैं; वर्तमान या भविष्य में होने वाले जीवन में ये फल प्रसव करते हैं।

**व्याख्या**–कर्माशय का अर्थ है इन संस्कारों की समष्टि। हम जो भी कार्य करते हैं, वह मानस-सरोवर में एक लहर उठा देता है। हम सोचते हैं कि इस काम के समाप्त होते ही वह लहर भी चली जायेगी, पर वास्तव में वैसा नहीं होता। वह तो बस सूक्ष्म आकार भर धारण कर लेती है, पर रहती वहीं है। जब हम उस कार्य को स्मरण में लाने का प्रयत्न करते हैं, त्योंही वह फिर से उठ आती है और लहर-रूप धारण कर लेती है। इससे यह स्पष्ट है कि वह मन के ही भीतर छिपी हुई थी, यदि ऐसा न होता, तो स्मृति ही सम्भव न होती। अतएव हर एक काम, हर एक विचार, वह चाहे शुभ हो चाहे अशुभ, मन के सबसे गहरे प्रदेश में जाकर सूक्ष्मभाव धारण कर लेता है और वहीं संचित रहता है। सुखकर या दुःखकर सभी प्रकार के विचार को क्लेश कहते हैं, क्योंकि योगियों के मतानुसार दोनों से ही अन्त में दुःख उत्पन्न होता है। इन्द्रियों से जो सब सुख मिलते हैं, वे अन्त में दुःख ही लाते हैं, क्योंकि भोग से और अधिक भोग की तृष्णा होती है और इसका अनिवार्य फल होता है–दुःख। मनुष्य की वासना का कोई अन्त नहीं, वह लगातार वासना-पर-वासना रचता जाता है और जब ऐसी अवस्था में पहुँचता है, जहाँ उसकी वासना पूर्ण नहीं होती, तो फल होता है–दुःख। इसीलिए योगीगण शुभ-अशुभ समस्त संस्कारों की समष्टि को क्लेश कहते हैं, वे सब आत्मा की मुक्ति में बाधक होते हैं।

हमारे सारे कार्यों के सूक्ष्म मूलस्वरूप संस्कारों के बारे में भी

ऐसा ही समझना चाहिए। वे कारणस्वरूप होकर इहजीवन अथवा परजीवन में फल प्रसव करते हैं। विशेष स्थलों में ये संस्कार, विशेष प्रबल रहने के कारण, बहुत शीघ्र अपना फल दे देते है, अत्युत्कट पुण्य या पाप कर्म इहजीवन में ही अपना फल सामने ला देता है। योगीगण कहते हैं कि जो मनुष्य इहजीवन में ही अत्यन्त प्रबल शुभ संस्कार उपार्जन कर सकते हैं, उन्हें मृत्यु तक बाट जोहने की आवश्यकता नहीं होती, वे तो इसी जीवन में अपने शरीर को देव-शरीर में परिणत कर सकते हैं। योगियों के ग्रन्थों में इस प्रकार के कई दृष्टान्तों का उल्लेख मिलता है। ये व्यक्ति अपने शरीर के उपादान तक को बदल डालते हैं। ये लोग अपने शरीर के परमाणुओं को ऐसे नए ढंग से ठीक कर लेते हैं कि उनको फिर और कोई बीमारी नहीं होती, और हम लोग जिसे मृत्यु कहते हैं, वह भी उनके पास नहीं फटक सकती। ऐसी घटना न होने का तो कोई कारण नहीं है। शारीरविधानशास्त्र खाद्य का अर्थ बतलाते हैं–सूर्य से शक्ति ग्रहण। वह शक्ति पहले वनस्पति में प्रवेश करती है, उस वनस्पति को कोई पशु खा लेता है, फिर उस पशु को कोई मनुष्य। इसे वैज्ञानिक भाषा में व्यक्त करना हो, तो कहना पड़ेगा कि हमने सूर्य से कुछ शक्ति ग्रहण करके उसे अपने अभीभूत कर लिया। यदि यही बात हो, तो इस शक्ति को अपने अन्दर लेने के लिए केवल एक ही तरीका क्यों रहना चाहिए? पौधे हमारी तरह शक्तिग्रहण नहीं करते; और हम जिस प्रकार शक्ति संग्रह करते हैं, धरती उस प्रकार नहीं करती। पर तो भी सभी किसी-न-किसी प्रकार से शक्तिसंग्रह करते ही हैं। योगियों का कहना है कि वे केवल मन की शक्ति के द्वारा शक्तिसंग्रह कर सकते हैं। वे कहते हैं कि हम बिना किसी साधारण उपाय का अवलम्बन किए ही यथेच्छ शक्ति भीतर ले सकते हैं। जैसे एक मकड़ी अपने ही उपादान से जाला बनाकर उसमें बद्ध हो जाती है और जाले के तन्तुओं का सहारा लिए बिना कहीं नहीं जा सकती, उसी प्रकार हमने भी अपने ही उपादान से इस स्नायु-जाल की सृष्टि की है और अब उस स्नायु-प्रणाली का बिना अवलम्बन किए कोई काम ही

नहीं कर सकते। योगी कहते हैं, हम क्यों उसमें बद्ध हों?

इस तत्त्व को और एक उदाहरण देकर समझाया जा सकता है। हम पृथ्वी के किसी भी भाग में विद्युत-शक्ति भेज सकते हैं, पर उसके लिए हमें तार की जरूरत पड़ती है। किन्तु प्रकृति तो बिना तार के ही बड़े परिमाण में यह शक्ति भेजती रहती है। हम भी वैसा क्यों न कर सकेंगे? हम चारों ओर मानस-विद्युत् भेज सकते हैं। हम जिसे मन कहते हैं, वह बहुत कुछ विद्युत्-शक्ति के ही सदृश हैं। स्नायु के बीच में जो एक तरल पदार्थ प्रवाहित होता है, उसमे बड़े परिमाण में विद्युत्-शक्ति है, इसमें कोई सन्देह नहीं, क्योंकि विद्युत् के समान उसके भी दोनों ओर विपरीत शक्तिद्वय दिखाई पड़ती है, तथा विद्युत् के अन्यान्य सब धर्म उसमें भी देखे जाते हैं। इस विद्युत शक्ति को अभी हम केवल स्नायुओं में से ही प्रवाहित कर सकते हैं। पर बात यह है कि स्नायुओं की सहायता लिए बिना ही हम इसे क्यों नहीं प्रवाहित कर सकेंगे? योगी कहते हैं, हाँ, यह पूरी तरह से सम्भव है, और सम्भव ही नहीं, वरन् इसे कार्य में भी परिणत किया जा सकता है। और जब तुम इसमें कृतकार्य हो जाओगे, तब सारे संसार भर में अपनी इस शक्ति को परिचालित करने में समर्थ हो जाओगे। तब तुम किसी स्नायु-यंत्र की सहायता लिए बिना ही किसी भी स्थान में, किसी भी शरीर द्वारा कार्य कर सकोगे। जब तक आत्मा इस स्नायु-यन्त्ररूप प्रणाली के भीतर से काम करती रहती है, हम कहते हैं, कि मनुष्य जीवित है, और जब इन यन्त्रों का कार्य बन्द हो जाता है, तो कहते हैं कि मनुष्य मर गया। पर जब मनुष्य इस प्रकार के स्नायु-यन्त्र की सहायता से, या बिना उसकी सहायता के भी, कार्य करने में समर्थ हो जाता है, तब उसके लिए जन्म और मृत्यु का कोई अर्थ नहीं रह जाता। संसार में जितने शरीर हैं, वे सबके-सब तन्मात्राओं से बने हुए हैं, उनमें भेद हैं केवल तन्मात्राओं के विन्यास की प्रणाली में। यदि तुम्हीं उस विन्यास के कर्ता हो, तो तुम इच्छानुसार शरीर की रचना कर सकते हो। यह शरीर तुम्हारे सिवाय और किसने बनाया है? अन्न कौन खाता है? यदि कोई और तुम्हारे लिए

भोजन करता रहे, तो तुम कोई अधिक दिन जीवित न रहोगे। उस अन्न से रुधिर भी कौन तैयार करता है? अवश्य तुम्हीं। उस रुधिर को शुद्ध करके कौन धमनियों में प्रवाहित करता है? तुम्हीं। हम शरीर के मालिक हैं और उसमें वास करते हैं। उसका किस प्रकार पुनर्गठन किया जाये, बस इसी ज्ञान को हम खो बैठे हैं। हम यन्त्र के समान अवनतस्वभाव हो गए हैं। हम शरीर के परमाणुओं की विन्यामप्रणाली भूल गए हैं। अतः आज हम जिसे यन्त्रवत् किए जा रहे हैं, उसी को अब जान-बूझकर करना होगा। हम ही तो मालिक हैं—कर्ता हैं, अतः हमीं को इस विन्यासप्रणाली को नियमित करना होगा। और जब हम इसमें कृतकार्य हो जायेंगे, तब अपनी इच्छानुसार शरीर का पुनर्गठन कर लेंगे, और तब हमारे लिए जन्म, मृत्यु, आधि-व्याधि कुछ भी न रह जायेगा।

सति मूले तद्विपाको जात्यायुर्भोगा ।।१३।।

**सूत्रार्थ**—(मन में इस संस्कारस्वरूप) मूल के विद्यमान रहने तक उसका फलभोग (मनुष्य आदि विभिन्न जाति), (भिन्न-भिन्न) आयु और सुख-दुःख के भोग (के रूप में) होता रहता है।

**व्याख्या**—संस्कार रूप जड़ अर्थात् कारण भीतर में विद्यमान रहने के कारण वे ही व्यक्तभाव धारण कर फल के रूप में परिणत होते हैं। कारण का नाश होकर कार्य अर्थात् फल का उदय होता है, फिर कार्य सूक्ष्मभाव धारण कर बाद के कार्य का कारणस्वरूप होता है। वृक्ष बीज को उत्पन्न करता है, बीज फिर बाद के वृक्ष की उत्पत्ति का कारण होता है। हम इस समय जो कुछ कर्म कर रहे हैं, वे समस्त पूर्वसंस्कार के फलस्वरूप हैं। ये ही कर्म फिर संस्कार के रूप में परिणत होकर भावी कार्य का कारण हो जायेंगे। बस इसी प्रकार कार्य-कारणप्रवाह चलता रहता है। इसीलिए यह सूत्र कहता है कि कारण विद्यमान रहने से उसका फल या कार्य अवश्यमेव होगा। यह फल पहले जाति के रूप में प्रकाशित होता है—कोई लोग मनुष्य होंगे, तो कोई देवता, कोई पशु, तो कोई असुर। फिर, यह कर्म आयु को भी नियमित करता है। एक मनुष्य पचास वर्ष जीवित रहता है, तो दूसरा सौ वर्ष, और कोई दो वर्ष

के बाद ही चल बसता है। यह जो आयु की विभिन्नता है, वह पूर्वकर्म द्वारा ही नियमित होती है। फिर इसी प्रकार, किसी को देखने पर प्रतीत होता है कि मानों सुख-भोग के लिए ही उसका जन्म हुआ है यदि वह वन में भी चला जाये, तो वहाँ भी सुख मानों उसके पीछे-पीछे जाते हैं। और कोई दूसरा व्यक्ति ऐसा होता है कि उसके पीछे दुःख मानों छाया के समान लगे रहते हैं। यह सब उनके अपने-अपने पूर्वकर्म का फल हैं। योगियों के मतानुसार पुण्यकर्म सुख लाते हैं और पापकर्म दुःख। जो मनुष्य कुकर्म करता है, वह क्लेश के रूप में अपने किए का फल अवश्य भोगता है।

ते हलादपरितापफला पुण्यापुण्यहेतुत्वात् ।।१४।।

**सूत्रार्थ**–वे (जाति, आयु और भोग) हर्ष और शोकरूप फल के देनेवाले होते हैं, क्योंकि उनके कारण हैं पुण्य और पाप कर्म।

परिणामतापसंस्कारदु खैर्गुणवृत्तिविरोधाच्च-
दुःखमेव सर्व विवेकिनः ।।१५।।

**सूत्रार्थ**–परिणाम-काल में परिणाम (नतीजा) रूप जो दुःख है, भोग-काल में भोग में विघ्न होने की आशंकारूप जो दुःख है, अथवा सुख के संस्कार से उत्पन्न होने वाला तृष्णारूप जो दुःख है उस सबका जन्मदाता होने के कारण, तथा गुणवृत्तियों में अर्थात् सत्व, रज और तम में परस्पर विरोध होने के कारण विवेकी पुरुष के लिए सब-का-सब दुःख रूप ही है।

**व्याख्या**–योगीगण कहते हैं कि जिनमें विवेकशक्ति है, जिनमें थोड़ी-सी भी अन्तर्दृष्टि है, वे सुख और दुःख नाम वाली सर्वविध वस्तुओं के अन्तस्तल तक को देख लेते हैं और जान लेते हैं कि ये सुख और दुःख आपस में मानों गुँथे हुए हैं, एक ही दूसरे में परिणत हो जाता है और इनसे संसार में कोई भी अछूता नहीं रहता–ये सबके पास आते हैं। वे विवेकी पुरुष देखते हैं कि मनुष्य सारा जीवन मृगजल के पीछे दौड़ता रहता है और कभी अपनी वासनाओं को पूर्ण नहीं कर पाता। एक समय महाराज युधिष्ठिर ने कहा था, 'जीवन में सबसे आश्चर्यजनक

घटना तो यह है कि हम प्रतिक्षण प्राणियों को कालकवलित होते देखते हैं, फिर भी सोचते हैं कि हम कभी नहीं मरेंगे।' चारों ओर मूर्खों से घिरे रहकर हम सोचते हैं कि हमीं एकमात्र पण्डित हैं। चारों ओर सब प्रकार की चंचलता के दृष्टान्तों से घिरे रहकर हम सोचते हैं कि हमारा प्यार ही एकमात्र स्थायी प्यार है। यह कैसे हो सकता है? प्यार भी स्वार्थपरता से भरा है। योगी कहते हैं, 'अन्त में हम देखेंगे कि दोस्तों का प्रेम, सन्तान का प्रेम, यहाँ तक कि पति-पत्नी का प्रेम भी धीरे-धीरे क्षीण होकर नाश को प्राप्त हो जाता है।' नाश ही इस संसार का धर्म है—वह किसी भी वस्तु को अछूता नहीं रखता। जब मनुष्य संसार की समस्त वासनाओं में, यहाँ तक कि प्यार में भी निराश हो जाता है, तभी मानों आश्चर्यचकित के समान वह समझ पाता है कि यह संसार भी कैसा भ्रम है, कैसा स्वप्न के समान है। तभी वैराग्य की एक किरण उसके हृदय में फैलती है, तभी वह जगदातीत सत्ता की मानो थोड़ी-सी झलक पाता है। इस संसार को छोड़ने पर ही परलौकिक तत्त्व हृदय में उद्भासित होता है, इस संसार के सुख में आसक्त रहने तक यह कभी सम्भव नहीं होता। ऐसे कोई महात्मा नहीं हुए, जिन्हें यह उच्चावस्था प्राप्त करने के लिए इन्द्रिय-सुख-भोग त्यागना न पड़ा हो। दुःख का कारण है—प्रकृति की विभिन्न शक्तियों का आपस में विरोध। प्रत्येक अपनी-अपनी ओर खींचती हैं, और इस प्रकार स्थायी सुख असम्भव हो जाता है।

हेयं दुःखमनागतम् ।।१६।।

**सूत्रार्थ**—जो दुःख अभी तक नहीं आया, उसका त्याग करना चाहिए।

**व्याख्या**—कर्म का कुछ अंश हम पहले ही भोग चुके हैं, कुछ अंश हम वर्तमान में भोग रहे हैं, और शेष अंश भविष्य में फल प्रदान करेगा। हमने जिसका भोग कर लिया है, वह तो अब समाप्त हो चुका। हम वर्तमान में जिसका भोग कर रहे हैं, उसका भोग तो हमें करना ही पड़ेगा, केवल जो कर्म भविष्य में फल देने के लिए बच रहे हैं, उसी

पर हम जय प्राप्त कर सकते हैं अर्थात् उसका नाश कर सकते हैं। इसीलिए हमें अपनी पूरी शक्ति उस कर्म के नाश के लिए प्रयुक्त कर देनी चाहिए, जिसने अभी तक कोई फल पैदा नहीं किया है।

द्रष्टृदृष्ययोः संयोगो हेयहेतुः ॥१७॥

**सूत्रार्थ**–यह जो हेय है, अर्थात् जिस दुःख का त्याग करना होगा, उसका कारण है द्रष्टा और दृश्य का संयोग।

**व्याख्या**–इस द्रष्टा का अर्थ क्या है?–मनुष्य की आत्मा-पुरुष। दृश्य क्या है?–मन से लेकर स्थूल भूत तक सारी प्रकृति। इस पुरुष और मन के संयोग से ही समस्त सुख-दुःख उत्पन्न हुए हैं। तुम्हें याद होगा, इस योगदर्शन के मतानुसार पुरुष शुद्धस्वरूप है, ज्योंही वह प्रकृति के साथ संयुक्त होता है और प्रकृति में प्रतिबिम्बित होता है, त्योंही वह सुख अथवा दुःख का अनुभव करता हुआ प्रतीत होता है।

प्रकाशक्रियास्थितिशीलं भूतेन्द्रियात्मकं-
भोगापवर्गार्थं दृश्यम् ॥१८॥

**सूत्रार्थ**–प्रकाश, क्रिया और स्थिति जिसका स्वभाव है, भूत और इन्द्रियाँ जिसका (प्रकट) स्वरूप है, (पुरुष के) भोग और मुक्ति के लिए ही जिसका प्रयोजन है, वह दृश्य है।

**व्याख्या**–दृश्य अर्थात् प्रकृति भूतों और इन्द्रियों की समष्टि है; भूत कहने से स्थूल, सूक्ष्म सब प्रकार के भूतों का बोध होता है, और इन्द्रिय से आँख आदि समस्त इन्द्रियाँ तथा मन आदि का भी बोध होता है। उनके धर्म तीन प्रकार के हैं; जैसे-प्रकाश, कार्य और स्थिति यानी जड़त्व, इन्हीं को दूसरे शब्दों में सत्त्व, रज और तम कहते हैं। समग्र प्रकृति का उद्देश्य क्या है? यहीं कि पुरुष समुदय भोग करके विशेषज्ञ हो जाये। पुरुष मानों अपने महान् ईश्वरीय भाव को भूल गया है। इस सम्बन्ध में एक बड़ी सुन्दर कहानी है–

किसी समय देवराज इन्द्र शूकर बनकर कीचड़ में रहते थे, उनके एक शूकरी थी–उस शूकरी से उनके बहुत से बच्चे पैदा हुए थे। वे बड़े सुख से समय बिताते थे। कुछ देवता उनकी यह दुरावस्था

देखकर उनके पास आकर बोले, "आप देवराज हैं, समस्त देवगण आपके शासन के अधीन हैं। फिर आप यहाँ क्यों हैं?" परन्तु इन्द्र ने उत्तर दिया, "मैं बड़े मजे में हूँ। मुझे स्वर्ग की परवाह नहीं, यह शूकरी और ये बच्चे जब तक हैं, तब तक स्वर्ग आदि कुछ भी नहीं चाहिए।" देवगण यह सुनकर तो किंकर्तव्यविमूढ़ हो गए–उन्हें कुछ सूझ न पड़ा। कुछ दिनों बाद उन्होंने मन-ही-मन एक संकल्प किया कि वे एक-के-बाद-एक सब बच्चों को मार डालेंगे। एक दिन उन्होंने आकर एक बच्चे को मार डाला, फिर दूसरे को, और इस प्रकार सभी बच्चे मार डाले गए। अन्त में देवगणों ने उस शूकरी को भी मार डाला। जब इन्द्र का सारा परिवार इस प्रकार नष्ट हो गया, तो इन्द्र कातर होकर विलाप करने लगे। तब देवताओं ने इन्द्र की शूकर-देह को भी चीर डाला। तब तो इन्द्र उस शूकर-देह से बाहर होकर हँसने लगे और सोचने लगे, 'मैं भी कैसा भयंकर स्वप्न देख रहा था। कहाँ मैं देवराज, और कहाँ इस शूकर जन्म को ही एकमात्र जन्म समझ बैठा था, यही नहीं, वरन् सारा संसार शूकर-देह धारण करे, ऐसी कामना कर रहा था।' पुरुष भी बस इसी प्रकार प्रकृति के साथ मिलकर भूल जाता है कि वह शुद्धस्वभाव और अनन्तस्वरूप है। पुरुष को अस्तित्वशाली नहीं कहा जा सकता, क्योंकि वह स्वयं अस्तित्वस्वरूप है। आत्मा को ज्ञानसम्पन्न नहीं कहा जा सकता, क्योंकि आत्मा स्वयं ज्ञानस्वरूप है। उसे प्रेमसम्पन्न नहीं कहा जा सकता, क्योंकि वह स्वयं प्रेमस्वरूप है। आत्मा को अस्तित्वशाली, ज्ञानयुक्त अथवा प्रेममय कहना सर्वथा भूल है। प्रेम, ज्ञान और अस्तित्व पुरुष के गुण नहीं, वे तो उसका स्वरूप हैं। जब वे किसी वस्तु में प्रतिबिम्बित होते हैं, तब चाहो तो उन्हें उस वस्तु के गुण कह सकते हो। किन्तु वे पुरुष के गुण नहीं हैं, वे तो उस महान् आत्मा, उस अनन्त पुरुष का स्वरूप है, जिसका न जन्म है, न मृत्यु और जो अपनी महिमा में विराजमान है। किन्तु वह यहाँ तक स्वरूपभ्रष्ट हो गया है कि यदि तुम उसके पास जाकर कहो कि तुम शूकर नहीं हो, तो वह चिल्लाने लगता है और काटने दौड़ता है।

इस माया के बीच, इस स्वप्नमय जगत् के बीच हमारी भी ठीक वही दशा हो गई है। यहाँ है केवल रोना, केवल दुःख, केवल हाहाकार। अजीब तमाशा है यहाँ का। यहाँ सोने के कुछ गोले लुढ़का दिए जाते हैं और बस सारा संसार उनके लिए, पागलों के समान टूट पड़ता है। तुम कभी भी किसी नियम से बद्ध नहीं थे। प्रकृति का बन्धन तुम पर किसी काल में नहीं है। योगी तुम्हें यही शिक्षा देते हैं, धैयपूर्वक इसको सीखो। योगी यह समझने देते हैं कि पुरुष किस प्रकार इस प्रकृति के साथ अपने को मिलाकर–अपने को मन और जगत् के साथ एकरूप करके अपने आप को दुःखी समझने लगता है। योगी यह भी कहते हैं कि इस दुःखमय संसार से छुटकारा पाने का एकमात्र उपाय है–प्रकृति के सारे सुख–दुःख भोगकर अभिज्ञता प्राप्त कर लेना। भोग अवश्यम्भावी है, वह तो करना ही होगा, अतएवः जितनी जल्दी वह कर लिया जाये, उतना ही मंगल है। हमने अपने–आपको इस जाल में फँसा लिया है, हमें इसके बाहर आना होगा। हम स्वयं इस फन्दे में फँस गए हैं, और अब अपने ही प्रयत्न से उससे मुक्ति प्राप्त करनी पड़ेगी। अतएव, पति–पत्नी सम्बन्धी, मित्र सम्बन्धी तथा और भी जो सब छोटी–छोटी प्रेम की आकाक्षाएँ हैं, सभी को भोग कर डालो। यदि अपना स्वरूप तुम्हें सदा याद रहे, तो तुम शीघ्र ही निर्विघ्न इसके पार हो जाओगे। यह कभी न भूलना कि यह अवस्था बिलकुल अल्प समय के लिए है और हमें इसके भीतर से बाध्य होकर जाना पड़ रहा है। भोग–सुख–दुःख का यह अनुभव ही–हमारा एकमात्र महान् शिक्षक है, लेकिन स्मरण रहे, ये सब भोग मार्ग की केवल सामयिक घटनाएँ मात्र हैं, वे क्रमशः हमें एक ऐसी अवस्था में ले जाते हैं, जहाँ संसार की समस्त वस्तुएँ बिलकुल तुच्छ हो जाती हैं। तब पुरुष विश्वव्यापी विराट के रूप में प्रकाशित हो जाता है और तब यह सारा विश्व सिन्धु में एक बिन्दु–सा प्रतीत होने लगता है और अपनी ही इस क्षुद्रता के कारण–इस शून्यता के कारण न जाने कहाँ विलीन हो जाता है। सुख–दुःख का भोग तो हमें करना ही पड़ेगा, पर स्मरण रहे, हम अपना परम लक्ष्य कभी न

भूलें।

विशेषाविशेषलिंगमात्रालिंगानि गुणपर्वाणि ।।१९।।

**सूत्रार्थ**–विशेष (भूतेन्द्रिय), अविशेष (तन्मात्र अस्मिता), केवल चिह्नमात्र (महत्) और चिह्नशून्य (प्रकृति)–ये चार (सत्यादि) गुणों की अवस्थाएँ हैं।

**व्याख्या**–यह पहले कहा जा चुका है कि योगशास्त्र सांख्यदर्शन पर स्थापित है। यहाँ पर फिर से सांख्यदर्शन का जगत्-सृष्टिप्रकरण स्मरण कर लेना आवश्यक है। सांख्यमत से, प्रकृति ही जगत् का निमित्त और उपादान कारण है। यह प्रकृति तीन प्रकार के धातुओं से निर्मित है–सत्त्व, रज और तम। तम पदार्थ केवल अन्धकारस्वरूप है, जो कुछ अज्ञानात्मक और भारी है, सभी तमोमय है। रज क्रियाशक्ति है और सत्त्व स्थिर एवं प्रकाशस्वभाव है। सृष्टि के पूर्व प्रकृति जिस अवस्था में रहती है, उसे सांख्यमतावलम्बी दार्शनिकगण अव्यक्त, अविशेष या अविभक्त कहते हैं, इसका तात्पर्य यह कि इस अवस्था में नाम-रूप का कोई भेद नहीं रहता, इस अवस्था में ये-तीनों पदार्थ पूर्ण साम्यभाव से रहते हैं। उसके बाद जब यह साम्यावस्था नष्ट होकर वैषम्यावस्था आती है, तब ये तीनों पदार्थ अलग-अलग रूप से परस्पर मिश्रित होते रहते हैं और उनका फल है यह जगत्। प्रत्येक मनुष्य में भी ये तीन पदार्थ विद्यमान हैं। जब सत्त्व प्रबल होता है, तब ज्ञान का उदय होता है, रज प्रबल होने पर क्रिया की वृद्धि होती है, और तम प्रबल होने पर अन्धकार, आलस्य और अज्ञान आते हैं। सांख्यमत के अनुसार, निगुणमयी प्रकृति का सर्वोच्च प्रकार है महत् या बुद्धि तत्त्व-उसे सर्वव्यापी या सार्वजनीन बुद्धितत्त्व कहते हैं। प्रत्येक मानव-बुद्धि इस सर्वव्यापी बुद्धितत्त्व का एक अंश-मात्र है। सांख्य-मनोविज्ञान के मत से, मन और बुद्धि में विशेष भेद है। मन का काम है केवल विषय के आघात से उत्पन्न संवेदनाओं को भीतर ले जाकर एकत्रित करना और उन्हें बुद्धि अर्थात् व्यष्टि या व्यक्तिगत महत् के सामने रख देना। बुद्धि उन सब विषयों का निश्चय करती है। महत् से अहतत्त्व और अहतत्त्व से सूक्ष्म भूतों की

उत्पत्ति होती है। ये सूक्ष्म भूत फिर परस्पर मिलकर इन बाहरी स्थूल भूतों में परिणत होते हैं। उसी से इस स्थूल जगत् की उत्पत्ति होती है। सांख्यदर्शन का मत है कि बुद्धि से लेकर पत्थर के एक टुकड़े तक सभी एक ही पदार्थ से उत्पन्न हुए हैं, उनमें जो भेद है, वह केवल उनकी सूक्ष्मता और स्थूलता में ही है। सूक्ष्म कारण है और स्थूल कार्य। सांख्यदर्शन के मतानुसार, पुरुष समग्र प्रकृति के बाहर है, वह जड़ नहीं है। पुरुष बुद्धि, मन, तन्मात्रा या स्थूल भूत इनमें से किसी के भी समान नहीं है। वह सर्वथा अलग है, उसका स्वभाव सम्पूर्णतः भिन्न है। इससे वे यह सिद्धान्त स्थिर करते हैं कि पुरुष अवश्य मृत्युरहित, अजर और अमर होना चाहिए, क्योंकि वह किसी प्रकार के मिश्रण से उत्पन्न नहीं हुआ है। और जो किसी मिश्रण से उत्पन्न नहीं हुआ है, उसका कभी नाश भी नहीं हो सकता। इन पुरुषों या आत्माओं की संख्या अनगिनत है।

अब हम इस सूत्र का तात्पर्य समझ सकेंगे। 'विशेष' शब्द स्थूल भूतों को लक्ष्य करता है–जिनकी हम इन्द्रियों से उपलब्धि कर सकते हैं। 'अविशेष' का अर्थ है सूक्ष्म भूत-तन्मात्रा, इन तन्मात्राओं की उपलब्धि साधारण मनुष्य नहीं कर सकते। किन्तु पतंजलि कहते हैं, 'यदि तुम योग का अभ्यास करो, तो कुछ दिनों बाद तुम्हारी अनुभव-शक्ति इतनी सूक्ष्म हो जायेगी कि तुम सचमुच तन्मात्राओं को भी देख सकोगे।' तुम लोगों ने सुना होगा कि हर एक मनुष्य की अपनी एक प्रकार की ज्योति होती है, प्रत्येक प्राणी के भीतर से हमेशा एक प्रकार का प्रकाश बाहर निकलता रहता है। पतंजलि कहते हैं, योगी ही उसे देखने में समर्थ होते हैं। हममें से सभी उसे नहीं देख पाते, फिर भी जिस प्रकार फूल में से सदैव फूल की सूक्ष्मातिसूक्ष्म परमाणुस्वरूप तन्मात्राएँ बाहर निकलती रहती हैं, जिसके द्वारा हम उसकी गन्ध ले सकते हैं, उसी प्रकार हमारे शरीर से भी ये तन्मात्राएँ सततः निकल रही हैं। प्रतिदिन हमारे शरीर से शुभ या अशुभ किसी-न-किसी प्रकार की शक्तिराशि बाहर निकलती रहती है। अतएव हम जहाँ भी जायेंगे, वहीं आकाश इन

तन्मात्रामओं से पूर्ण होकर रहेगा। इसका असल रहस्य न जानते हुए भी, इसी से मनुष्य के मन में अनजाने मन्दिर, गिरजा आदि बनाने का भाव आया है। भगवान को भजने के लिए मन्दिर बनाने की क्या आवश्यकता थी? क्यों, कहीं भी तो ईश्वर की उपासना की जा सकती थी। फिर यह सब मन्दिर आदि क्यों, इसका कारण यह है कि स्वयं इस रहस्य को न जानने पर भी, मनुष्य के मन में स्वाभाविक रूप से ऐसा उठा था कि जहाँ पर लोग ईश्वर की उपासना करते हैं, वह स्थान पवित्र तन्मात्राओं से परिपूर्ण हो जाता है। लोग प्रतिदिन वहाँ जाया करते हैं, और मनुष्य जितना ही वहाँ आते-जाते हैं, उतना ही वे पवित्र होते जाते हैं और साथ ही वह स्थान भी अधिकाधिक पवित्र होता जाता है। यदि किसी मनुष्य के मन में-उतना सत्त्वगुण नहीं है, और यदि वह भी वहाँ जाये, तो वह स्थान उस पर भी अपना असर डालेगा और उसके अन्दर सत्त्वगुण का उद्रेक कर देगा। अब हम समझ सकेंगे कि मन्दिर और तीर्थ आदि इतने पवित्र क्यों माने जाते हैं। पर यह सदैव स्मरण रखना चाहिए कि साधु व्यक्तियों के समागम के ऊपर ही उस स्थान की पवित्रता निर्भर रहती है। किन्तु सारी गड़बड़ी तो यही है कि मनुष्य उसका मूल उद्देश्य भूल जाता है—और भूलकर गाड़ी को बैल के आगे जोतना चाहता है। पहले मनुष्य ही उस स्थान को पवित्र बनाते हैं, उसके बाद उस, स्थान की पवित्रता स्वयं कारण बन जाती है और मनुष्यों को पवित्र बनाती रहती है। यदि उस स्थान में सदा असाधु व्यक्तियों का ही आवागमन रहे, तो वह स्थान अन्य स्थानों के समान ही अपवित्र बन जायेगा। इमारत के गुण से नहीं वरन् मनुष्य के गुण से ही मन्दिर पवित्र माना जाता है, पर इसी को हम सदा भूल जाते हैं। इसीलिए प्रबल सत्त्वगुणसम्पन्न साधु और महात्मागण चारों ओर यह सत्त्वगुण बिखेरते हुए अपने चारों ओर स्थित मनुष्यों पर महान् प्रभाव डाल सकते हैं। मनुष्य यहाँ तक पवित्र हो सकता है कि उसकी वह पवित्रता मानो बिलकुल प्रत्यक्ष देखी जा सकती है—वह देह को भेदकर बाहर आने लगती है। साधु का शरीर पवित्र हो जाता है, अतः वह देह जहाँ विचरण करती है, वहाँ पवित्रता

बिखेरती रहती है। यह कवित्व की भाषा नहीं है, रूपक नहीं है, सचमुच वह पवित्रता मानों इन्द्रियगोचर एक बाह्य वस्तु के समान प्रतीत होती है। इसका एक ययार्थ अस्तित्व है—एक ययार्थ सत्ता जो कोई व्यक्ति उस साधु पुरुष के संस्पर्श में आता है, वही पवित्र हो जाता है।

अब देखे, 'लिंगमात्र' का अर्थ क्या है। लिंगमात्र कहने से बुद्धि (महत्तत्त्व) का बोध होता है, वह प्रकृति की पहली अभिव्यक्ति है, उसी से दूसरी सब वस्तुएँ अभिव्यक्त हुई हैं। गुणों की अन्तिम अवस्था का नाम है 'अलिंग' या चिह्नशून्य। यहीं पर आधुनिक विज्ञान और समस्त धर्मों में एक भारी झगड़ा देखा जाता है। प्रत्येक धर्म में यह एक साधारण सत्य देखने में आता है कि यह जगत् चैतन्यशक्ति से उत्पन्न हुआ है। ईश्वर हमारे समान कोई व्यक्तिविशेष है या नहीं, यह विचार छोड़कर केवल मनोविज्ञान की दृष्टि से ईश्वरवाद का तात्पर्य यह है कि चैतन्य ही सृष्टि की आदिवस्तु है, उसी से स्थूल भूत का प्रकाश हुआ है। किन्तु आधुनिक दार्शनिकगण कहते हैं कि चैतन्य सृष्टि की आखिरी वस्तु है। अर्थात् उनका मत यह है कि अचेतन जड़ वस्तुएँ धीरे-धीरे प्राणी के रूप में परिणत हुई हैं, ये प्राणी क्रमशः उन्नत होते-होते मनुष्य-रूप धारण करते हैं। वे कहते हैं, यह बात नहीं है कि जगत् की सब वस्तुएँ चैतन्य से प्रसूत हुई हैं, वरन् चैतन्य ही सृष्टि की आखिरी वस्तु है। यद्यपि धर्मों एवं विज्ञान के सिद्धान्त इस प्रकार आपस में ऊपर से विरुद्ध प्रतीत होते हैं, तथापि इन दोनों सिद्धान्तों को ही सत्य कहा जा सकता है। एक अनन्त शृंखला या श्रेणी लो, जैसे—क-ख-क-ख-क-ख आदि, अब प्रश्न यह है कि इसमें क पहले है या ख? यदि तुम इस शृंखला को क-ख क्रम से लो, तो 'क' को प्रथम कहना पड़ेगा, पर यदि तुम उसे ख-क से शुरू करो, तो 'ख' को आदि मानना होगा। अतः हम उसे जिस दृष्टि से देखेंगे, वह उसी प्रकार प्रतीत होगा। चैतन्य अनुलोम-परिणाम को प्राप्त होकर स्थूल भूत का आकार धारण करता है, स्थूल भूत फिर विलोम-परिणाम से चैतन्यरूप में परिणत होता है, और इस प्रकार क्रम चलता रहता है। सांख्य और

अन्य सब धर्मों के आचार्यगण भी चैतन्य को ही प्रथम स्थान देते हैं। उससे वह श्रृंखला इस प्रकार का रूप धारण करती है कि पहले चैतन्य, और पीछे भूत। वैज्ञानिक भूत को पहले लेकर कहते हैं कि पहले भूत, और पीछे चैतन्य। पर ये दोनों ही उसी एक श्रृंखला की बात कहते हैं। किन्तु–भारतीय दर्शन इस चैतन्य और भूत दोनों के परे जाकर उस पुरुष या आत्मा का साक्षात्कार करता है, जो ज्ञान के भी अतीत है। यह ज्ञान तो मानो उस ज्ञानस्वरूप आत्मा के पास से प्राप्त आलोक के समान है।

द्रष्टा दृशिमात्रः शुद्धोऽपि प्रत्ययरनुपश्यः ।।२०।।

**सूत्रार्थ**–द्रष्टा केवल चैतन्यमान है; यद्यपि वह स्वयं पवित्रस्वरूप है, तो भी यह बुद्धि के भीतर से देखा करता है।

**व्याख्या**–यहाँ पर भी सांख्यदर्शन की बात कही जा रही है। हमने पहले देखा है, सांख्यदर्शन का यह मत है कि अत्यन्त क्षुद्र पदार्थ से लेकर बुद्धि तक सभी प्रकृति के अन्तर्गत हैं, किन्तु पुरुष (आत्माएँ) इस प्रकृति के बाहर हैं, इन पुरुषों के कोई गुण नहीं हैं। तब फिर आत्मा क्योंकर सुखी या दु:खी होती है? केवल बुद्धि में प्रतिबिम्बित होकर वह वैसी प्रतीयमान होती है। जैसे स्फटिक के एक टुकड़े के पास एक लाल फूल रखने पर वह स्फटिक लाल दिखाई देता है, उसी प्रकार हम जो सुख या दु:ख अनुभव कर रहे हैं, वह वास्तव में प्रतिबिम्ब मात्र है, वस्तुतः आत्मा में यह सब कुछ भी नहीं है। आत्मा प्रकृति से सम्पूर्णतः पृथक् वस्तु है। प्रकृति एक वस्तु है और आत्मा दूसरी सम्पूर्ण पृथक् और सर्वदा पृथक्। सांख्याचार्यगण कहते हैं कि ज्ञान एक मिश्र पदार्थ है, उसका ह्रास और वृद्धि दोनों हैं, वह परिवर्तनशील है, शरीर के समान उसमें भी क्रमशः परिणाम होता है, शरीर के जो सब धर्म हैं, उसके भी प्रायः वैसे ही धर्म हैं। नख का शरीर के साथ जैसा सम्बन्ध है, वैसा ही देह का ज्ञान के साथ। नख शरीर का एक अंशविशेष है, उसे सैकड़ों बार काट डालने पर भी शरीर बचा रहेगा। ठीक इसी प्रकार, यह शरीर सैकड़ों बार नष्ट होने पर भी ज्ञान युग–युगान्तर तक बचा रहेगा। तो भी यह ज्ञान कभी अविनाशी नहीं हो सकता, क्योंकि वह

परिवर्तनशील है, उसका ह्रास है, वृद्धि है और जो परिवर्तनशील है, वह कभी अविनाशी नहीं हो सकता। यह ज्ञान एक सृष्ट पदार्थ है, और इसी से यह स्पष्ट है कि इसके ऊपर-इससे श्रेष्ठ एक दूसरा पदार्थ अवश्य है। सम्राट पदार्थ कभी मुक्तस्वभाव नहीं हो सकता; भूत के साथ सश्लिष्ट प्रत्येक वस्तु प्रकृति के अन्तर्गत है और इसलिए वह चिरकाल के लिए बद्धभावापन्न है। तो फिर यथार्थ में मुक्त है कौन? जो कार्यकारण सम्बध के अतीत है, वही वास्तव में मुक्तस्वभाव है। यदि तुम कहो कि यह मुक्तभाव भ्रमात्मक है, तो मैं कहूँगा कि यह बद्धभाव भी भ्रमात्मक हैं। हमारे ज्ञान में ये दोनों ही भाव सदैव वर्तमान हैं, वे आपस में एक दूसरे के आश्रित हैं, एक के न रहने से दूसरा भी नहीं रह सकता। उनमें से एक भाव यह है कि हम बद्ध हैं। मान लो, हमारी इच्छा हुई कि हम दीवार के बीच में से होकर चले जायें। हम चेष्टा करते हैं और हमारा सिर दीवार से टकरा जाता है, तब हम देख पाते हैं कि हम उस दीवार द्वारा सीमाबद्ध हैं। पर साथ ही हम अपनी एक इच्छाशक्ति भी देखते हैं और सोचते हैं कि इस इच्छाशक्ति को हम जहाँ चाहे लगा सकते हैं। पग-पग में हम अनुभव करते हैं कि ये विरोधी भावद्वय हमारे सामने आ रहे हैं। हमें विश्वास करना पड़ता है कि हम मुक्त हैं, पर इधर प्रति मूहूर्त हम यह भी देखते हैं कि हम मुक्त नहीं हैं। इन दोनों में से यदि एक भाव भ्रमात्मक हो, तो दूसरा भी भ्रमात्मक होगा, और यदि एक सत्य हो, तो दूसरा भी सत्य होगा, क्योंकि दोनों ही अनुभवरूप एक ही नींव पर स्थापित हैं। योगी कहते हैं कि ये दोनों भाव सत्य हैं। बुद्धि तक लेने से हम सचमुच बद्ध हैं पर आत्मा की दृष्टि से हम मुक्तस्वभाव हैं। मनुष्य का यथार्थ स्वरूप-आत्मा या पुरुष-कार्य-कारण श्रृंखला के बाहर हैं। आत्मा का यह मुक्तस्वभाव ही भूत के विभिन्न स्तरों में से-बुद्धि, मन आदि नाना रूपों में से-प्रकाशित हो रहा है। वह इसी की ज्योति है, जो सभी के भीतर से प्रकाशित हो रही है। बुद्धि का अपना कोई चैतन्य नहीं है। प्रत्येक इन्द्रिय का मस्तिष्क में एक-एक केन्द्र है। समस्त इन्द्रियों का एक ही केन्द्र नहीं

है, वरन् प्रत्येक का केन्द्र अलग-अलग है। तो फिर हमारी ये अनुभूतियाँ कहाँ जाकर एकत्व को प्राप्त होती हैं? यदि मस्तिष्क में वे एकत्व को प्राप्त होती, तो आँख, कान, नाक सभी का एक ही केन्द्र रहता, पर हम निश्चित रूप से जानते हैं कि वैसा नहीं है—प्रत्येक के लिए अलग-अलग केन्द्र हैं। फिर भी मनुष्य एक ही समय में देख और सुन सकता है। इसी से प्रतीत होता है कि इस बुद्धि के पीछे अवश्य एक एकत्व होना चाहिए। बुद्धि सदैव मस्तिष्क के साथ सम्बद्ध है, किन्तु इस बुद्धि के भी पीछे पुरुष विद्यमान है। वही एकत्वस्वरूप है। उसी के पास जाकर ये सब अनुभूतियाँ एकीभाव को प्राप्त होती हैं। आत्मा ही वह केन्द्र है, जहाँ समस्त भिन्न-भिन्न इन्द्रिय अनुभूतियाँ जाकर एकीभूत होती हैं। यह आत्मा मुक्तस्वभाव है और उसका यह मुक्तस्वभाव ही तुम्हें प्रति क्षण कह रहा है कि तुम मुक्त हो। लेकिन भ्रम में पड़कर तुम उस मुक्तस्वभाव को प्रति क्षण बुद्धि और मन के साथ मिला दे रहे हो। तुम उस मुक्तस्वभाव को बुद्धि पर आरोपित करते हो और दूसरे ही क्षण देखते हो कि बुद्धि मुक्तस्वभाव नहीं है। तुम फिर उस मुक्तस्वभाव को देह पर आरोपित करते हो, और प्रकृति तुम्हें तुरन्त बता देती है कि तुम फिर से भूल रहे हो, मुक्ति देह का धर्म नहीं है। यहीं कारण है कि हमारी मुक्ति और बन्धन ये दो प्रकार की अनुभूतियाँ एक ही समय देखने में आती है। योगी मुक्ति और बन्धन दोनों का विचार करते हैं, और उनका अज्ञानान्धकार दूर हो जाता हैं। वे जान लेते हैं कि पुरुष मुक्तस्वभाव है, ज्ञानधन है, वह बुद्धिरूप उपाधि के भीतर से इस सान्त ज्ञान के रूप में प्रकाशित हो रहा है, बस इसी दृष्टि से वह बद्ध हैं।

तदर्थ एव दृश्यस्यात्मा ।।२१।।

**सूत्रार्थ**—(उक्त) दृश्य अर्थात् प्रकृति का स्वरूप (यानी विभिन्न रूपों में परिणाम) उस (द्रष्टा, चिन्मय पुरुष) के ही (भोग तथा मुक्ति के) लिए है।

**व्याख्या**—प्रकृति की अपनी कोई शक्ति नहीं है। जब तक पुरुष उसके पास उपस्थित रहता है, तभी तक उसकी शक्ति है ऐसा बोध होता

है। चन्द्रमा का प्रकाश जैसे उसका अपना नहीं है, सूर्य से लिया गया है, प्रकृति की शक्ति भी उसी प्रकार पुरुष से प्राप्त है। योगियों के मतानुसार, सारा व्यक्त जगत् प्रकृति से उत्पन्न हुआ है, पर प्रकृति का अपना कोई उद्देश्य नहीं है, केवल पुरुष को मुक्त करना ही उसका प्रयोजन है।

कृतार्थं प्रति नष्टमप्यनष्टं तदन्यसाधारणत्वात् ।।२२।।

**सूत्रार्थ**–जिन्होंने उस परम पद को प्राप्त कर लिया है, उनके लिए प्रकृति का नाश हो जाने पर भी वह नष्ट नहीं होती, क्योंकि वह दूसरों के लिए साधारण है।

**व्याख्या**–यह ज्ञात करा देना ही कि आत्मा प्रकृति से सम्पूर्ण स्वतन्त्र है, प्रकृति का एक मात्र लक्ष्य है। जब आत्मा यह जान लेती है, तब प्रकृति उसे और किसी प्रकार प्रलोभित नहीं कर सकती। जो लोग मुक्त हो गए हैं, केवल उन्हीं के लिए यह सारी प्रकृति बिलकुल उड़ जाती है। पर ऐसे करोड़ों लोग हमेशा ही रहेंगे, जिनके लिए प्रकृति कार्य करती रहेगी।

स्वस्वामिशक्त्योः स्वरूपोपलब्धिहेतु संयोगः ।।२३।।

**सूत्रार्थ**–दृश्य (प्रकृति) और उसके स्वामी (द्रष्टा पुरूष)–इन दोनों की शक्ति के (भोग्यत्व और भोक्तृत्वरूप) स्वरूप को उपलब्धि का हेतु 'संयोग' है।

**व्याख्या**–इस सूत्र के अनुसार, जब आत्मा प्रकृति के साथ संयुक्त होती है, तभी इस संयोग के कारण दोनों की क्रम से द्रष्टृत्व और दृश्यत्व इन दोनों शक्तियों का प्रकाश होता है। तभी यह सारा जगत-प्रपंच विभिन्न रूपों में व्यक्त होता रहता है। अज्ञान ही इस संयोग का हेतु है। हम प्रतिदिन देखते हैं कि हमारे दुःख या सुख का कारण है–शरीर के साथ अपना संयोग कर लेना। यदि मुझे यह निश्चित रूप से ज्ञान रहता कि मैं शरीर नहीं हूँ, तो मुझे ठंड, गरमी या और किसी काम का ख्याल नहीं रहता। यह शरीर एक समवाय या संहति मात्र है। यह कहना भूल है कि मेरा शरीर अलग है, तुम्हारा शरीर अलग और सूर्य एक पृथक

पदार्थ है। यह सारा जगत् महाभूत के एक समुद्र के समान है। उस महासमुद्र में तुम एक बिन्दु हो। मैं एक दूसरा बिन्दु और सूर्य एक तीसरा। हम जानते हैं कि यह भूत सदा ही भिन्न-भिन्न रूप धारण कर रहा है। आज जो सूर्य का उपादान बना हुआ है, कल वही हमारे शरीर के उपादान के रूप में परिणत हो सकता है।

तस्य हेतुरविद्या ।।२४।।

**सूत्रार्थ**–उस संयोग का कारण है अविद्या अर्थात् अज्ञान।

**व्याख्या**–हमने अज्ञान के कारण अपने को एक निर्दिष्ट शरीर में आबद्ध करके अपने दु:ख का रास्ता खोल रखा है। यह धारणा कि 'मैं शरीर हूँ', एक कुसंस्कार मात्र है। यह कुसंस्कार ही हमें सुखी या दु:खी करता है। अज्ञान से उत्पन्न इस कुसंस्कार से ही हम शीत, उष्ण, सुख, दु:ख आदि अनुभव कर रहे हैं। हमारा कर्तव्य है–इस कुसंस्कार के पार चले जाना। किस तरह इसे कार्य में परिणत करना होगा, यह योगी दिखला देते हैं। यह प्रमाणित हो चुका है कि मन की एक विशेष अवस्था में देह-बोध बिलकुल नहीं रह जाता–उस समय शरीर भले ही दग्ध होता रहे, पर जब तक मन की वह अवस्था रहती है, तब तक मनुष्य किसी प्रकार के कष्ट का अनुभव नहीं करता। पर हो सकता है, मन की ऐसी उच्चावस्था अचानक एक मुहूर्त के लिए आँधी के समान आए, और दूसरे ही क्षण चली जाये। किन्तु यदि हम इस अवस्था को योग के द्वारा, ठीक शास्त्रीय ढंग से प्राप्त करें, तो हम सदैव आत्मा को शरीर से पृथक् रख सकते हैं।

तदभावात् संयोगाभावो हानं तद्दृशे: कैवल्यम् ।।२५।।

**सूत्रार्थ**–उस (अज्ञान) का अभाव होते ही (पुरुष-प्रकृति के) संयोग का अभाव (हो जाता है। यही) हान (अज्ञान का परित्याग) है (और) यही द्रष्टा की कैवल्यपद में अवस्थिति है।

**व्याख्या**–योगशास्त्र के मतानुसार, आत्मा अविद्या के कारण प्रकृति के साथ संयुक्त हो गई है, प्रकृति के पंजे से छुटकारा पाना ही हमारा उद्देश्य है। यही सारे धर्मों का एकमात्र लक्ष्य है। प्रत्येक आत्मा

अव्यक्त ब्रह्म है। बाह्य एवं अन्त-प्रकृति को वशीभूत करके आत्मा के इस ब्रह्मभाव को व्यक्त करना ही जीवन का चरम लक्ष्य है। कर्म, उपासना, मन संयम अथवा ज्ञान, इनमें से एक, एक से अधिक या सभी उपायों का सहारा लेकर अपने ब्रह्मभाव को व्यक्त करो और मुक्त हो जाओ। बस यही धर्म का सर्वस्व है। मत, अनुष्ठान-पद्धति, शास्त्र, मन्दिर अथवा अन्य बाह्य क्रिया-कलाप तो उसके गौण अंग-प्रत्यंग मात्र हैं। योगी मन संयम के द्वारा इस चरम लक्ष्य में पहुँचने का प्रयत्न करते हैं। जब तक हम प्रकृति के हाथ से अपना उद्धार नहीं कर लेते, तब तक हम क्रीतदास के समान है; प्रकृति जैसा कहती है, हम उसी प्रकार चलने को लाचार होते हैं। योगी कहते हैं, जो मन को वशीभूत कर सकते हैं, वे भूत को भी वशीभूत कर लेते हैं। अन्त प्रकृति बाह्य प्रकृति की अपेक्षा कही उच्चतर है, और उस पर अधिकार जमाना–उस पर जय प्राप्त करना अपेक्षाकृत कठिन है। इसीलिए जो अन्त प्रकृति को वशीभूत कर सकते हैं, सारा जगत् उनके वशीभूत हो जाता है। वह उनके दान के समान हो जाता है। राजयोग, प्रकृति को इस तरह वश में लाने का उपाय दिखला देता है। हम बाह्य जगत् में जिन सब विषयों के साथ परिचित हैं, उनकी अपेक्षा उच्चतर शक्तियों को वश में लाना पड़ेगा। यह शरीर मन का एक बाह्य आवरण मात्र है। शरीर और मन दो अलग-अलग वस्तुएँ नहीं है, वे तो सीप और उसने सोल के समान हैं। वे एक ही वस्तु की दो विभिन्न अवस्थाएँ हैं। सीप के भीतर का जन्तु बाहर से नाना प्रकार के उपादान लेकर उस मोल को तैयार करता है। उसी प्रकार मन नामक यह आन्तरिक सूक्ष्म शक्तिसमूह भी बाहर से स्थूल भूत को लेकर उससे इस शरीररूपी ऊपरी सोल को तैयार कर रहा है। अतः हम यदि अन्तर्जगत् पर जय-लाभ कर सके, तो बाह्य जगत् को जीतना फिर बड़ा आसान हो जायेगा। फिर, ये दो शक्तियाँ अलग-अलग नहीं हैं। ऐसी बात नहीं है कि कुछ शक्तियाँ भौतिक हैं और कुछ मानसिक। जैसे यह दृश्यमान भौतिक जगत् सूक्ष्म जगत् का स्थूल प्रकाश मात्र है, उसी प्रकार भौतिक शक्तियाँ भी सूक्ष्म शक्ति की स्थूल

अभिव्यक्ति मात्र हैं।

विवेकख्यातिरविप्लवा हानोपायः ।।२६।।

**सूत्रार्थ**–निरन्तर विवेक का अभ्यास ही अज्ञान-नाश का उपाय है।

**व्याख्या**–सारे साधन का यथार्थ लक्ष्य है यह सदसद् विवेक–यह जानना कि पुरुष प्रकृति से भिन्न है, यह विशेष रूप से जानना कि पुरुष भूत भी नहीं है और मन भी नहीं, और चूंकि वह प्रकृति भी नहीं है, इसलिए उसका किसी प्रकार का परिणाम असम्भव है। केवल प्रकृति में ही सर्वदा परिवर्तन हो रहा है, उसी का सदैव संश्लेषण-विश्लेषण हो रहा है। जब निरन्तर अभ्यास के द्वारा हम विवेक-लाभ करेंगे, तब अज्ञान चला जायेगा और पुरुष अपने स्वरूप में अर्थात् सर्वज्ञ, सर्वशक्तिमान और सर्वव्यापी रूप में प्रतिष्ठित हो जायेगा।

तस्य सप्तधा प्रान्तभूमि प्रज्ञा ।।२७।।

**सूत्रार्थ**–उनके (ज्ञानी के) विवेक-ज्ञान के सात उच्चतम सोपान हैं।

**व्याख्या**–जब इस ज्ञान की प्राप्ति होती है, तब मानों वह एक के बाद एक करके सात स्तरों में आता है। और जब उनमें से एक अवस्था आरम्भ हो जाती है, तब हम निश्चित रूप से जान सकते हैं कि हमें अब ज्ञान की प्राप्ति हो रही है। पहली अवस्था आने पर मन में ऐसा होने लगेगा कि जो कुछ जानने का है, जान लिया। मन में तब और किसी प्रकार का असन्तोष नहीं रह जाता। जब तक हमारी ज्ञान-पिपासा बनी रहती है, तब तक हम इधर-उधर ज्ञान की खोज में लगे रहते हैं। जहाँ से भी कुछ सत्य मिलने की सम्भावना रहती है, झट वहीं दौड़ जाते हैं। जब वहाँ उसकी प्राप्ति नहीं होती, तब मन अशान्त हो जाता है। फिर अन्य दिशा में हम सत्य की खोज में भटकते फिरते हैं। जब तक हम यह अनुभव नहीं कर लेते कि समस्त ज्ञान हमारे अन्दर है, जब तक यह दृढ़ धारणा नहीं हो जाती कि कोई भी हमें सत्य की प्राप्ति करने में सहायता नहीं पहुँचा सकता, हमें स्वयं ही अपने आपकी

सहायता करनी होगी, तब तक सारा सत्यान्वेषण ही वृथा है। जब हम विवेक का अभ्यास आरम्भ करेंगे, तो हमारे सत्य के नजदीक आते जाने का पहला चिह्न यह प्रकाशित होगा कि वह पूर्वोक्त असन्तोष की अवस्था चली जायेगी। हमारी यह निश्चित धारणा हो जायेगी कि हमने सत्य को पा लिया है और यह सत्य के सिवाय और कुछ नहीं हो सकता। तब हम यह जान लेते हैं कि सत्यस्वरूप सूर्य उदित हो रहा है, हमारी अज्ञानरंजनी पर प्रभात की लाली छा रही है। और तब, हृदय में आशा भरकर, जब तक यह परमपद प्राप्त नहीं हो जाता, तब तक अव्यवसायसम्पन्न होकर रहना होगा। दूसरी अवस्था में सारे दु:ख चले जायेंगे। तब जगत् का बाहरी या भीतर कोई भी विषय हमें दु:ख नहीं पहुँचा सकेगा। तीसरी अवस्था में हमें पूर्ण ज्ञान की प्राप्ति हो जायेगी, अर्थात् हम सर्वज्ञ हो जायेंगे। चौथी अवस्था में विवेक की सहायता से सारे कर्तव्यों का अन्त हो जायेगा। उसके बाद चित्तविमुक्ति की अवस्था आयेगी। तब हम समझ सकेंगे कि हमारी सारी विघ्न-बाधाएँ चली गई हैं। जिस प्रकार किसी पर्वत के शिखर से एक पत्थर के टुकड़े को नीचे लुढ़का देने पर वह फिर ऊपर नहीं जा सकता, उसी प्रकार मन की चंचलता, मन संयम की असमर्थता आदि सभी गिर जायेंगे, अर्थात् नष्ट हो जायेंगे। छठी अवस्था में चित्त समझ लेगा कि इच्छा मात्र से ही वह अपने कारण में लीन हो जा रहा है। अन्त में हम देख पायेंगे कि हम स्वस्वरूप में अवस्थित हैं और इतने दिन तक जगत् में एकमात्र हमीं अवस्थित थे। मन या शरीर के साथ हमारा कोई सम्बन्ध नहीं था—उनके साथ हमारे युक्त होने की बात तो दूर ही रहे। वे अपना-अपना काम आप कर रहे थे और हमने अज्ञानवश अपने आपको उनसे युक्त कर रखा था। पर हम तो सदा से अकेले ही रहे हैं। इस संसार में केवल हमीं सर्वशक्तिमान, सर्वव्यापी और सदानन्दस्वरूप हैं। हमारी अपनी आत्मा इतनी पवित्र और पूर्ण है कि हमें और किसी की आवश्यकता नहीं थी। हमें सुखी करने के लिए और कुछ भी आवश्यक नहीं था, क्योंकि हमीं सुखस्वरूप हैं। हम देख लेंगे कि यह ज्ञान और किसी के ऊपर निर्भर

नहीं रहता। जगत् में ऐसा कुछ भी नहीं है, जो हमारे ज्ञानलोक से प्रकाशित न हो। यही योगी की अन्तिम अवस्था है। तब योगी धीर और शान्त हो जाते हैं, वे और कोई कष्ट अनुभव नहीं करते, वे फिर कभी अज्ञान-मोह से भ्रान्त नहीं होते, दु:ख उन्हे छू नहीं सकता। वे जान लेते हैं कि मैं नित्यानन्दस्वरूप, नित्य पूर्णस्वरूप और सर्वशक्तिमान हूँ।

योगांगानुष्ठानादशुद्धिक्षयें ज्ञानदीप्तिराविवेकख्याते ।।२८।।

**सूत्रार्थ**–योग के विभिन्न अंगों का अनुष्ठान करते-करते जब अपवित्रता का नाश हो जाता है, तब ज्ञान प्रदीप्त हो उठता है। उसकी अन्तिम सीमा है विवेकख्याति।

**व्याख्या**–अब साधन की बात कही जा रही है। अभी तक जो कुछ कहा गया, वह अपेक्षाकृत उच्चतर व्यापार है। वह अभी हमसे बहुत दूर है, किन्तु वही हमारा आदर्श है, हमारा एकमात्र लक्ष्य है। उस लक्ष्यस्थल पर पहुँचने के लिए पहले शरीर और मन को संयत करना आवश्यक है। तभी उस आदर्श में हमारी अनुभूति स्थायी हो सकेगी। हमारा लक्ष्य क्या है यह हमने जान लिया है, अब उसे प्राप्त करने के लिए साधन आवश्यक है।

यमनियमासनप्राणायामप्रत्याहार-
धारणाध्यानसमाधयोऽष्टावंगानि ।।२९।।

**सूत्रार्थ**–यम, नियम, आसन, प्राणायाम, प्रत्याहार, धारणा, ध्यान और समाधि–ये आठ (योग के) अंग हैं।

अहिंसासत्यास्तेयब्रह्मचर्यापरिग्रहा यमा ।।३०।।

**सूत्रार्थ**–हिंसा, सत्य, अस्तेय (चोरी का अभाव), ब्रह्मचर्य और अपरिग्रह (संग्रह का अभावा)–ये पाँच यम कहलाते हैं।

**व्याख्या**–जो पूर्ण योगी होना चाहते हैं, उन्हें स्त्री-पुरुष-भेद का भाव छोड़ देना पड़ेगा। आत्मा के कोई लिंग नहीं हैं–उसमें न स्त्री है, न पुरुष, तब क्यों वह स्त्री-पुरुष के भेद-ज्ञान द्वारा अपने आपको कलुषित करे? बाद में हम और भी अच्छी तरह समझ सकेंगे कि ये सब भाव हमें क्यों बिलकुल छोड़ देने चाहिए। चोरी जैसे एक कुकर्म है,

परिग्रह यानी दूसरे के पास से कुछ ग्रहण करना भी वैसा ही एक कुकर्म है। उपहार ग्रहण करनेवाले मनुष्य के मन पर दाता के मन का असर पड़ता है, इसलिए ग्रहण करनेवाले के भ्रष्ट हो जाने की सम्भावना रहती है। दूसरे के पास से कुछ ग्रहण करने से मन की स्वाधीनता चली जाती है और हम मोल लिए हुए गुलाम के समान दाता के अधीन हो जाते हैं। अतएव किसी प्रकार का उपहार ग्रहण करना भी उचित नहीं।

जातिदेशकालसमयानवच्छिन्नाः सार्वभौमा महाव्रतम् ।।३१।।

**सूत्रार्थ**–ये सब (उश्त यम) जाति, देश, काल और समय यानी उद्देश्य के द्वारा अवच्छिन्न न होने पर सार्वभौम महाव्रत कहलाते हैं।

**व्याख्या**–ये सब साधन अर्थात् अहिंसा, सत्य, अस्तेय, ब्रह्मचर्य और अपरिग्रह प्रत्येक व्यक्ति ले लिए–प्रत्येक पुरुष, स्त्री और बालक के लिए–बिना किसी जाति, देश या अवस्था के भेद से अनुष्ठेय है।

शौचसन्तोषतपःस्वाध्यायेश्वरप्रणिधानानि नियमाः ।।३२।।

**सूत्रार्थ**–बाह्य एव अन्त शोध, सन्तोष, तपस्या, स्वाध्याय (मन्त्रमप या अध्यात्म-शास्त्रों का पठन-पाठन) और ईश्वरोपासना–(ये पाँच) नियम हैं।

**व्याख्या**–बाह्यशौच अर्थात् शरीर को पवित्र रखना अपवित्र मनुष्य कभी योगी नहीं हो सकता; इस बाह्यशौच के साथ-साथ अन्तः शौच भी आवश्यक है। समाधिपाद के ३३ वे सूत्र में जिन धर्मों (गुणों) की बात कही गई हैं, उनके पालन से यह अन्तः शौच आता है। यह सत्य है कि वायशौच से अन्तः शौच अधिक उपकारी है, किन्तु दोनों की ही आवश्यकता है, और अन्त शौच के बिना केवल बाह्य शौच कोई फल उत्पन्न नहीं करता।

वितर्कवायने प्रतिपक्षभावनम् ।।३३।।

**सूत्रार्थ**–वितर्क अर्थात् योग (यम और नियम) के विरोधी भाव उपस्थित होने पर उनके प्रतिपक्षी विचारों का बारम्बार चिन्तन करना चाहिए।

**व्याख्या**—ऊपर में जिन सब धर्मों (गुणों) की बात कही गई है, उनके अभ्यास का यही उपाय है। उदाहरणार्थ, जब मन में क्रोध की एक बड़ी तरंग आती है, तब उसे कैसे वश में लाया जाये? उसके विपरीत एक तरंग उठाकर। उस समय प्रेम की बात मन में लाओ। कभी-कभी ऐसा होता है कि पत्नी अपने पति पर खूब गरम हो जाती है, उसी समय उसका बच्चा वहाँ आ जाता है और वह उसे गोद में उठाकर चूम लेती है, इससे उसके मन में बच्चे के प्रति प्रेमरूप तरंग उठने लगती है और वह पहले की तरंग को दबा देती है। प्रेम, क्रोध के विपरीत है। इसी प्रकार जब मन में चोरी का भाव उठे, तो चोरी के विपरीत भाव का चिन्तन करना चाहिए। जब दान ग्रहण करने की इच्छा पैदा हो, तो उसके विपरीत भाव का चिन्तन करना चाहिए—आदि-आदि।

वितर्का हिंसावयः कृतकारितानुमोदिता लोभक्रोधमोहपूर्वका-
मृदुमध्याधिमात्रा दुःखाज्ञानान्तफला इति प्रतिपक्षभावनम् ।।३४।।

**सूत्रार्थ**—वितर्क अर्थात् योग के विरोधी हैं हिंसा आदि भाव (वे तीन प्रकार के होते हैं—) स्वयं किए हुए, दूसरों से करवाए हुए और अनुमोदन किए हुए, इनके कारण हैं—लोभ, क्रोध और मोह, इसमें भी कोई थोड़े परिमाण का, कोई मध्यम परिमाण का और कोई बहुत बड़े परिमाण का होता है, इनके अज्ञान और क्लेशरूप अनन्त फल है—इस प्रकार (विचार करना ही) प्रतिपक्ष की भावना है।

**व्याख्या**—मैं स्वयं यदि कोई झूठ कहूँ, तो उससे जो पाप होता है, उतना ही पाप तब भी होता है, जब मैं दूसरे को झूठ बात कहने लगता हूँ, अथवा दूसरे की किसी झूठ बात का अनुमोदन करता हूँ। वह झूठ भले ही जरा-सा हो, तो भी झूठ तो है ही। पर्वत की कन्दरा में भी बैठकर यदि तुम कोई पाप-चिन्तन करो, किसी के प्रति भीतर में घृणा का भाव पोषण करो, तो वह भी संचित रहेगा, और कालान्तर में फिर से वह तुम्हारे पास आकर तुम पर आघात करेगा, किसी-न-किसी दिन एक-न-एक प्रकार के दुःख के रूप में वह प्रबल वेग से तुम पर आक्रमण करेगा। यदि तुम अपने हृदय से ईर्ष्या और घृणा का, भाव चारों

ओर बाहर भेजो, तो वह चक्रवृद्धिब्याज सहित तुम पर आकर गिरेगा। दुनिया की कोई भी ताकत उसे रोक न सकेगी। यदि तुमने एक बार उस शक्ति को बाहर भेज दिया, तो फिर निश्चित जानो, तुम्हें उसका प्रतिघात सहन करना ही पड़ेगा। यह स्मरण रहने पर तुम कुकर्मों से बचे रह सकोगे।

अहिंसाप्रतिष्ठायां तत्सन्निधौ वैरत्यागः ।।३५।।

**सूत्रार्थ**–भीतर में अहिंसा के प्रतिष्ठित हो जाने पर, उसके निकट सब प्राणी अपना स्वाभाविक वैर-भाव त्याग देते हैं।

**व्याख्या**–यदि कोई व्यक्ति अहिंसा की चरम अवस्था को प्राप्त कर ले, तो उसके सामने, जो सब प्राणी स्वभावतः ही हिंसक है वे भी शान्तभाव धारण कर लेते हैं। उस योगी के सामने शेर और मेमना एक साथ खेलेंगे। इस अवस्था की प्राप्ति होने पर ही समझना कि तुम्हारा अहिंसाव्रत दृढ़प्रतिष्ठित हो गया है।

सत्यप्रतिष्ठायां कियाफलाश्रयत्वम् ।।३६।।

**सूत्रार्थ**–जब सत्यव्रत हृदय में प्रतिष्ठित हो जाता है, तब कोई कर्म बिना किए ही अपने लिए या दूसरे के लिए कर्म का फल प्राप्त करने को शक्ति योगों में आ जाती है।

**व्याख्या**–जब सत्य की यह शक्ति तुममें प्रतिष्ठित हो जायेगी, तब स्वप्न में भी तुम झूठ बात नहीं कहोगे। तब शरीर, मन और वचन से सत्य ही बाहर आयेगा। तब तुम जो कुछ कहोगे, वही सत्य हो जायेगा। यदि तुम किसी से कहो, "तुम कृतार्थ होओ," तो वह उसी क्षण कृतार्थ हो जायेगा। किसी पीड़ित मनुष्य से यदि कहो, "रोगमुक्त हो जाओ," तो वह उसी समय स्वस्थ हो जायेगा।

अस्तेयप्रतिष्ठायां सर्वरत्नोपस्थानम् ।।३७।।

**सूत्रार्थ**–अस्तेय में प्रतिष्ठित हो जाने पर (उस योगी के सामने) सब प्रकार के धन-रत्न प्रकट हो जाते हैं।

**व्याख्या**–तुम जितना ही प्रकृति से दूर भागोगे, वह उतना ही तुम्हारा अनुसरण करेगी, और यदि तुम उसकी जरा भी परवाह न करो,

तो वह तुम्हारी दासी बनकर रहेगी।

ब्रह्मचर्यप्रतिष्ठायां वीर्यलाभः ।।३८।।

**सूत्रार्थ**–ब्रह्मचर्य की दृढ़ स्थिति हो जाने पर वीर्यलाभ होता है।

**व्याख्या**–ब्रह्मचर्यवान मनुष्य के मस्तिष्क में प्रबल शक्ति–महती इच्छाशक्ति संचित रहती है। ब्रह्मचर्य के बिना और किसी भी उपाय से आध्यात्मिक शक्ति नहीं आ सकती।

जितने महान् मस्तिष्कशाली पुरुष हो गए हैं, वे सभी ब्रह्मचर्यवान थे। इसके द्वारा मनुष्य-जाति पर आश्चर्यजनक क्षमता प्राप्त की जा सकती है। मानवसमाज के सभी आध्यात्मिक नेतागण ब्रह्मचर्यवान थे–उन्हें सारी शक्ति इस ब्रह्मचर्य से ही प्राप्त हुई थी। अतएव योगी का ब्रह्मचर्यवान होना अनिवार्य है।

अपरिग्रहस्थैर्य जन्मकथन्तासंबोधः ।।३९।।

**सूत्रार्थ**–अपरिग्रह के दृढ़प्रतिष्ठित हो जाने पर पूर्वजन्मों की बात स्मृति में उदित हो जाती है।

**व्याख्या**–जब योगी दूसरे के पास से कोई वस्तु स्वीकार नहीं करते, तब उन पर दूसरों का कोई असर नहीं पड़ता, वे किसी के द्वारा अनुगृहीत नहीं होते और इसलिए वे स्वाधीन एवं मुक्त-स्वभाव हो जाते हैं। उनका मन शुद्ध हो जाता है। दान स्वीकार करने से दाता के पाप भी लेने की सम्भावना रहती है। इस परिग्रह को त्याग देने पर मन शुद्ध हो जाता है, और इससे जो सब फल प्राप्त होते हैं, उनमें पूर्वजन्म की स्मृति का उदय होना प्रथम है। तभी वे योगी सम्पूर्ण रूप से अपने लक्ष्य में दृढ़ होकर रह सकते हैं। वे देख लेते हैं कि इतने दिन तक वे केवल आवागमन कर रहे थे। तब वे दृढ़ प्रतिज्ञा कर लेते हैं कि अब की बार मैं अवश्य मुक्त होऊँगा, मैं अब और आवागमन नहीं करूँगा, प्रकृति का दास नहीं होऊँगा।

शौचात् स्वांगजुगुप्सा परैरसंसर्ग ।।४०।।

**सूत्रार्थ**–शौच के प्रतिष्ठित हो जाने पर अपने शरीर के प्रति घृणा का उद्रेक होता है, दूसरों के साथ संग करने की भी फिर प्रवृत्ति

नहीं रहती।

**व्याख्या**–जब ययार्थ बाह्य और आभ्यन्तर दोनों प्रकार के, शौच सिद्ध हो जाते हैं, तब शरीर के प्रति उदासीनता आ जाती है–उसे कैसे अच्छा रखें, कैसे वह सुन्दर दिखेगा, ये सब भाव बिलकुल चले जाते हैं। सांसारिक लोग जिसे अत्यन्त सुन्दर मुख कहेंगे, उसमें यदि ज्ञान का कोई चिहन न हो, तो वही योगी के निकट पशु के मुख के समान प्रतीत होगा। संसार के मनुष्य जिस मुख में कोई विशेषता नहीं देखते, उसके पीछे यदि चैतन्य का प्रकाश हो, तो योगी उसे स्वर्गीय मुखश्री कहेंगे। यह देह-तृष्णा मानव-जीवन के लिए एक अभिशापस्वरूप है। अतः शौच-प्रतिष्ठा का पहला लक्षण यह दिखेगा कि तुम शरीर के प्रति उदासीन हो जाओगे–तुम्हारे मन में यह विचार तक न उठेगा कि तुम्हारे शरीर है भी। जब यह पवित्रता हममें आती है, तभी हम देह-भाव के ऊपर उठ सकते हैं।

सत्त्वशुद्धिसौमनस्यैकाग्रयेन्द्रियजयात्मदर्शनयोग्यत्वानि च ।।४१।।

**सूत्रार्थ**–इसके सिवा (इस शौच से) सत्वशुद्धि, सौमनस्य अर्थात् मम का प्रफुल्ल भाव, एकाग्रता, इन्द्रियजय और आत्मदर्शन की योग्यता–ये पाँचों भी होते है।

**व्याख्या**–इस शौच के अभ्यास द्वारा सत्त्व पदार्थ का प्राबल्य होता है और मन एकाग्र एवं प्रफुल्ल हो जाता है। तुम धर्म-पथ में अपने अग्रसर होने का प्रथम लक्षण यह देखोगे कि तुम दिन-पर-दिन बड़े प्रफुल्ल होते जा रहे हो। यदि कोई व्यक्ति विषादयुक्त दिखे, तो वह अजीर्ण का फल भले ही हो, पर धर्म का लक्षण नहीं हो सकता। सुख का भाव ही सत्त्व का स्वाभाविक धर्म है, सात्त्विक मनुष्य के लिए सभी सुखमय प्रतीत होते हैं। अतः जब तुममें यह आनन्द का भाव आता रहे, तो समझना कि तुम योग में उन्नति कर रहे हो। सारे दुःख-कष्ट तमोगुण से उत्पन्न होते हैं; अतएव तुम्हें उससे बचकर रहना होगा–उसको दूर कर देना होगा। विषादपूर्ण होकर चेहरा उतारे रहना तमोगुण का एक लक्षण है। सबल, दृढ़, स्वस्थ, युवक और साहसी मनुष्य ही योगी बनने

के योग्य है। योगी के लिए सभी सुखमय प्रतीत होते हैं, वे जिस किसी मनुष्य को देखते हैं, उसी से उनको आनन्द होता है। यही धार्मिक मनुष्य का चिह्न है। पाप ही कष्ट का कारण है, अन्य किसी कारण से कष्ट नहीं आता। उतरा हुआ चेहरा लेकर क्या होगा? कैसा भयानक दृश्य है वह! ऐसी सूरत लेकर बाहर मत जाना। किसी दिन ऐसा होने पर दरवाजा बन्द करके समय बिता देना। संसार के भीतर इस बीमारी को संक्रामित करने का तुम्हें क्या अधिकार है? जब तुम्हारा मन संयत हो जायेगा, तब तुम पूरे शरीर को वश में रख सकोगे। तब फिर तुम इस यन्त्र के दास नहीं बने रहोगे, यह देह-यन्त्र ही तुम्हारा दास होकर रहेगा। तब यह देह-यन्त्र आत्मा को खींचकर नीचे की ओर न ले जाकर उसकी मुक्ति में महान् सहायक हो जायेगा।

सन्तोषादनुत्तमः सुखलाभः ।।४२।।

**सूत्रार्थ**–सन्तोष से परम सुख प्राप्त होता है।

कायेन्द्रियसिद्धिरशुद्धिक्षयात्तपसः ।।४३।।

**सूत्रार्थ**–तपस्या से जब अशुद्धि का नाश हो जाता है, तब शरीर और इन्द्रियों की सिद्धि हो जाती है अर्थात् उनमें नाना प्रकार की शक्तियाँ आती हैं।

**व्याख्या**–तपस्या का फल कभी-कभी अचानक दूरदर्शन, दूरश्रवण इत्यादि रूप से प्रकाशित होता है।

स्वाध्यायादिष्टदेवतासम्प्रयोगः ।।४४।।

**सूत्रार्थ**–यन्त्र के पुनः-पुनः उच्चारण या अभ्यास से इष्टदेवता के दर्शन होते हैं।

**व्याख्या**–जितने उच्च स्तर के जीव (देवता, ऋषि, सिद्ध) देखने की इच्छा करोगे, अभ्यास भी उतना ही अधिक करना पड़ेगा।

समाधिसिद्धिरीश्वरप्रणिधानात् ।।४५।।

**सूत्रार्थ**–ईश्वर में समस्त अर्पण करने से समाधि-लाभ होता है।

**व्याख्या**–ईश्वर पर निर्भरता से समाधि की पूर्णता होती है।

स्थिरसुखमासनम् ।।४६।।

**सूत्रार्थ**–स्थिर भाव से सुखपूर्वक बैठने का नाम आसन है।

**व्याख्या**–अब आसन की बात कही जायेगी। जब तक तुम स्थिर भाव से बहुत समय तक बैठे रहने में समर्थ नहीं होते, तब तक प्राणायाम एव अन्यान्य साधनों में किसी प्रकार सफल नहीं हो सकोगे। आसन के स्थिर होने का तात्पर्य है–शरीर के अस्तित्व का बिलकुल भान तक न होना। साधारणतः यह देखा जाता है कि ज्योंही तुम चन्द मिनट के लिए बैठते हो, त्योंही शरीर में नाना प्रकार के विकार आने लगते हैं। पर जब तुम स्थूल देहभाव के परे चले जाओगे, तब तुम्हें शरीर का भान तक न रहेगा। फिर तुम सुख या दुःख कुछ भी अनुभव नहीं करोगे। जब फिर से तुम्हें शरीर का ज्ञान आयेगा, जब तुम आसन से उठोगे, तो ऐसा लगेगा कि तुमने बहुत समय तक विश्राम किया है। यदि शरीर को सम्पूर्ण विश्राम देना सम्भव हो, तो वह इसी प्रकार हो सकता है। जब तुम इस प्रकार शरीर को अपने अधीन करके उसे दृढ़ रख सकोगे, तब जानना कि तुम्हारा साधन भी दृढ़ हुआ है। किन्तु जब तक शारीरिक विघ्न-बाधाएँ आती रहेगी, तब तक तुम्हारे स्नायु चंचल रहेंगे और तुम किसी भी प्रकार मन को एकाग्र न कर सकोगे।

प्रयत्नशैथिल्यानन्तसमापत्तिभ्याम् ।।४७।।

**सूत्रार्थ**–शरीर में एक प्रकार का जो अभिमानात्मक प्रयत्न है (अर्थात् चंचलता की ओर शरीर की जो एक स्वाभाविक प्रवृत्ति है) उसे शिथिल कर देने से और अनन्त के चिन्तन से (आसन स्थिर और सुखकर होता है।)

**व्याख्या**–अनन्त के चिन्तन के द्वारा आसन अविचलित (स्थिर) हो सकता है। पर हाँ, हम उस सर्वद्वन्द्वातीत अनन्त (ब्रह्म) के बारे में (सरलता से) चिन्तन नहीं कर सकते, किन्तु, हम अनन्तः आकाश के बारे में सोच सकते हैं।

ततो द्वन्द्वानभिघातः ।।४८।।

**सुत्रार्थ**–इस प्रकार आसन सिद्ध हो जाने पर, तब द्वन्द्वपरम्परा

और कुछ विघ्न उत्पन्न नहीं कर सकती।

**व्याख्या**—द्वन्द्व का अर्थ है शुभ-अशुभ, शीत-उष्ण, आलोक-अंधेरा, सुख-दु:ख आदि विपरीत धर्मवाले दो-दो पदार्थ। ये सब फिर तुम्हें चंचल नहीं कर सकेंगे।

तस्मिन् सति श्वासप्रश्वासयोर्गतिविच्छेद: प्राणायाम: ।।४९।।

**सूत्रार्थ**—उस आसन की सिद्धि होने के बाद प्रवास और प्रश्वास दोनों की गति को संयत करना प्राणायाम कहलाता है।

**व्याख्या**—जब यह आसन सिद्ध हो जाता है, तब इस श्वास-प्रश्वास की गति को रोककर उस पर जय प्राप्त करना पड़ेगा। अत: अब प्राणायाम का विषय आरम्भ होता है। प्राणायाम क्या है? शरीर स्थित जीवनी-शक्ति को वश में लाना। यद्यपि 'प्राण' शब्द बहुधा श्वास के अर्थ में प्रयुक्त होता है, तो भी वास्तव में यह स्वास नहीं है। प्राण का अर्थ है जागतिक समस्त शक्तियों की समष्टि। यह वह शक्ति है, जो प्रत्येक देह में अवस्थित है, और उसका ऊपरी प्रकाश है—फेफड़े की यह गति। प्राण जब स्वास को भीतर की ओर खींचता है, तभी यह गति शुरू होती है, प्राणायाम करने के समय हम उसी को संयत करने का प्रयत्न करते हैं। इस प्राण पर अधिकार प्राप्त करने के लिए हम पहले श्वास-प्रश्वास को संयत करना शुरू करते हैं, क्योंकि वही प्राण-जय का सबसे सरल मार्ग है।

बाह्याभ्यन्तरस्तम्भवृत्ति: देशकालसंख्याभि:
परिदृष्टो दीर्घसूक्ष्म: ।।५०।।

**सूत्रार्थ**—बाह्यवृत्ति, आभ्यन्तरवृत्ति और स्तम्भवृत्ति के भेद से यह प्राणायाम तीन प्रकार का है, देश, काल और संख्या के द्वारा नियमित तथा दीर्घ या सूक्ष्म होने के कारण उनमें भी फिर नाना प्रकार के भेद हैं।

**व्याख्या**—यह प्राणायाम तीन प्रकार की क्रियाओं में विभक्त है। पहली—जब हम श्वास को अन्दर खींचते और धारण करते हैं, दूसरी—जब हम उसे बाहर निकालते और धारण करते हैं, तीसरी—जब श्वास और

प्रश्वास को फेफड़े के भीतर या उसके बाहर रोकते हैं। ये फिर देश, काल और संख्या के अनुसार भिन्न-भिन्न रूप धारण करते हैं। देश का अर्थ है–प्राण को शरीर के किसी अंश विशेष में आबद्ध रखना। समय का अर्थ है–प्राण को किस स्थान में कितने समय तक रखना होगा, इस बात का ज्ञान, और संख्या का अर्थ है–यह जान लेना कि कितनी बार ऐसा करना होगा। इसीलिए कहाँ पर, कितने समय तक और कितनी बार रेचक आदि करना होगा, इत्यादि कहा जाता है। इस प्राणायाम का फल है उद्घात अर्थात् कुण्डलिनी का जागरण।

बाह्याभ्यन्तरविषयाक्षेपी चतुर्थः ।।५१।।

**सूत्रार्थ**–वह चौथे प्रकार का प्राणायाम है, जिसमें प्राणायाम के समय बाह्य या आभ्यन्तर किसी विषय का चिन्तन किया जाता है।

**व्याख्या**–यह चौथे प्रकार का प्राणायाम है। इसमें चिन्तन के साथ दीर्घकाल तक अभ्यास करते रहने से कुम्भक होता है। दूसरे प्राणायामों में चिन्तन का सम्पर्क नहीं रहता।

ततः क्षीयते प्रकाशावरणम् ।।५२।।

**सूत्रार्थ**–उस (प्राणायाम के अभ्यास) से (चित्त के) प्रकाश का आवरण क्षीण हो जाता है।

**व्याख्या**–चित्त में स्वभावतः समस्त ज्ञान भरा है, वह सत्त्व पदार्थ द्वारा निर्मित है, पर रज और तम पदार्थों से ढका हुआ है। प्राणायाम के द्वारा चित्त का यह आवरण चला जाता है।

धारणासु च योग्यता मनसः ।।५३।।

**सूत्रार्थ**–(उसी से) धारणा में मन की योग्यता भी (होती है)।

**व्याख्या**–यह आवरण चले जाने पर हम मन को एकाग्र करने में समर्थ होते हैं।

स्वविषयासम्भयोगे चित्तस्वरूपानुकार-<br>इवेन्द्रियाणां प्रत्याहारः ।।५४।।

**सूत्रार्थ**–जब इन्द्रियाँ अपने-अपने विषय को छोड़कर मानों चित्त का स्वरूप ग्रहण करती हैं, तब उसे प्रत्याहार कहते हैं।

**व्याख्या**–ये इन्द्रियाँ मन की ही विभिन्न अवस्थाएँ मात्र हैं। मैं एक पुस्तक देखता हूँ। वास्तव में, वह पुस्तक-आकृति बाहर में नहीं है। वह तो मन में है। बाहर की कोई चीज उस आकृति को केवल जगा भर देती है, वास्तव में तो वह चित्त में ही है। इन इन्द्रियों के सामने जो कुछ आता है, उसके साथ ये मिश्रित होकर, उसी का आकार धारण कर लेती हैं। यदि तुम चित्त को ये सब विभिन्न आकृतियाँ धारण करने से रोक सको, तभी तुम्हारा मन शान्त होगा और इन्द्रियाँ भी मन के अनुरूप हो जायेंगी। इसी को प्रत्याहार कहते हैं।

तत परमा वश्यतेन्द्रियाणाम् ।।५५।।

**सूत्रार्थ**–उस (प्रत्याहार) से इन्द्रियों पर सम्पूर्ण रूप से जय प्राप्त हो जाती है।

**व्याख्या**–जब योगी इन्द्रियों को इस प्रकार बाहरी वस्तु का आकार धारण करने से रोक सकते हैं और चित्त के साथ उन्हें एक करके रखने में सफल होते हैं, तभी इन्द्रियों पर पूर्ण रूप से जय प्राप्त होती है। और जब इन्द्रियाँ पूरी तरह विजित हो जाती है, तब एक-एक स्नायु, एक-एक माँसपेशी तक हमारे वश में आ जाती है, क्योंकि इन्द्रियाँ ही सब प्रकार की संवेदना (अनुभूति) और कार्य की केन्द्रस्वरूप हैं। ये इन्द्रियाँ ज्ञानेन्द्रिय और कर्मेन्द्रिय, इन दो भागों में विभक्त हैं। अत: जब इन्द्रियाँ संयत होंगी, तब योगी सब प्रकार के भावों और कार्यों पर जय-लाभ कर सकेंगे। सारा शरीर ही उनके अधीन हो जायेगा। ऐसी अवस्था प्राप्त होने पर ही मनुष्य देह-धारण में आनन्द अनुभव करने लगता है। तभी वह सत्यतापूर्वक कह सकता है, "मैं धन्य हूँ जो मेरा जन्म हुआ।" जब इन्द्रियों पर ऐसा अधिकार प्राप्त हो जाता है, तभी हम यह अनुभव कर सकते हैं कि यह शरीर भी कैसी अद्‌भुत चीज है।

# 3. विभूतिपाद

अब हम विभूतिपाद में आते हैं।

देशवन्धश्चित्तस्य धारणा ।।१।।

**सूत्रार्थ**—चित्त को किसी विशेष वस्तु में आवद्ध करके रखने का नाम है धारणा।

**व्याख्या**—जब मन शरीर के भीतर या उसके बाहर किसी वस्तु के साथ संलग्न होता है और कुछ समय तक। उसी तरह रहता है, तो उसे धारणा कहते हैं।

तत्र प्रत्ययैकतानता ध्यानम् ।।२।।

**सूत्रार्थ**—यह वस्तुविषयक ज्ञान निरन्तर एक रूप से प्रवाहित होते रहने पर उसे ध्यान कहते हैं।

**व्याख्या**—मान लो, मन किसी एक विषय को सोचने का प्रयत्न कर रहा है, किसी एक विशेष स्थान में—जैसे, मस्तक के ऊपर अथवा हृदय आदि में—अपने को पकड़ रखने का प्रयत्न कर रहा है। यदि मन शरीर के केवल उस अंश के द्वारा संवेदनाओं (अनुभूतियों) को ग्रहण करने में समर्थ होता है, शरीर के शेष सब भागों को यदि विषय-ग्रहण से विवृत रख सकता है, तो उसका नाम धारणा है, और जब वह अपने को कुछ समय तक उसी अवस्था में रखने में समर्थ होता है, तो उसका नाम है ध्यान।

तदेवार्थमात्रनिर्भासं स्वरूपशून्यमिय समाधि ।।३।।

**सूत्रार्थ**—यही (ध्यान) जब समस्त बाहरी उपाधियों को छोड़कर अर्थ मात्र को ही प्रकाशित करता है, तब उसे समाधि कहते हैं।

**व्याख्या**–जब ध्यान में वस्तु का रूप या बाहरी भाग परित्यक्त हो जाता है, तभी यह समाधि-अवस्था आती है। मान-लो, मैं इस पुस्तक के बारे में ध्यान कर रहा हूँ और सोचो, मैं उसमें चित्त-संयम करने में सफल हो गया। तब केवल, बिना किसी रूप में प्रकाशित, अर्थ नामक आभ्यन्तरिक सवेदनाएँ (अनुभूतियाँ) ही मेरे ज्ञान में आने लगती है। ध्यान की इस अवस्था को समाधि कहते हैं।

त्रयमेकत्र संयमः ।।४।।

**सूत्रार्थ**–इन तीनों का जब एक साथ अर्थात् एक ही वस्तु के सम्बन्ध में अभ्यास किया जाता है, तब उसे संयम कहते हैं।

**व्याख्या**–जब कोई व्यक्ति अपने मन को किसी निर्दिष्ट वस्तु की ओर ले जाकर उस वस्तु में कुछ समय तक के लिए धारण कर सकता है, और फिर उसके अन्तर्भाग को उसके बाहरी आकार से अलग करके बहुत समय तक रख सकता है, तभी समझना चाहिए कि संयम हुआ। अर्थात् धारणा, ध्यान और समाधि, ये तीनों क्रमशः एक के बाद एक, किसी एक वस्तु के ऊपर होने पर एक संयम हुआ। तब उस वस्तु का बाहरी आकार न जाने कहाँ चला जाता है, मन में केवल उसका अर्थ मात्र उद्भासित होता रहता है।

तज्जयास् प्रज्ञालोकः ।।५।।

**सूत्रार्थ**–उसको जीत लेने से ज्ञानलोक का प्रकाश होता है।

**व्याख्या**–जब कोई मनुष्य इस संयम के साधन में सफल हो जाता है, तब सारी शक्तियाँ उसके हाथ में आ जाती हैं। यह संयम ही योगी के ज्ञानलाभ का प्रधान यन्त्रस्वरूप है। ज्ञान के विषय अनन्त है। वे स्थूल, स्थूलतर, स्थूलतम और सूक्ष्म, सूक्ष्मतर, सूक्ष्मतम आदि नाना विभागों में विभक्त हैं। इस संयम का प्रयोग पहले स्थूल वस्तु पर करना चाहिए, और जब स्थूल का ज्ञान प्राप्त होने लगे, तब थोड़ा-थोड़ा करके सोपान-क्रम से सूक्ष्मतर वस्तु पर उसका प्रयोग करना चाहिए।

तस्य भूमिषु विनियोगः ।।६।।

**सूत्रार्थ**–उस (संयम) का प्रयोग सोपान-क्रम से करना चाहिए।

**व्याख्या**–जल्दबाजी मत करना। यह सूत्र इस प्रकार हमें सावधान कर दे रहा है।

त्रमन्तरंगं पूर्वेभ्यः ।।७।।

**सूत्रार्थ**–पहले कहे गए (साधनों) की अपेक्षा ये तीनों (साधन अधिक) अन्तरंग है।

**व्याख्या**–इनके पहले यम, नियम, आसन, प्राणायाम और प्रत्याहार की बात कही गई है। वे धारणा, ध्यान और समाधि की अपेक्षा बहिरंग हैं। इन धारणा आदि अवस्थाओं को प्राप्त करने पर मनुष्य सर्वज्ञ और सर्वशक्तिमान अवश्य हो सकता है, पर सर्वज्ञता अथवा सर्वशक्तिमत्ता तो मुक्ति नहीं है। केवल इन तीन प्रकार के साधनों द्वारा मन निर्विकल्प अर्थात् परिणामशून्य नहीं हो सकता, इन त्रिविध साधनों का अभ्यास होने पर भी देहधारण का बीज रह जाता है। जब वह बीज, जैसा कि योगीगण कहते हैं, भून दिया जाता है, तभी उसकी पुनः वृक्ष उत्पन्न करने की शक्ति जाती रहती है। ये शक्तियाँ उस बीज को कभी भून नहीं सकती।

तदपि बहिरंग निर्बीजस्य ।।८।।

**सूत्रार्थ**–पर वे (धारणा आदि तीनों) भी निर्बीज (समाधि) को तुलना में बहिरंग (साधन) है।

**व्याख्या**–इसी कारण निर्बीज समाधि के साथ तुलना करने पर इनको भी बहिरंग कहना पड़ेगा। संयम-लाभ होने पर हम वस्तुतः सर्वोच्च समाधि-अवस्था की प्राप्ति नहीं कर लेते, वरन् एक निम्नतर भूमि में अवस्थित रहते हैं। उस अवस्था में यह परिदृश्यमान जगत् विद्यमान रहता है, और सब सिद्धियाँ इस जगत् के ही अन्तर्गत हैं।

व्युत्थाननिरोधसंस्कारयोरभिभवप्रादुर्भावो-
निरोधक्षणचित्तान्वयो निरोधपरिणामः ।।९।।

**सूत्रार्थ**–जब व्युत्थान अर्थात् मन की चंचलता का अभिभव (नाश) और निरोध-संस्कार का आविर्भाव हो जाता है, उस समय चित्त निरोध नामक संस्कार के अनुगत होता है, उसे निरोध-परिणाम कहते हैं।

**व्याख्या**–इसका तात्पर्य यह है कि समाधि की पहली अवस्था

में मन की समस्त वृत्तियाँ निरुद्ध अवश्य होती हैं, किन्तु, सम्पूर्ण रूप से नहीं, क्योंकि वैसा होने पर तो किसी प्रकार की वृत्ति ही न रह जाती। मान लो, मन में एक ऐसी वृत्ति उठी है, जो मन को इन्द्रिय की ओर ले जा रही है, और योगी उस वृत्ति को संयत करने का प्रयत्न कर रहे हैं। इस अवस्था में उस संयम को भी एक वृत्ति कहना पड़ेगा। एक लहर मानों दूसरी लहर द्वारा रोकी गई है, अतः वह समस्त लहरों की निवृत्तिरूप समाधि नहीं है, क्योंकि वह संयम भी एक लहर है। फिर भी, जिस अवस्था में मन में तरंग के बाद तरंग उठती रहती है, उसकी अपेक्षा यह निम्नतर समाधि उस उच्चतर समाधि के अधिक समीपवर्ती है।

तस्य प्रशान्तवाहिता संस्कारात् ।।१०।।

**सूत्रार्थ**–अभ्यास के द्वारा इसकी स्थिरता होती है।

**व्याख्या**–प्रतिदिन नियमित रूप से अभ्यास करने पर मन का यह नियत संयम प्रवाहाकार में चलता रहता है एवं उसकी स्थिरता होती है, और तब मन सदैव एकाग्रशील रह सकता है।

सर्वार्थतैकाग्रतयोः क्षयोदयौ चित्तस्य समाधिपरिणामः ।।११।।

**सूत्रार्थ**–सब प्रकार के विषयों का चिन्तन करने की वृत्ति का क्षय हो जाना और किसी एक ही ध्येयविषय का चिन्तन करनेवाली एकाग्रता-शक्ति का उदय हो जाना-यह चित्त का समाधि-परिणाम है।

**व्याख्या**–मन सर्वदा ही नाना प्रकार के विषय ग्रहण कर रहा है, सदैव सब प्रकार की वस्तुओं में जा रहा है। फिर मन की ऐसी भी एक उच्चतर अवस्था है, जब वह केवल एक ही वस्तु को ग्रहण करके अन्य सब वस्तुओं को छोड़ दे सकता है। इस एक वस्तु को ग्रहण करने का फल है समाधि।

शान्तोदितौ तुल्यप्रत्ययो चित्तस्यैकाग्रतापरिणाम ।।१२।।

**सूत्रार्थ**–जब मन शान्त और उदित अर्थात् अतीत और वर्तमान दोनों अवस्थाओं में ही तुल्य-प्रत्यय हो जाता है, अर्थात् दोनों को ही एक साथ ग्रहण कर सकता है, तब उसे चित्त का एकाग्रता-परिणाम कहते हैं।

**व्याख्या**–मन एकाग्र हुआ है, यह कैसे जाना जाये? मन के

एकाग्र हो जाने पर समय का कोई ज्ञान न रहेगा। जितना ही समय का ज्ञान जाने लगता है, हम उतने ही एकाग्र होते जाते हैं। हम अपने दैनिक जीवन में भी देख पाते हैं कि जब हम कोई पुस्तक पढ़ने में तल्लीन रहते हैं, तब समय की ओर हमारा बिलकुल ध्यान नहीं रहता। जब हम पढ़कर उठते हैं, जो अचरज करने लगते हैं इतना समय बीत गया। सारा समय मानों एकाग्र होकर वर्तमान में एकीभूत हो जाता है। इसीलिए कहा गया है कि अतीत, वर्तमान और भविष्य आकर जितना ही एकीभूत होते जाते हैं, मन उतना ही एकाग्र होता जाता है।

एतेन भूतेन्द्रियेषु धर्मलक्षणावस्थापरिणामा व्याख्याता: ।।१३।।

**सूत्रार्थ**–इसी से भूतों में और इन्द्रियों में होनेवाले धर्म-परिणाम, लक्षण-परिणाम और अवस्था परिणाम–(ये तीनों) कहे जा चुके।

**व्याख्या**–पीछे के तीन सूत्रों में चित्त के निरोध आदि परिणामों की जो बात कही गई है, उसके द्वारा भूतों और इन्द्रियों के धर्म, लक्षण और अवस्थारूप तीन प्रकार के परिणामों की भी व्याख्या कर दी गई है। मन लगातार वृत्ति के रूप में परिणत हो रहा है, यह मन का धर्मरूप परिणाम है। वह अतीत, वर्तमान और भविष्य इन तीन कालों के भीतर से होकर चल रहा है, यह मन का लक्षणरूप परिणाम है। कभी निरोध संस्कार प्रबल और व्युत्थानसंस्कार दुर्बल हो जाता है, तो कभी ठीक इसका उलटा होता है, यह मन का अवस्थारूप परिणाम है। मन के इन तीन परिणामों के समान भूतों और इन्द्रियों के भी विविध परिणाम समझना चाहिए। जैसे, मिट्टी का पिण्ड जब अपना पिण्डरूप धर्म छोड़कर घटरूप धर्म में परिणत हो जाता है, तब उसे धर्म-परिणाम कहते हैं। जब इसी घटना को हम समय की दृष्टि से देखते हैं अर्थात् उसके वर्तमान, अतीत और भविष्य अवस्थारूप परिणामों को देखते हैं, तब उसे लक्षण-परिणाम कहते हैं। फिर उसके नवीनत्व, पुरातनत्व आदि अवस्थारूप परिणामों को अवस्था-परिणाम कहते हैं।

पहले के सूत्रों में जिन सब समाधियों की बात कही गई है, उनका उद्देश्य यह है कि योगी मन के परिणामों पर इच्छापूर्वक क्षमता

प्राप्त कर सके। उससे पूर्वोक्त संयमशक्ति प्राप्त होती है।

शान्तोदिताव्यपदेश्यधर्मानुवारती धर्मी ॥१४॥

**सूत्रार्थ**–शान्त (अतीत), उदित (वर्तमान) और अव्ययदेश्य (आनेवाले) धर्म जिसमें अवस्थित है, वह धर्मी है।

**व्याख्या**–धर्मी उसे कहते है, जिस पर काल और संस्कार कार्य कर रहे हैं, जिसमें सततः परिणाम हो रहा है और जो हरदम व्यक्त भाव धारण कर रहा है।

क्रमान्यत्वं परिणामान्यत्वे हेतुः ॥१५॥

**सूत्रार्थ**–भिन्न-भिन्न परिणाम होने का कारण है क्रम की भिन्नता (पूर्वापर पार्थक्य)।

परिणामत्रसंयमादतीतानागतज्ञानम् ॥१६॥

**सूत्रार्थ**–पूर्वोक्त तीन परिणामों में चित्त-संयम करने से अतीत और अनागत (भविष्य) का ज्ञान उत्पन्न होता है।

**व्याख्या**–पहले संयम की जो परिभाषा दी गई है, हम उसे न भूलें। जब मन वस्तु के बाहरी भाग को छोड़कर उसके आभ्यन्तरिक भावों के साथ अपने को एकरूप करने की उपयुक्त अवस्था में पहुँच जाता है, जब दीर्घ अभ्यास के द्वारा मन केवल उसी की धारणा करके क्षण भर में उस अवस्था में पहुँच जाने की युक्ति प्राप्त कर लेता है, तब उसे संयम कहते हैं। इस अवस्था को प्राप्त करके यदि योगी भूत और भविष्य जानने की इच्छा करे, तो उन्हें केवल संस्कार के परिणामों में संयम का प्रयोग करना होगा। कुछ संस्कार वर्तमान अवस्था में कार्य कर रहे हैं, कुछ का भोग समाप्त हो चुका है और कुछ अभी भी फल प्रदान करने के लिए संचित हैं। इन सबों में संयम का प्रयोग करने में भूत और भविष्य सब जान लेते हैं।

शब्दार्थप्रत्ययानामितरेतराध्यासात् संकरस्तत्प्रविभाग
संयमात् सर्वभूतरुतज्ञानम् ॥१७॥

**सूत्रार्थ**–शब्द, अर्थ और प्रत्यय (ज्ञान)–इनको, आपस में अध्यात हो जाने के कारण, जो संकरावस्था हो रही है, उसके विभाग में

संयम करने से समस्त प्राणियों की वाणी का ज्ञान (हो जाता है)।

**व्याख्या**–शब्द से उस बाह्य विषय का बोध होता है, जो मन में किसी वृत्ति को जागृत कर देता है। अर्थ कहने से शरीर में का वह प्रवाह समझना चाहिए, जो इन्द्रिय-द्वार से प्राप्त विषयों के अभिघात से उत्पन्न हुई संवेदना को ले जाकर मस्तिष्क में पहुँचा देता है। और ज्ञान कहने से मन की उस प्रतिक्रिया को समझना चाहिए, जिससे विषयानुभूति होती है। इन तीनों के मिश्रित होने से ही हमारे इन्द्रियग्राह्य विषय उत्पन्न होते हैं। मान लो, मैंने एक शब्द सुना, पहले बाहर में एक कम्पन हुआ, तत्पश्चात् श्रवणेन्द्रिय द्वारा मन में एक बोध-प्रवाह गया, उसके बाद मन ने प्रतिक्रिया की, और मैं उस शब्द को जान सका। मैंने यह जो उस शब्द को जाना है, वह तीन पदार्थों का मिश्रण है–पहला, कम्पन, दूसरा, अनुभूतिप्रवाह, और तीसरा, प्रतिक्रिया। साधारणतः, ये तीन व्यापार पृथक् नहीं किए जा सकते, पर अभ्यास के द्वारा योगी उनकों पृथक् कर सकते हैं। जब मनुष्य इनको अलग करने की शक्ति प्राप्त कर लेता है, तब वह फिर जिस किसी शब्द में संयम का प्रयोग करे, वह उसी क्षण उस अर्थ को समझ सकता है, जिसको प्रकाशित करने के लिए वह शब्द उच्चारित हुआ है, फिर वह शब्द चाहे मनुष्य द्वारा किया गया हो, चाहे अन्य किसी प्राणी द्वारा।

संस्कारसाक्षात्करणात् पूर्वजातिज्ञानम् ॥१८॥

**सूत्रार्थ**–संस्कारों को प्रत्यक्ष कर लेने से पूर्वजन्म का ज्ञान (हो जाता है)।

**व्याख्या**–हम जो कुछ अनुभव करते हैं, वह समस्त हमारे चित्त में तरंग के रूप में आया करता है। वह फिर चित्तरूपी सरोवर की तली में चला जाता है और क्रमशः सूक्ष्म से सूक्ष्मतर होता जाता है। वह बिलकुल नष्ट नहीं हो जाता। वह वहाँ जाकर अत्यन्त सूक्ष्मभाव से रहता है। यदि हम उस तरंग को फिर से ऊपर ला सके, तो वही स्मृति कहलाती है। अतएव योगी यदि मन से इन सब पूर्वसस्कारों में संयम कर सके, तो वे पूर्वजन्म की बातें स्मरण करना आरम्भ कर देंगे।

प्रत्ययस्य परचित्तज्ञानम् ॥१९॥

**सूत्रार्थ**–दूसरे के शरीर में जो सब चिह्न है, उनमें संयम करने से उस व्यक्ति के मन का ज्ञान (हो जाता है)।

**व्याख्या**–प्रत्येक व्यक्ति के शरीर में कुछ विशिष्ट चिह्न रहते हैं, जिनके द्वारा उसको दूसरे व्यक्तियों से पृथक् करके पहचाना जाता है। जब योगी किसी मनुष्य के इन विशेष चिह्नों में संयम करते हैं, तब वे उस मनुष्य के मन का स्वभाव जान लेते हैं।

न च तत् सालम्बनं तस्याविषयीभूतत्वात् ॥२०॥

**सूत्रार्थ**–किन्तु उस चित्त का अवलम्बन क्या है, यह ये नहीं जान सकते, क्योंकि वह उनके संयम का विषय नहीं है।

**व्याख्या**–ऊपर के सूत्र में शरीर के चिह्नों में संयम की जो बात कही गई है, उसके द्वारा उस व्यक्ति के मन में उस समय क्या चल रहा है, यह नहीं जाना जा सकता। उसको जानने के लिए तो दो-बार संयम करने की आवश्यकता होगी, पहले, शरीर के लक्षणों में, और उसके बाद मन में। तब योगी उस व्यक्ति के मन के समस्त भाव जान लेंगे।

कायरूपसंयमात् तद्ग्राह्यशक्रिस्तम्भे
चक्षुःप्रकाशासंयोगेऽन्तर्धाननम् ॥२१॥

**सूत्रार्थ**–शरीर के रूप में संयम कर लेने से जब उस रूप को अनुभव करने की शक्ति रोक ली जाती है, सब आँख की प्रकाश-शक्ति के साथ उसका संयोग न रहने के कारण योगी अन्तर्धान हो जाते हैं।

**व्याख्या**–मान लो, कोई योगी इस कमरे में खड़े हैं। वे आपातदृष्टि से सबके सामने से अन्तर्धान हो सकते हैं। वे वास्तव में अन्तर्धान हो जाते हों, सो बात नहीं, पर हाँ, कोई उन्हें देख न सकेगा, बस इतना ही। शरीर का रूप और शरीर इन दोनों को मानों वे अलग-अलग कर डालते हैं। जब योगी ऐसी एकाग्रता-शक्ति प्राप्त कर लेते हैं कि वे वस्तु के रूप और उस वस्तु को एक-दूसरे से अलग कर डालते हैं, तभी इस प्रकार की अन्तर्धान-शक्ति उन्हें प्राप्त होती है। उसमें अर्थात् रूप और उस रूपवान् वस्तु के पार्थक्य में संयम का प्रयोग करने

से उस रूप को अनुभव करने की शक्ति में मानों एक बाधा पड़ती है; क्योंकि रूप और उस रूपविशिष्ट वस्तु के परस्पर संयुक्त होने पर ही हमें उस वस्तु का ज्ञान होता है।

एतेन शब्दाद्यन्तर्धानमुक्तम् ।।२२।।

**सूत्रार्थ**–इसके द्वारा ही शब्द आदि के अन्तर्धान होने को अति शब्द आदि को दूसरों को इन्द्रियगोचर न होने देने की भी व्याख्या कर दी गई।

सोपकर्म निरुपक्रमं च कर्म तत्संयमादपरान्त
ज्ञानमरिष्टेभ्यो वा ।।२३।।

**सूत्रार्थ**–शीघ्र फल उत्पन्न करनेवाला और देर से फल देनेवाला–ऐसे दो प्रकार के कर्म होते हैं। इनमें संयम करने से, अथवा अनिष्टनामक मृत्यु लक्षणों से भी, योगीगण देहत्याग का ठीक समय जान लेते हैं।

**व्याख्या**–जब योगी अपने कर्म में अर्थात् अपने मन के उन संस्कारों में, जिनका कार्य आरम्भ हो गया है तथा उनमें, जिनका कार्य अभी आरम्भ नहीं हुआ है–संयम का प्रयोग करते हैं, तब वे उन संस्कारों के द्वारा, जिनका कार्य अभी आरम्भ नहीं हुआ है, यह ठीक जान लेते हैं कि उनकी मृत्यु कब होगी। किस समय, किस दिन, कितने बजे, यहाँ तक कि कितने मिनट पर उनकी मृत्यु होगी–यह सब उन्हें ज्ञात हो जाता है। हिन्दू लोग मृत्यु की इस निकटता को जान लेना विशेष आवश्यक समझते हैं, क्योंकि गीता में यह उपदेश है कि मृत्यु-समय के विचार आनेवाले जीवन को नियमित करने के लिए विशेष प्रयोजनीय कारणस्वरूप है।

मैत्र्यादिषु बलानि ।।२४।।

**सूत्रार्थ**–मैत्री आदि गुणों (1/33) में संयम करने से ये सब गुण अत्यन्त प्रबल भाव धारण करते हैं।

बलेषु हस्तिवलादीनि ।।२५।।

**सुत्रार्थ**–हाथी आदि के बल में संयम का प्रयोग करने से योगी

के शरीर में उस-उस प्राणी के सदृश बल आ जाता है।

**व्याख्या**–जब योगी यह संयम-शक्ति प्राप्त कर लेते हैं, तब यदि वे बल की इच्छा करें, तो हाथी के बल में संयम का प्रयोग करके वे हाथी के समान बल प्राप्त कर लेते हैं। प्रत्येक मनुष्य में अनन्त शक्ति निहित है। यदि वह उपाय जानता हो, तो वह उस शक्ति का इच्छानुसार व्यवहार कर सकता है। योगी ने उसे प्राप्त करने की विद्या खोज निकाली है।

प्रवृत्त्यालोकन्यासात् सूक्ष्मव्यवहितविप्रकृष्टज्ञानम् ।।२६।।

**सूत्रार्थ**–(पहले कही गई, 1/36) महाज्योति में संयम करने से सूक्ष्म, व्यवधान-युक्त और दूरवर्ती वस्तुओं का ज्ञान हो जाता है।

**व्याख्या**–हृदय में जो महाज्योति है, उसमें संयम करने से योगी अत्यन्त दूरवर्ती वस्तु को भी देख सकते हैं। यदि कोई वस्तु पहाड़ के अन्तराल में रहें, तो उसे भी वे देख लेते हैं, और अत्यन्त सूक्ष्म वस्तुओं का भी उन्हें ज्ञान हो जाता है।

भुवनज्ञानं सूर्ये सयमात ।।२७।।

**सूत्रार्थ**–सूर्य में संयम करने से सम्पूर्ण जगत् का ज्ञान (प्राप्त हो जाता है)।

चन्द्रे ताराव्यूहज्ञानम् ।।२८।।

**सूत्रार्थ**–चन्द्रमा में (संयम करने से) तारासमूह का ज्ञान हो जाता है)।

ध्रुवे तद्गतिज्ञानम् ।।२९।।

**सूत्रार्थ**–ध्रुव तारे में (संयम करने से) ताराओं की गति का ज्ञान (हो जाता है)।

नाभिचक्रे कायव्यूहज्ञानम् ।।३०।।

**सूत्रार्थ**–नाभिचक्र में (संयम करने से) शरीर की बनावट ज्ञात हो जाती है।

कण्ठकूपे क्षुत्पिपासानिवृत्तिः ।।३१।।

**सूत्रार्थ**–कण्ठकूप में (संयम करने से) भूख और प्यास की

निवृत्ति हो जाती है।

**व्याख्या**–अत्यन्त भूखा मनुष्य यदि कण्ठकूप में चित्त का संयम कर सके, तो उसकी भूख शान्त हो जाती है।

कूर्मनाडयां स्थैर्यम् ॥३२॥

**सूत्रार्थ**–कर्मनाड़ी में (संयम करने से) शरीर की स्थिरता होती है।

**व्याख्या**–जब वे साधना करते हैं, तब उनका शरीर चंचल नहीं होता।

मूर्धज्योतिषि सिद्धदर्शनम् ॥३३॥

**सूत्रार्थ**–सिर की ज्योति में (संयम करने से) सिद्धपुरुषों के दर्शन होते हैं।

**व्याख्या**–यहाँ सिद्ध का तात्पर्य भूतयोनि की अपेक्षा थोड़ी उच्च योनि से है। जब योगी अपने सिर के ऊपरी भाग में मन संयम करते हैं, तब वे इन सिद्धों के दर्शन करते हैं। यहाँ पर 'सिद्ध' शब्द से मुक्त पुरुष नहीं समझना चाहिए।

प्रातिभाद्वा सर्वम् ॥३४॥

**सूत्रार्थ**–अथवा प्रातिभ ज्ञान उत्पन्न होने से समस्त ज्ञान प्राप्त हो जाता है।

**व्याख्या**–प्रातिभ ज्ञान अर्थात् प्रतिभा की शक्ति अर्थात् पवित्रता के द्वारा लब्ध ज्ञानविशेष के प्राप्त हो जाने पर बिना किसी प्रकार के संयम के ही समस्त ज्ञान प्राप्त हो सकता है। जब मनुष्य उच्च प्रतिभाशक्ति प्राप्त कर लेता है, तब उसे इस महा आलोक की प्राप्ति हो जाती है। उसके ज्ञान से समस्त प्रकाशित हो जाता है। बिना किसी प्रकार का संयम किए ही उसे आप-से-आप समस्त ज्ञान प्राप्त होता जाता है।

हृदये चित्तसंयित् ॥३५॥

**सूत्रार्थ**–हृदय में (संयम करने से) मनोविषयक ज्ञान प्राप्त हो जाता है।

सत्त्वपुरुषयोरत्यन्तासंकीर्णयोः प्रत्ययाविशेषो भोगः

परार्थत्वात् स्वार्थसयमात् पुरुषज्ञानम् ।।३६।।

**सूत्रार्थ**–पुरुष और बुद्धि, जो कि अत्यन्त पृथक् है–उनके विवेक के अभाव से ही भोग होता है। यह भोग परार्थ है अर्थात् किसी अन्य या पुरुष के लिए है। बुद्धि की एक दूसरी अवस्था का नाम है स्वार्थ उसमें संयम करने से पुरुष का ज्ञान होता है।

**व्याख्या**–पुरुष और बुद्धि वास्तव में सर्वथा भिन्न हैं; ऐसा होने पर भी पुरुष बुद्धि में प्रतिबिम्बित होकर उसके साथ अपने को अभेद समझता है और उसी से अपने को सुखी या दु:खी अनुभव करता रहता है। बुद्धि की इस अवस्था को परार्थ कहते हैं, क्योंकि उसके सारे भोग अपने लिए नहीं, वरन् पुरुष के लिए है। इसके सिवा बुद्धि की और एक अवस्था है–उसका नाम है स्वार्थ। जब बुद्धि सत्त्वप्रधान होकर अत्यन्त निर्मल हो जाती है और उसमे पुरुष विशेष रूप से प्रतिबिम्बित होता है, तब वह बुद्धि अन्तर्मुखी होकर केवल पुरुष का अवलम्बन करती है। उस 'स्वार्थ' नामक बुद्धि में संयम करने से पुरुष का ज्ञान होता है। केवल पुरुष का अवलम्ब्न करनेवाली बुद्धि में संयम करने को कहने का तात्पर्य यह है कि शुद्ध पुरुष ज्ञाता होने के कारण कभी ज्ञान का विषय नहीं बन सकता।

ततः प्रातिभश्रवणवेदनादर्शास्वादवार्ता जायन्ते ।।३७।।

**सूत्रार्थ**–उससे प्रातिभ ज्ञान और (अलौकिक) श्रवण, स्पर्श, दर्शन, स्वाद एवं धार्ता (घ्राण)–ये (छः सिद्धियाँ) प्रकट होती हैं।

ते समाधावुपसर्गा व्युत्थाने सिद्धय ।।३८।।

**सूत्रार्थ**–ये (छहों) समाधि में उपसर्ग (विघ्न) है, पर व्युत्थान (संसार-अवस्था) में सिद्धिस्वरूप है।

**व्याख्या**–योगी जानते हैं कि संसार के यावत् भोग पुरुष और मन के संयोग द्वारा होते हैं। यदि वे इस सत्य में कि आत्मा और प्रकृति एक दूसरे से पृथक् वस्तु हैं, चित्त का संयम कर सके, तो उन्हें पुरुष का ज्ञान प्राप्त हो जाता है। उससे विवेकज्ञान उदित होता है। जब वे इस विवेक को प्राप्त कर लेते हैं, तब उन्हें प्रातिभ नामक अत्यन्त उच्च कोटि

का देवज्ञान प्राप्त होता है। पर ये सब सिद्धियाँ उस उच्चतम लक्ष्य अर्थात् उस पवित्रस्वरूप आत्मा के ज्ञान और मुक्ति की प्रतिबन्धकस्वरूप हैं। ये सब तो मानों रास्ते में प्राप्त होनेवाली चीजें भर है। यदि योगी इन सिद्धियों का परित्याग कर दें, तभी वे उस उच्चतम ज्ञान को प्राप्त कर सकते हैं। यदि वे इनमें भटक जाये, तो फिर उनकी उन्नति रुक जाती है।

बन्धकारणशैथिल्यात् प्रचारसंवेदनाच्च चित्तस्य
परशरीरावेशः ।।३९।।

**सूत्रार्थ**–जब बन्धन का कारण शिथिल हो जाता है और योगी चित्त के प्रचारस्थानों को (अर्थात् शरीरस्य नाड़ीसमूह को) जान लेते हैं, तब वे दूसरे के शरीर में प्रवेश कर सकते हैं।

**व्याख्या**–योगी एक देह में रहकर और उस देह में क्रियाशील रहते हुए भी अन्य किसी मृत देह में प्रवेश करके उसे गतिशील कर सकते हैं। इसी प्रकार, वे किसी जीवित शरीर में प्रवेश करके उस व्यक्ति के मन और इन्द्रियों को निरुद्ध कर सकते हैं, तथा उस समय तक के लिए उस शरीर के भीतर से काम कर सकते हैं। प्रकृति और पुरुष के विवेक को प्राप्त करने पर ही ऐसा करना उनके लिए सम्भव होता है। यदि वे दूसरे के शरीर में प्रवेश करने की इच्छा करे, तो उस शरीर में संयम का प्रयोग करने से ही वह सिद्ध हो जायेगा, क्योंकि उनके मतानुसार, उनकी आत्मा ही सर्वव्यापी नहीं है, वरन उनका मन भी सर्वव्यापी है। उनका मन उस सर्वव्यापी (समष्टि) मन का एक अंश मात्र है। पर अभी वह इस शरीर के स्नायुओं के भीतर से ही काम कर सकता है, किन्तु जब योगी इन स्नायविक प्रवाहों से अपने को मुक्त कर लेते हैं, तब वे दूसरे शरीर के द्वारा भी काम कर सकते हैं।

उदानजयाज्जलपंककण्टकाविश्वसंग उत्क्रान्तिश्च ।।४०।।

**सूत्रार्थ**–उदान नामक जो स्नायुप्रवाह पर जय प्राप्त कर लेने से योगी के शरीर से पानी या कीचड़ का संयोग नहीं होता, ये काँटों पर चल सकते हैं और इच्छामृत्यु होते हैं।

**व्याख्या**–उदान नामक जो स्नायविक शक्ति-प्रवाह फेफड़े और शरीर के सारे ऊपरी भाग को चलाता है, उस पर जब योगी जय प्राप्त कर लेते हैं, तब वे अत्यन्त हल्के हो जाते हैं। वे फिर जल में नहीं डूबते, काँटों पर या तलवार की धार पर वे अनायास चल सकते हैं, आग में खड़े रह सकते हैं और इच्छा मात्र से ही इस शरीर को छोड़ दे सकते हैं।

समानजयाप्रज्वलनम् ।।४१।।

**सूत्रार्थ**–समान वायु को जीत लेने से (उनका शरीर) दीप्तिमान् हो जाता है।

**व्याख्या**–वे जब कभी इच्छा करते हैं, तभी उनके शरीर से ज्योति बाहर निकल आती है।

श्रोनाकाशयोः सम्वन्यसंयमादिव्यं श्रोत्रम् ।।४२।।

**सूत्रार्थ**–कान और आकाश का जो परस्पर सम्बन्ध है, उसमें संयम करने से दिव्य कर्ण प्राप्त होता है।

**व्याख्या**–यह है आकाशतत्त्व, और यह उसका अनुभव करने के लिए यन्त्रस्वरूप कान है। इनमें संयम करने से योगी दिव्य कर्ण प्राप्त करते हैं। तब वे सब कुछ सुन सकते हैं। अत्यन्त दूर कोई बातचीत या शब्द होने पर भी वे उसे सुन सकते हैं।

कायाकाशयो सम्बन्धसयमाल्लघुतुल-
समापत्तेश्चाकाश गमनम् ।।४३।।

**सूत्रार्थ**–शरीर और आकाश के सम्बन्ध में चित्तसंयम करने से और (रूई आदि) हल्की वस्तु में संयम करने से योगी आकाश में गमन कर सकते हैं।

**व्याख्या**–आकाश ही इस शरीर का उपादान है। आकाश ने ही एक प्रकार से विकृत होकर इस शरीर का रूप धारण किया है। यदि योगी शरीर के उपादानभूत उस आकाशधातु में संयम का प्रयोग करे, तो वे आकाश के समान हल्के हो जाते हैं और जहाँ इच्छा हो, वायु में से होकर जा सकते हैं। ऐसा ही दूसरे के सम्बन्ध में भी है।

बहिरकल्पिता वृत्तिर्महाविदेहा ततः –
प्रकाशावरणक्षयः ।।४४।।

**सूत्रार्थ**–बाहर में मन को जो यथार्थ वृत्ति अर्थात् मन की धारणा है, उसका नाम है महाविदेहा, उसमें संयम का प्रयोग करने से, प्रकाश का जो आवरण है, वह नष्ट हो जाता है।

**व्याख्या**–अज्ञानवश मन सोचता है कि वह इस देह में से कार्य कर रहा है। यदि मन सर्वव्यापी हो, तो हम केवल एक ही प्रकार के स्नायुओं द्वारा क्यों आबद्ध रहेंगे, इस अहं को एक ही शरीर में सीमाबद्ध करके क्यों रखेंगे? ऐसा करने का तो कोई कारण नहीं दिखता। योगी अपने इस अहं-भाव को, जहाँ कहीं इच्छा हो वहीं अनुभव करना चाहते हैं। अहं-भाव के चले जाने पर इस देह में जो मानसिक वृत्तिप्रवाह जागृत होता है, उसे 'अकल्पिता वृत्ति' या 'महाविदेहा' कहते हैं। जब वे उसमें संयम करने में सफल होते हैं, तब प्रकाश के सारे आवरण नष्ट हो जाते हैं और समस्त अन्धकार एवं अज्ञान नष्ट हो जाने के कारण सब कुछ उन्हें चैतन्यमय प्रतीत होता है।

स्थूलस्वरूपसूक्ष्मान्वयार्थवत्त्वसंयमाद्भूतजयः ।।४५।।

**सूत्रार्थ**–भूतों की स्थूल, स्वरूप, सूक्ष्म, अन्धय और अर्थवत्त्व–इन पाँच प्रकार की अवस्थाओं में संयम करने से पाँचों भूतों पर विजय प्राप्त हो जाती है।

**व्याख्या**–योगी समस्त भूतों में संयम करते हैं, पहले, स्थूल भूत में और फिर उसके बाद उसकी अन्यान्य सूक्ष्म अवस्थाओं में संयम करते हैं। बौद्धों के एक सम्प्रदाय में यह संयम विशेष रूप से प्रचलित है। वे मिट्टी का एक लोदा लेकर उसमें संयम का प्रयोग करते हैं, फिर क्रमशः वह जिन सब सूक्ष्म भूतों से निर्मित हुआ है, उन्हें देखना शुरू करते हैं। जब वे उसकी समस्त सूक्ष्म अवस्थाओं के बारे में जान लेते हैं, तब वे उस भूत पर विजय प्राप्त कर लेते हैं। ऐसा ही अन्य सब भूतों के बारे में भी समझना चाहिए। योगी सभी पर जय प्राप्त कर सकते हैं।

ततोऽणिमादिप्रादुर्भावः कायसम्पत्तद्धर्मानभिधातश्च ।।४६।।

**सूत्रार्थ**–उससे क्षणिमा आदि सिद्धियों का आविर्भाव होता है, कायसम्पत् की प्राप्ति होती है और सारे शारीरिक धर्मों से बाधा नहीं होती।

**व्याख्या**–इसका तात्पर्य यह है कि योगी अष्टसिद्धियों की प्राप्ति कर लेते हैं। वे अपने को इच्छानुसार परमाणु के समान छोटा या पर्वत के समान बड़ा कर सकते हैं, वे अपने को पृथ्वी के समान भारी और वायु के समान हल्का कर सकते हैं, वे जहाँ चाहे जा सकते हैं, जिस पर चाहे प्रभुत्व कर सकते हैं, जिस पर चाहे विजय प्राप्त कर सकते हैं। सिंह उनके पैरों के पास मेमने के समान शान्तभाव से बैठा रहेगा, और वे जो भी चाहे, उनकी समस्त कामनाएँ पूर्ण होगी।

रूपलावण्यबलवज्रसंहननत्वानि कायसम्पत् ।।४७।।

**सूत्रार्थ**–रूप, लावण्य, बल और वज्र के समान दृढ़ता–ये कायसम्पत् हैं।

**व्याख्या**–तब शरीर अविनाशी हो जाता है, कोई भी वस्तु उसे किसी प्रकार का नुकसान नहीं पहुँचा सकती। यदि योगी स्वयं इच्छा न करे, तो दुनिया की कोई भी ताकत उनके शरीर का नाश नहीं कर सकती। "कालदण्ड को भग्न कर वे इस जगत् में शरीर लेकर वास करते हैं।" वेदों में कहा है कि ऐसे व्यक्ति को बीमारी, मृत्यु या अन्य कोई क्लेश नहीं होता।

ग्रहणस्वरूपास्मितान्वयार्थवत्वसंयमादिन्द्रियजयः ।।४८।।

**सूत्रार्थ**–इन्द्रियों की बाह्य पदार्थ की ओर गति, उससे उत्पन्न ज्ञान, इस ज्ञान से विकसित अहं-प्रत्यय, इन्द्रियों के त्रिगुणमयत्व और उनके भोगदातृत्व–इन पाँचो में संयम करने से इन्द्रियों पर विजय प्राप्त हो जाती है।

**व्याख्या**–बाह्य वस्तु की अनुभूति के समय इन्द्रियाँ मन से बाहर जाकर विषय की ओर दौड़ती हैं, उसी से उपलब्धि और अस्मिता की उत्पत्ति होती है। जब योगी उनमें तथा अन्य दोनों में भी क्रमशः संयम का प्रयोग करते हैं, तब वे इन्द्रियों पर जय प्राप्त कर लेते हैं। जो

कोई वस्तु तुम देखते या अनुभव करते हो–जैसे एक पुस्तक–उसे लेकर उसमे संयम का प्रयोग करो। उसके बाद पुस्तक के रूप में जो ज्ञान है, उसमें, फिर जिस अहंभाव के द्वारा उस पुस्तक का दर्शन होता है, उसमें संयम करो। इस अभ्यास से समस्त इन्द्रियाँ विजित हो जाती हैं।

ततो मनोजवित्वं विकरणभाव प्रधानजयश्च ॥४९॥

**सूत्रार्थ**–उस (इन्द्रियजय) से शरीर को मन के सदृश गति, शरीर के बिना भी विषयों का अनुभव करने की शक्ति और प्रकृति पर विजय–ये तीनों सिद्धियाँ प्राप्त होती हैं।

**व्याख्या**–जैसे भूत-जय से कायसम्पत् की प्राप्ति होती है, वैसे ही इन्द्रिय-जय से उपर्युक्त सिद्धियाँ प्राप्त होती हैं।

सत्त्वपुरुषान्यताख्यातिमात्रस्य सर्वभावाथिष्ठातृत्वं-
सर्वज्ञातृत्वं च ॥५०॥

**सूत्रार्थ**–पुरुष और बुद्धि के परस्पर पार्थष्य-ज्ञान में संयम करने से सब वस्तुओं पर अधिष्ठातृत्व और सर्वज्ञातृत्व प्राप्त हो जाता है।

**व्याख्या**–जब हम प्रकृति पर जय प्राप्त कर लेते हैं तथा पुरुष और प्रकृति का भेद अनुभव कर लेते हैं अर्थात् जान लेते हैं कि पुरुष अविनाशी, पवित्र और पूर्णस्वरूप है, तब सर्वशक्तिमत्ता और सर्वज्ञता प्राप्त हो जाती है।

तद्वैराग्यादपि दोषवीजक्षये कैवल्यम् ॥५१॥

**सूत्रार्थ**–इन सब (सिद्धियों) को भी त्याग देने से दोष का बीज नष्ट हो जाता है, और उससे कैवल्य को प्राप्ति हो जाती है।

**व्याख्या**–तब वे कैवल्य की प्राप्ति कर लेते हैं, वे मुक्त हो जाते हैं। जब वे सर्वशक्तिमत्ता और सर्वज्ञता इन दोनों को भी त्याग देते हैं, तब वे सारे प्रलोभन, यहाँ तक कि, देवताओं द्वारा दिए गए प्रलोभनों का भी अतिक्रमण कर सकते हैं। जब योगी इन सब अद्भुत शक्तियों को प्राप्त करके भी उन्हे त्याग देते हैं, तब वे चरम लक्ष्य पर पहुँच जाते हैं। वास्तव में ये शक्तियाँ हैं क्या? केवल अभिव्यक्तियाँ। स्वप्न की अपेक्षा उनमें भला कौन-सी श्रेष्ठता है? सर्वशक्तिमत्ता भी तो एक स्वप्न है। वह

केवल मन पर निर्भर रहती है। जब तक मन का अस्तित्व है, तभी तक सर्वशक्तिमत्ता सम्भव हो सकती है, पर हमारा लक्ष्य तो मन के भी अतीत है।

स्थान्युपनिमन्त्रणे संगस्मयाकरणं पुनरनिष्टप्रसंगात् ।।५२।।

**सूत्रार्थ**–देवताओं द्वारा प्रलोभित किए जाने पर भी उसमें आसक्त होना या आनन्द का अनुभव करना उचित नहीं है, क्योंकि उससे पुनः अनिष्ट होना सम्भव है।

**व्याख्या**–और भी बहुत से विघ्न हैं। देवता आदि योगी को प्रलोभित करने आते हैं। वे नहीं चाहते कि कोई पूर्ण रूप से मुक्त हो। हम लोग जैसे ईर्ष्यापरायण हैं, वे भी वैसे ही हैं, वरन् कभी-कभी तो वे इस बात में हम लोगों से भी आगे बढ़ जाते हैं। वे डरते हैं कि कहीं वे अपने पद को न खो बैठें। जो योगी पूर्ण सिद्ध नहीं होते, वे शरीर त्यागने के बाद देवता बन जाते हैं। वे सीधे रास्ते को छोड़कर मानो बगल के एक रास्ते से चले जाते हैं और इन सब शक्तियों को प्राप्त करते हैं। उनको फिर से जन्म लेना पड़ता है। पर जो इतने शक्तिसम्पन्न है कि इन प्रलोभनों का उन पर कोई प्रभाव नहीं पड़ता, वे सीधे उस लक्ष्य-स्थल पर पहुँच जाते हैं और मुक्त हो जाते हैं।

क्षणतत्क्रमयो संयमाद्विवेकजं ज्ञानम् ।।५३।।

**सूत्रार्थ**–क्षण और उसके क्रम में संयम करने से विवेकजनित ज्ञान उत्पन्न होता है।

**व्याख्या**–देवता, स्वर्ग और शक्तियों से बचने का फिर उपाय क्या है? उपाय है विवेक-सदसत् विचार। इस विवेकज्ञान को दृढ़ करने के उद्देश्य से ही इस संयम का उपदेश दिया गया है। 'क्षण' का अर्थ है काल का सूक्ष्मतम अंग। एक क्षण के पहले जो क्षण बीत चुका है, और उसके बाद जो क्षण प्रकट होगा इस लगातार सिलसिले को क्रम कहते हैं। अतः उपयुक्त विवेकजनित ज्ञान को दृढ़ करने के लिए क्षण और उसके क्रम में संयम करना होगा।

जातिलक्षणंदेशैरन्यतानवच्छेदात्तुल्ययोस्ततः प्रतिपत्ति ।।५४।।

**सूत्रार्थ**–जाति, लक्षण और देशभेद से जिन वस्तुओं का भेद न किए जा सकने के कारण जो तुल्य प्रतीत होती हैं, उनको भी इस उपर्युक्त संयम द्वारा अलग करके जाना जा सकता है।

**व्याख्या**–हम जो दुःख भोगते हैं, वह अज्ञान से, सत्य और असत्य के अविवेक से उत्पन्न होता है। हम सभी बुरे को भला समझते हैं और स्वप्न को वास्तविक। एकमात्र आत्मा ही सत्य है, पर हम यह भूल गए हैं। शरीर एक मिथ्या स्वप्न मात्र है, पर हम सोचते हैं कि हम शरीर हैं। यह अविवेक ही दुःख का कारण है। और यह अविवेक अविद्या से उत्पन्न होता है। विवेक के उदय के साथ ही बल भी आता है, और तभी हम इस शरीर, स्वर्ग तथा देवता आदि की कल्पनाओं को त्यागने में समर्थ होते हैं। जाति, चिह्न और स्थान के द्वारा हम वस्तुओं को अलग करते हैं। उदाहरणार्थ, एक गाय की बात ले लो। गाय का कुत्ते से जो भेद है, वह जातिगत है। और दो गायों में परस्पर भेद हम कैसे करते हैं? चिह्‌न के द्वारा फिर दो वस्तुएँ सर्वथा समान होने पर हम स्थानगत भेद के द्वारा उन्हें अलग कर सकते हैं। किन्तु जब वस्तुएँ ऐसी मिली हुई रहती हैं कि अलग करने में ये सब विभिन्न उपाय बिलकुल काम में नहीं जाते, तब उपर्युक्त साधनप्रणाली के अभ्यास से लब्ध विवेक के बल से हम उन्हें पृथक् कर सकते हैं। योगियों का उच्चतम दर्शन इस सत्य पर आधारित है कि पुरुष शुद्धस्वभाव एवं नित्य पूर्णस्वरूप है और संसार में वही एकमात्र अमिश्र वस्तु है। शरीर और मन तो मिश्र पदार्थ है, फिर भी हम सदैव अपने आपको उनके साथ मिला दे रहे हैं। सबसे बड़ी गलती यहीं है कि यह पार्थनय ज्ञान नष्ट हो गया है। जब यह विवेक-शक्ति प्राप्त होती है, तब मनुष्य देख पाता है कि जगत् की सारी वस्तुएँ, वे फिर बहिजर्गत् की हो, या अन्तर्जगत् की, मिश्र पदार्थ हैं, अतएव वे पुरुष नहीं हो सकती।

तारकं सर्वविषय सर्वथाविषयमक्रम चेति विवेकजं ज्ञानम् ।।५५।।

**सूत्रार्थ**–जो विवेकज्ञान समस्त वस्तुओं को तथा वस्तुओं की सब प्रकार की अवस्थाओं को एक साथ ग्रहण कर सकता है, उसे

तारकज्ञान कहते हैं।

**व्याख्या**–तारक का अर्थ है–जो संसार से तारण करता है। सारी प्रकृति की सूक्ष्म और स्थूल सर्वविध अवस्थाएँ इस ज्ञान की ग्राह्य हैं। इस ज्ञान में किसी प्रकार का क्रम नहीं है। यह सारी वस्तुओं को क्षणभर में एक साथ ग्रहण कर लेता है।

सत्त्वपुरुषयो शुद्धिसाम्ये कैवल्यमिति ।।५६।।

**सूत्रार्थ**–जब सत्व (बुद्धि) और पुरुष–इन दोनों की समानभाव से शुद्धि हो जाती है, तब कैवल्य की प्राप्ति होती है।

**व्याख्या**–कैवल्य ही हमारा लक्ष्य है, इस लक्ष्य-स्थल पर पहुँचने पर आत्मा जान लेती है कि वह सर्वदा ही अकेली थी, उसे सुखी करने के लिए अन्य किसी की भी आवश्यकता न थी। जब तक अपने को सुखी करने के लिए हमें अन्य किसी की आवश्यकता होती है, तब तक हम गुलाम है। जब पुरुष जान लेता है कि वह मुक्तस्वभाव है और उसको पूर्ण करने के लिए अन्य किसी की भी जरूरत नहीं, जब वह यह जान लेता है कि यह प्रकृति क्षणिक है, इसकी कोई आवश्यकता नहीं है, तभी मुक्ति की प्राप्ति होती है, तभी यह कैवल्य प्राप्त होता है। जब आत्मा जान लेती है कि जगत् के छोटे-से-छोटे परमाणु से लेकर देवता तक किसी पर उसके निर्भर रहने की आवश्यकता नहीं है, तब आत्मा की उस अवस्था को कैवल्य और पूर्णता कहते हैं। जब शुद्धि और अशुद्धि दोनों से मिला हुआ सत्त्व अर्थात् बुद्धि, पुरुष के समान शुद्ध हो जाती है, तब यह कैवल्य प्राप्त हो जाता है, तब वह बुद्धि केवल निर्गुण, पवित्रस्वरूप पुरुष को प्रतिबिम्बित करती है।

# 4. कैवल्यपाद

जन्मोषधिमन्त्रतपः समाधिजा सिद्धयः ।।१।।

**सूत्रार्थ**–सिद्धियाँ जन्म, औषधि, मन्त्र, तपस्या और समाधि से उत्पन्न होती हैं।

**व्याख्या**–कभी-कभी मनुष्य पूर्वजन्म में प्राप्त सिद्धि को लेकर जन्म ग्रहण करता है। इस बार वह मानो उनके फल का भोग करने के लिए ही जन्म लेता है। सांख्यदर्शन के पितृस्वरूप कपिल के बारे में कहा है कि वे जन्म से ही सिद्ध थे। 'सिद्ध' शब्द का अर्थ है–जो कृतकार्य हो चुके हैं।

योगीगण कहते हैं कि रसायन विद्या अर्थात् औषधि आदि के द्वारा ये सब शक्तियाँ प्राप्त हो सकती हैं। तुम सभी जानते हो कि रसायनविद्या का प्रारम्भ आलकेमि से हुआ। मनुष्य-पारस पत्थर (philosopher's stone), संजीवनी अमृत (elixir of life) आदि का अन्वेषण करते थे। भारतवर्ष में 'रसायन' नामक एक सम्प्रदाय था। उसका यह मत था कि सूक्ष्मतत्त्वप्रियता, ज्ञान, आध्यात्मिक्ता, धर्म-ये सब सत्य (अच्छे) अवश्य हैं पर प्राप्त करने का एकमात्र उपाय है यह शरीर। यदि बीच-बीच में शरीर भग्न अर्थात् मृत्युवस्त होता रहे, तो उससे उस चरम लक्ष्य पर पहुँचने में काफी अधिक समय लग जायेगा। मान लो, कोई मनुष्य योगाभ्यास करने का या आध्यात्मिक भावसम्पन्न होने का इच्छुक है। अधिक दूर उन्नति करने के पहले ही, मान लो, उसकी मृत्यु हो गई। तब उसने और एक देह लेकर फिर से साधना करना शुरू किया। कुछ समय बाद फिर उसकी मृत्यु हो गई। इस प्रकार

बारम्बार मरने और जन्म लेने से तो उसका काफी समय नष्ट हो गया। अब यदि शरीर को इतना सबल और निर्दोष बनाया जा सके कि उसके जन्म और मृत्यु बिलकुल बन्द हो जायें, तो आध्यात्मिक उन्नति के लिए उतना ही अधिक समय मिल सकेगा। इसीलिए ये 'रसायन'-सम्प्रदायवाले कहते हैं कि पहले शरीर को सबल बनाओ। उनका दावा है कि शरीर को अमर बनाया जा सकता है। उनका अभिप्राय यह है कि यदि मन ही शरीर का गठन करनेवाला हो, और यह यदि सत्य हो कि प्रत्येक व्यक्ति का मन उस अनन्त शक्ति के प्रकाश की एक-एक विशेष प्रणाली मात्र हो, तो ऐसी प्रत्येक प्रणाली के लिए बाहर से इच्छानुसार शक्ति संग्रह करने की कोई निर्दिष्ट सीमा नहीं हो सकती। अत: हम सदा के लिए इस शरीर को क्यों न रख सकेंगे? हम जितने शरीर धारण करते हैं, उन सबका गठन हमें ही करना पड़ता है। ज्योंही इस शरीर का पतन होगा, त्योंही फिर से हमें एक और शरीर गढ़ना पड़ेगा। जब हममें यह शक्ति है, तो इस शरीर से बाहर न जाकर, हम यहीं और अभी वह गठन-कार्य क्यों न कर सकेंगे? यह मत पूर्ण रूप से सत्य है। यदि यह सम्भव हो कि हम मृत्यु के पश्चात् भी जीवित रहकर अपना शरीर पुन: गढ़ लें, तो फिर शरीर को पूरा ध्वंस किए बिना, उसे केवल क्रमश: परिवर्तित करते हुए, इसी जन्म में शरीर तैयार करना हमारे लिए क्यों असम्भव होगा? उनका यह भी विश्वास था कि पारा और गन्धक में बड़ी अद्भुत शक्ति निहित है। इन द्रव्यों से एक विशेष तौर से बनी हुई चीजों द्वारा मनुष्य जितने दिन इच्छा हो शरीर को अक्षुण्ण बनाए रख सकता है। दूसरे कुछ लोगों का विश्वास था कि कुछ विशिष्ट औषधियों के सेवन से आकाश-गमन आदि सिद्धियाँ प्राप्त हो सकती है। आजकल की आश्चर्यजनक औषधियों का अधिकांश, विशेषत्त: औषधि में धातु का व्यवहार, हमने 'रसायन' सम्प्रदायवालों के पास से पाया है। कोई-कोई योगीसम्प्रदाय कहते हैं कि हमारे बहुतेरे प्रधान गुरुगण अभी भी अपनी पुरानी देहों में विद्यमान हैं। योग के बारे में जिनका प्रामाण्य अकाट्य है, वे पतंजलि इसे अस्वीकार नहीं करते।

मन्त्रशक्ति–'मन्त्र' का अर्थ है कुछ पवित्र शब्द, जिनका निर्दिष्ट नियम से उच्चारण करने पर उनसे ये अद्भुत शक्तियाँ प्राप्त होती हैं। हम दिन-रात ऐसी अद्भुत घटनाओं के बीच रह रहे हैं कि हमें उनका कोई महत्त्व नहीं मालूम पड़ता, हम उन्हें साधारण समझते हैं। मनुष्य की शक्ति की, शब्द की शक्ति की और मन की शक्ति की कोई निर्दिष्ट सीमा नहीं है।

**तपस्या**–तुम देखोगे कि यह तप प्रत्येक धर्म में है। धर्म के इन सब अंगों के साधन में हिन्दू सबसे बढ़े चढ़े हैं। तुम ऐसे अनेक लोग पाओगे, जो सारे जीवनभर अपना हाथ ऊपर उठाए रखते हैं, यहाँ तक कि अन्त में उनके हाथ सूखकर नष्ट हो जाते हैं। बहुत से लोग दिन-रात खड़े ही रहते हैं, और अन्त में उनके पैर फूल जाते हैं। वे इतने कड़े हो जाते हैं कि वे फिर मोड़े नहीं जा सकते। सारे जीवनभर उन्हें खड़ा ही रहना पड़ता है। मैंने एक समय ऊपर हाथ उठाए हुए एक व्यक्ति को देखा था। मैंने उससे पूछा, जब तुम पहले-पहल इसका अभ्यास करते थे, तब तुम्हें कैसा लगता था? उसने कहा, पहले-पहल भयानक पीड़ा मालूम होती थी, इतनी कि मुझे नदी में जाकर पानी में डूबे रहना पड़ता था, उससे कुछ समय के लिए पीड़ा थोड़ी कम मालूम होती थी। एक महीने बाद फिर कोई विशेष कष्ट नहीं हुआ। इस प्रकार के अभ्यास से विभूतियाँ प्राप्त होती है।

**समाधि**–यहीं यथार्थ योग है, इस शास्त्र का यही मुख्य विषय है और यही सिद्धि का प्रधान साधन है। पहले जिन सबके बारे में कहा गया है, वे गौण साधन मात्र हैं। उनके द्वारा वह परमपद प्राप्त नहीं होता। समाधि के द्वारा हम मानसिक, नैतिक या आध्यात्मिक, जो कुछ चाहे सब प्राप्त कर सकते हैं।

जात्यन्तरपरिणामः प्रकृत्यापूरात् ।।२।।

**सूत्रार्थ**–(यह) एक जाति से दूसरी जाति में बदल जाना रूप जात्यन्तरपरिणाम प्रकृति के पूर्ण होने से होता है।

**व्याख्या**–पतंजलि ने कहा है कि ये शक्तियाँ जन्म से प्राप्त

होती हैं, कभी-कभी वे औषधिविशेष से भी प्राप्त होती हैं, फिर तपस्या से भी उन्हें पाया जा सकता है। उन्होंने यह भी स्वीकार किया है कि इस शरीर को जब तक इच्छा हो, रखा जा सकता है। अभी वे यह बता रहे हैं कि यह शरीर एक जाति से दूसरी जाति में परिणत क्यों होता है। वे कहते हैं कि यह प्रकृति के पूर्ण होने से होता है। अगले सूत्र में वे इसकी व्याख्या करेंगे।

निमित्तमप्रयोजकं प्रकृतीनां वरणभेदस्तु ततः क्षेत्रिकवत् ।।३।।

**सूत्रार्थ**—सत् और असत् कर्म प्रकृति के परिणाम (परिवर्तन) के प्रत्यक्षः कारण नहीं हैं, वरन् ये उसकी बाधाओं को दूर कर देनेवाले निमित्त मात्र हैं—जैसे, किसान जब पानी के बहने में रुकावट डालनेवाली मेंड को तोड़ देता है, तो पानी अपने स्वभाव से ही बह जाता है।

**व्याख्या**—जब कोई किसान खेत में पानी सींचने की इच्छा करता है, तब उसे अन्य किसी जगह से पानी लाने की आवश्यकता नहीं होती; खेत के समीपवर्ती जलाशय में पानी संचित है, बीच में बाँध रहने के कारण पानी खेत में नहीं आ पा रहा है। किसान उस बाँध को खोल भर देता है, और बस पानी गुरुत्वाकर्षण के नियमानुसार, अपने आप खेत में बह आता है। इसी प्रकार, सभी व्यक्तियों में सब प्रकार की उन्नति और शक्ति पहले से ही निहित है। पूर्णता ही मनुष्य का स्वभाव है, केवल उसके किवाड़ बन्द हैं, वह अपना यथार्थ रास्ता नहीं पा रही है। यदि कोई इस बाधा को दूर कर सके, तो उसकी वह स्वाभाविक पूर्णता अपनी शक्ति के बल से अभिव्यक्त होगी ही। और तब मनुष्य अपने भीतर पहले से ही विद्यमान शक्तियों को प्राप्त कर लेता है। जब यह बाधा दूर हो जाती है और प्रकृति को अपनी अप्रतिहत गति प्राप्त हो जाती है, तब हम जिन्हें पापी कहते हैं, वे भी साधु के रूप में परिणत हो जाते हैं। स्वभाव ही हमें पूर्णता की ओर ले जा रहा है, कालान्तर में वह सभी को वहाँ ले जायेगा। धार्मिक होने के लिए जो कुछ साधनाएँ और प्रयत्न हैं, वे सब केवल निषेधात्मक कार्य है—वे केवल बाधा को दूर कर देते हैं और इस प्रकार उस पूर्णता के किवाड़ खोल देते हैं, जो

हमारा जन्मसिद्ध अधिकार है, जो हमारा स्वभाव है।

प्राचीन योगियों का परिणामवाद (विकासवाद) आज आधुनिक विज्ञान के प्रकार में अपेक्षाकृत अच्छी तरह समझ में आ सकेगा। फिर भी योगियों की व्याख्या आधुनिक व्याख्या से कही श्रेष्ठ है। आधुनिक मत कहता है, विकास (परिणाम) के दो कारण हैं–'यौन-निर्वाचन' (sexual selection) और 'योग्यतम की अवस्थिति' (survival of the fittest) पर ये दो कारण पर्याप्त नहीं मालूम होते। मान लो, मानवी ज्ञान उतना उन्नत हो गया कि शरीर-धारण तथा पति या पत्नी की प्राप्ति सम्बन्धी प्रतियोगिता उठ गई। तब तो आधुनिक विज्ञानवेत्ताओं के मतानुसार, मानवी उन्नति-प्रवाह रुद्ध हो जायेगा और जाति की मृत्यु हो जायेगी। फिर, इस मत के फलस्वरूप तो प्रत्येक अत्याचारी व्यक्ति अपने विवेक से छुटकारा पाने की एक युक्ति पा लेता है। ऐसे मनुष्यों की कमी नहीं, जो दार्शनिक नामधारी बनकर, जितने भी दुष्ट और अनुपयुक्त मनुष्य हैं (मानो ये ही उपयुक्तता-अनुपयुक्तता के एकमात्र विचारक हैं), उन सब को मारकर मनुष्यजाति की रक्षा करना चाहते हैं! किंतु प्राचीन विकासवादी महापुरुष पतंजलि कहते हैं कि परिणाम या विकास का वास्तविक रहस्य है–प्रत्येक व्यक्ति में जो पूर्णता पहले से ही निहित है, उसी की अभिव्यक्ति या विकास मात्र। वे कहते हैं कि इस पूर्णता की अभिव्यक्ति में बाधा हो रही है। हमारे अंदर यह पूर्णतारूप अनंत ज्वार अपने को व्यक्त करने के लिए संघर्ष कर रहा है। ये संघर्ष और होड़ केवल हमारे अज्ञान के फल हैं। ये इसलिए होते हैं कि हम नहीं जानते कि यह दरवाजा कैसे खोला जाए और पानी भीतर कैसे लाया जाए। हमारे पीछे जो अनंत ज्वार है, वह अपने को व्यक्त करेगा ही। वही समस्त अभिव्यक्ति का कारण है। केवल जीवनधारण या इंद्रियसुखों को चरितार्थ करने की चेष्टा इस अभिव्यक्ति का कारण नहीं है। ये सब संघर्ष तो वास्तव में क्षणिक हैं, अनावश्यक हैं, बाह्य व्यापार मात्र हैं। ये सब अज्ञान से पैदा हुए हैं। सारी होड़ बंद हो जाने पर भी, जब तक हममें से प्रत्येक व्यक्ति पूर्ण नहीं हो जाता, तब तक हमारे भीतर निहित

यह पूर्ण स्वभाव हमें क्रमशः उन्नति की ओर अग्रसर कराता रहेगा। अतः यह विश्वास करने का कोई कारण नहीं कि होड़ या प्रतियोगिता उन्नति के लिए आवश्यक है। पशु के भीतर मनुष्य अव्यक्त रूप से निहित है; ज्यों ही द्वार खोल दिया जाता है, अर्थात् ज्यों ही बाधा हट जाती है, त्यों ही वह मनुष्य व्यक्त हो जाता है। इसी प्रकार मनुष्य के भीतर भी देवता अव्यक्त रूप से विद्यमान है, केवल अज्ञान का आवरण उसे व्यक्त नहीं होने देता। जब ज्ञान इस आवरण को चीर डालता है, तब भीतर का वह देवता व्यक्त हो जाता है।

निर्माणचित्तान्यस्मितामात्रात् ॥४॥

**सूत्रार्थ**–बनाए हुए चित्त केवल अस्मिता (अहं-तत्व) से होते हैं।

**व्याख्या**–कर्मवाद का तात्पर्य यह है कि हमें अपने भले-बुरे कर्मों का फल भोगना ही पड़ता है, और सारे दर्शनशास्त्री का एकमात्र उद्देश्य यह है कि मनुष्य अपनी महिमा को जान ले। सभी शास्त्र मनुष्य की आत्मा की महिमा की घोषणा कर रहे हैं, फिर उसके साथ-साथ कर्मवाद का भी प्रचार कर रहे हैं। शुभकर्मों का शुभ फल और अशुभ कर्मों का अशुभ फल होता है। यदि शुभ और अशुभ कर्म आत्मा पर प्रभाव डाल सकते हो, तो फिर आत्मा तो कुछ भी नहीं रही। वास्तव में अशुभ कर्म तो पुरुष के अपने स्वरूप के प्रकाश में बाधा भर डालते है, और शुभ कर्म उन बाधाओं को दूर कर देते हैं, तभी पुरुष की महिमा प्रकाशित होती है। स्वयं पुरुष में कभी परिवर्तन नहीं होता। तुम चाहे जो करो, तुम्हारी महिमा को तुम्हारे अपने स्वरूप को कुछ भी नष्ट नहीं कर सकता, क्योंकि कोई भी वस्तु आत्मा पर प्रभाव नहीं डाल सकती। उससे आत्मा पर मानों एक आवरण भर पड़ जाता है, जिससे आत्मा की पूर्णता ढक जाती है।

योगीगण जल्दी-जल्दी कर्म का क्षय कर डालने के लिए काय-व्यूह (शरीर समूह) का सृजन करते हैं। फिर इन सब शरीरों के लिए वे अपनी अस्मिता या अहतत्त्व से बहुत-से चित्तों की सृष्टि करते

हैं। इन निर्मित चित्तों को, मूल चित्त से उनका भेद स्पष्ट करने के लिए, 'निर्माणचित्त' कहते हैं।

प्रवृत्तिभेदे प्रयोजकं चित्तमेकमनेकेषाम् ॥५॥

**सूत्रार्थ**–यद्यपि इन विभिन्न बनाए हुए चित्तों के कार्य नाना प्रकार के हैं, तो भी वह एक आदि (मूल) चित्त ही उन सबों का नियन्ता है।

**व्याख्या**–ये अलग-अलग मन (चित्त), जो अलग-अलग देहों में कार्य करते हैं, 'निर्माणचित्त' कहलाते हैं और इन निर्मित शरीरों को 'निर्माणदेह' कहते हैं। भूत और मन मानों दो अनन्त भण्डार के समान हैं। योगी होने पर ही तुम उन पर अधिकार प्राप्त करने का रहस्य जान सकोगे। तुम्हें तो वह सदैव विदित था, पर तुम उसे भूल भर गए थे। तुम जब योगी हो जाओगे, तो वह फिर से तुम्हारी स्मृति में आ जायेगा। तब तुम उसे लेकर जो इच्छा हो वही कर सकोगे। जिस उपादान से इस बृहत् ब्रह्माण्ड की उत्पत्ति होती है, यह निर्माणचित्त भी उसी उपादान से निर्मित होता है। मन और भूत आपस में एक दूसरे से बिलकुल भिन्न पदार्थ नहीं हैं, वे तो एक ही पदार्थ की दो विभिन्न अवस्थाएँ मात्र हैं। अस्मिता ही वह उपादान, वह सूक्ष्म वस्तु है, जिससे योगी के ये निर्माणचित्त और निर्माणदेह तैयार होते हैं। अतएव, योगी जब प्रकृति की इन शक्तियों का रहस्य जान लेते हैं, तब वे अस्मिता नामक पदार्थ से जितनी इच्छा हो, उतने मन और शरीर निर्माण कर सकते हैं।

तत्र ध्यानजमनाशयम् ॥६॥

**सुत्रार्थ**–उन विभिन्न चित्तों में से जो चित्त समाधि द्वारा उत्पन्न होता है, वह वासनाशून्य होता है।

**व्याख्या**–विभिन्न व्यक्तियों में हम जो विभिन्न प्रकार के मन देखते हैं, उनमें वही मन सबसे ऊँचा है, जिसे समाधि अवस्था प्राप्त हुई है। जो व्यक्ति औषधि, मन्त्र या तपस्या के बल से कुछ शक्तियाँ प्राप्त कर लेता है, उसकी तब भी वासनाएँ बनी ही रहती हैं, पर जो व्यक्ति योग के द्वारा समाधि प्राप्त कर लेता है, केवल वही समस्त वासनाओं से

मुक्त होता है।

कर्माशुक्लाकृष्णं योगिनस्त्रिविधमितरेषाम् ।।७।।

**सूत्रार्थ**–योगियों के कर्म शुक्ल भी नहीं और कृष्ण भी नहीं, (पर) दूसरों के कर्म तीन प्रकार के होते हैं–शुक्ल, कृष्ण और मिश्र।

**व्याख्या**–जब योगी इस प्रकार की पूर्णता प्राप्त कर लेते हैं, तब उनके कार्य और उन कार्यों के फल उन्हें फिर बाँध नहीं सकते, क्योंकि उनमें वासना का सस्पर्श नहीं रह जाता। वे केवल कर्म किए जाते हैं। वे दूसरों के हित के लिए काम करते हैं, दूसरों का उपकार करते हैं, किन्तु वे उसके फल की चाह नहीं रखते। अतः वह उनके पास नहीं आता। पर साधारण मनुष्यों के लिए, जिन्हें यह सर्वोच्च अवस्था प्राप्त नहीं हुई है, कर्म त्रिविध होते है–कृष्ण (पापकर्म), शुक्ल (पुण्यकर्म) और मिश्र (पाप और पुण्य मिले हुए)।

ततस्तद्विपाकानुगुणानामेवाभिव्यक्तिर्वासनानाम् ।।८।।

**सूत्रार्थ**–इन विविध कर्मों से प्रत्येक अवस्था में वे ही वासनाएँ प्रकाशित होती हैं। जो केवल उस अवस्था में प्रकाशित होने की योग्य हैं। (अन्य सब उस समय के लिए स्तिमित रूप से रहती हैं।)

**व्याख्या**–मान लो, मैंने पाप, पुण्य और मिश्रित, ये तीन प्रकार के कर्म किए। उसके बाद, मान लो, मेरी मृत्यु हो गई, और मैं स्वर्ग में देवता हो गया। मनुष्य-देह की वासना और देव देह की वासना एक समान नहीं है। देव-शरीर खाना-पीना कुछ नहीं करता। यदि बात ऐसी हो, तो फिर आत्मा के जो पूर्व अभुक्त कर्म हैं, जो अपने फलस्वरूप खाने-पीने की वासना को जन्म देते हैं, वे सब भला कहाँ जाते हैं? जब मैं देवता हो जाता हूँ, तब ये कर्म कहाँ रहते हैं? इसका उत्तर यह है कि वासना उपयुक्त अवस्था और क्षेत्र को पाने पर ही प्रकाशित होती है। जिन सब वासनाओं के प्रकाशित होने की उपयुक्त अवस्था आती है, उस समय केवल वे ही प्रकाशित होगी। शेष सब संचित रहेगी। इस जीवन में हमारी बहुत-सी देवोचित वासनाएँ हैं, बहुत-सी मनुष्योचित और बहुत-सी पाशविक। जब हम देव-देह धारण करते हैं, तो केवल शुभ

वासनाएँ ही प्रकाशित होती हैं, क्योंकि तब उनके प्रकाशित होने का उपयुक्त अवसर आता है। जब हम पशु-देह धारण करते हैं, तो केवल पाशविक वासनाएँ ही ऊपर आती हैं और शुभ वासनाएँ वाट देखती रहती हैं। इससे क्या पता चलता है? यही कि बाहर में उपयुक्त अवस्था होने पर इन वासनाओं का दमन किया जा सकता है। जो कर्म उस अवस्था के उपयुक्त और अनुकूल है, केवल वे ही प्रकाशित होंगे। इससे यह स्पष्ट रूप से प्रमाणित होता है कि वातावरण की शक्ति कर्म का भी दमन कर सकती है।

जातिदेशकालव्यवहितानामप्यानन्तर्य -
स्मृतिसंस्कारयोरेक रूपत्वात् ।।९।।

**सूत्रार्थ**–स्मृति और संस्कार एकरूप होने के कारण, जाति, देश और काल का व्यवधान रहने पर भी, वासनाओं (कर्म-संस्कारों) का आनन्तर्य रहता है अर्थात् उनमें व्यवधान नहीं होता।

**व्याख्या**–समस्त अनुभूतियाँ सूक्ष्म आकार धारण कर संस्कार के रूप में परिणत हो जाती हैं। जब वे संस्कार फिर से जागृत होते हैं, तब उसी को स्मृति कहते हैं। ज्ञानपूर्वक किए गए वर्तमान कर्म के साथ, संस्कार के रूप में परिणत पूर्व-अनुभूतियों का जो परस्पर अज्ञानयुक्त सम्बन्ध है, यहाँ पर उसका भी 'स्मृति' शब्द से बोध होता है। प्रत्येक देह में वही संस्कार-समष्टि कर्म का कारण होती है, जो उसी जाति की देह से प्राप्त हुई है। भिन्न जाति की देह से लब्ध संस्कारसमष्टि उस समय स्तिमित रूप से रहती है। प्रत्येक शरीर इस प्रकार कार्य करता है, मानो वह उसी जाति की देह-परम्परा का एक वंशज हो। इस तरह हम देखते हैं कि वासनाओं का क्रम नष्ट नहीं होता।

तासामनादित्वं चाशिषो नित्यत्वात् ।।१०।।

**सूत्रार्थ**–सुख की तृष्णा नित्य होने के कारण वासनाएँ भी अनादि हैं।

**व्याख्या**–हम जो कुछ अनुभव या भोग करते हैं, वह सुखी होने की इच्छा से ही उत्पन्न होता है। इस भोग का कोई आदि नहीं है,

क्योंकि प्रत्येक नया भोग पहले किए हुए भोग से उत्पन्न प्रवृत्ति या संस्कार पर स्थापित रहता है। अतएव वासना अनादि है।

हेतुफलाश्रयालम्बनेः संगृहीतत्वादेषामभावे तदभावः ॥११॥

**सूत्रार्थ**–हेतु, फल, आश्रय और (शब्दादि) विषय–इनसे वासनाओं का संग्रह होता है, इसलिए इन (चारों) का अभाव होने से उन (वासनाओं) का भी अभाव हो जाता है।

**व्याख्या**–वासनाएँ कार्य-कारणसूत्र से ग्रंथित हैं, मन में कोई वासना उदित होने पर वह अपना फल उत्पन्न किए बिना नष्ट नहीं होती। फिर, चित्त समस्त पूर्व वासनाओं (कर्म-संस्कारों) का आश्रय है-एक बड़ा भण्डारस्वरूप है। ये वासनाएँ संस्कार के रूप में संचित रहती हैं। जब तक उनका कार्य समाप्त नहीं हो जाता, तब तक वे नष्ट नहीं होती। फिर, जब तक इन्द्रियाँ बाहरी विषयों को ग्रहण करती रहेंगी, तब तक नई–नई, वासनाएँ भी उठती रहेंगी। यदि वासना के हेतु, फल, आश्रय और विषय नष्ट कर दिए जा सके, तभी उसका समूल विनाश हो सकता है।

अतीतानागतं स्वरूपतोऽस्त्यध्वभेदाद्धर्माणाम् ॥१२॥

**सूत्रार्थ**–वस्तु के धर्म विभिन्न रूप धारण कर सब कुछ हुए हैं। इसलिए अतीत और अनागत (भविष्य) स्वरूपतः विद्यमान है।

**व्याख्या**–तात्पर्य यह है कि असत् से कभी सत् की उत्पत्ति नहीं होती। अतीत और अनागत यद्यपि व्यक्त रूप से नहीं रहते, फिर भी वे सूक्ष्म अवस्था में रहते हैं।

ते व्यक्तसूक्ष्मा गुणात्मानः ॥१३॥

**सूत्रार्थ**–वे (धर्म) कभी व्यक्त अवस्था में रहते हैं, फिर कभी सूक्ष्म अवस्था में चले जाते हैं, और गुण ही उनकी आत्मा अर्थात् स्वरुप है।

**व्याख्या**–गुण का तात्पर्य है सत्त्व, रज और तम–ये तीन पदार्थ। उनकी स्थूल अवस्था ही यह परिदृश्यमान जगत् है। भूत और भविष्य इन तीन गुणों के ही विभिन्न प्रकाश से उत्पन्न होते हैं।

परिणामैकत्वाद्वस्तुतत्त्वम् ॥१४॥

**सूत्रार्थ**–परिणाम में एकत्व रहने के कारण वस्तु वास्तव में एक है।

**व्याख्या**–यद्यपि वस्तुएँ तीन हैं अर्थात् सत्त्व, रज और तम, फिर भी उनके परिणामों में एक पारस्परिक सम्बन्ध रहने के कारण सभी वस्तुओं में एकत्व है, ऐसा समझना चाहिए।

वस्तुसाम्ये चित्तभेदात्तयोर्विभक्तः पन्था ॥१५॥

**सूत्रार्थ**–वस्तु के एक होने पर भी, चित्त भिन्न-भिन्न होने के कारण, विभिन्न प्रकार की वासनाएँ और अनुभूतियाँ होती है।

**व्याख्या**–तात्पर्य यह कि मन से स्वतन्त्र, बाह्य जगत् का अस्तित्व है। यहाँ पर बौद्धों के विज्ञानवाद का खंडन किया जा रहा है। चूंकि भिन्न-भिन्न लोग एक ही वस्तु को विभिन्न रूप से देखते हैं, इसलिए वह किसी व्यक्तिविशेष की कल्पना मात्र नहीं हो सकती।

न चैकचित्ततन्त्रं वस्तु तदप्रमाणकं तदा कि स्यात् ॥१६॥

**सूत्रार्थ**–फिर, दृश्य वस्तु किसी एक चित्त के अधीन नहीं है, (क्योंकि) वैसा होने से जब यह (उस चित्त के) प्रत्यक्षादि प्रमाण का अविषय हो जायेगी, उस समय उस वस्तु का क्या होगा?

तदुपरागापेक्षित्वाच्चित्तस्य वस्तु ज्ञाताज्ञातम् ॥१७॥

**सूत्रार्थ**–चित्त में वस्तु के प्रतिबिम्ब पड़ने की अपेक्षा रहने के कारण वस्तु कभी ज्ञात और कभी अज्ञात होती है।

सदा ज्ञाताश्चित्तवृत्तयस्तत्प्रभोः पुरुषस्यापरिणामित्वात् ॥१८॥

**सूत्रार्थ**–चित्तवृत्तियाँ सदा ज्ञात रहती हैं, क्योंकि उस (चित्त) का स्वामी पुरुष अपरिणामी है।

**व्याख्या**–अब तक जिस मत की बात कही गई है, उसका सारांश यह है कि जगत् मनोमय और भौतिक, इन दो प्रकार का है। ये मनोमय और भौतिक जगत् सततः परिवर्तनशील हैं। यह पुस्तक क्या है? यह नित्य परिवर्तनशील कुछ परमाणुओं की समष्टि मात्र है। कुछ परमाणु बाहर जा रहे हैं और कुछ भीतर आ रहे हैं, यह बस एक भँवर के समान

है। पर प्रश्न यह है कि ऐसा होने पर फिर एकत्व-बोध कैसे हो रहा है? यह पुस्तक सर्वदा एक ही रूप में कैसे दिखती है। कारण यह है कि ये सब परिणाम तालबद्ध (नियमित) रूप से हो रहे हैं, वे मेरे मन में तालबद्ध रूप से अनुभव-प्रवाह भेज रहे हैं। और यद्यपि उनके विभिन्न अंश सतत: परिवर्तनशील है, तो भी वे ही एकत्र होकर एक अविच्छिन्न चित्र का ज्ञान उत्पन्न कर रहे हैं। मन स्वयं सतत: परिवर्तनशील है। मन और शरीर मानो विभिन्न मात्रा में गतिशील एक ही पदार्थ के दो स्तर मात्र हैं। तुलना में एक धीमी और दूसरी द्रुततर होने के कारण हम उन दोनों गतियों को सहज ही पृथक् कर सकते हैं। जैसे एक रेलगाड़ी चल रही है, और एक गाड़ी उसके पास से जा रही है। कुछ परिमाण में इन दोनों की ही गतियाँ निर्णीत हो सकती हैं। किन्तु तो भी दूसरे एक पदार्थ की आवश्यकता है। एक निश्चल वस्तु रहने पर ही गति का अनुभव किया जा सकता है। पर जहाँ दो-तीन वस्तुएँ विभिन्न मात्रा में गतिशील हैं, वहाँ हमें पहले सबसे जोर से चलनेवाली वस्तु का अनुभव होता है, और फिर उससे धीरे चलनेवाली वस्तुओं का। अब प्रश्न यह है कि मन कैसे अनुभव करे? वह तो हमेशा गतिशील है। अत: , दूसरी एक वस्तु का रहना आवश्यक है, जो अपेक्षाकृत धीमे रूप से गतिशील हो, उसके बाद उसकी अपेक्षा धीमी गतिशील वस्तु चाहिए, फिर उसकी भी अपेक्षा धीमी—इस प्रकार चलते-चलते तो इसका कहीं अन्त न होगा। अतएव, युक्ति हमें किसी एक स्थान में रुक जाने के लिए बाध्य करती है। किसी अपरिवर्तनशील वस्तु को जानकर हमें इस अनन्त शृंखला की समाप्ति करनी ही पड़ेगी। इस कभी समाप्त न होने वाली गतिशृंखला के पीछे अपरिणामी, असत्, शुद्धस्वरूप पुरुष वर्तमान है। जिस प्रकार मैजिक लैन्टर्न से आलोक की किरणें आकर सफेद कपड़े पर प्रतिबिम्बित हो, उस पर सैकड़ों चित्र उत्पन्न करती हैं, पर किसी तरह उसे कलंकित नहीं कर पातीं, ठीक उसी प्रकार विषयानुभूति से उत्पन्न संस्कार पुरुष में प्रतिबिम्बित मात्र होते हैं।

न तत् स्वाभासं दृश्यत्वात् ॥१९॥

**सूत्रार्थ**–चित्त दृश्य होने के कारण स्वंप्रकाश नहीं है।

**व्याख्या**–प्रकृति में सर्वत्र महाशक्ति की अभिव्यक्ति देखी जाती है, किन्तु वह स्वप्रकाश नहीं है, स्वभाव से चैतन्यस्वरूप नहीं है। केवल पुरुष ही स्वप्रकाश है, उसके प्रकाश से ही प्रत्येक वस्तु उद्‌भासित हो रही है। उसी की शक्ति समस्त जड़ पदार्थ और शक्ति के भीतर से प्रकाशित हो रही है।

एकसमये चोभयानवधारणम् ॥२०॥

**सूत्रार्थ**–एक समय में दो वस्तुओं को समझ न सकने के कारण चित्त स्वप्रकाश नहीं है।

**व्याख्या**–यदि चित्त स्वप्रकाश होता, तो वह एक साथ ही सब कुछ अनुभव कर सकता। पर वह तो ऐसा नहीं कर सकता। यदि एक वस्तु में गम्भीर मनोनिवेश करो, तो साथ ही दूसरी वस्तु मे मनोनिवेश न कर सकोगे। यदि मन स्वप्रकाश होता, तो वह कितनी अनुभूतियाँ एक साथ कर सकता, इसकी कोई सीमा नहीं। पुरुष क्षणभर में समस्त अनुभव कर सकता है, इसलिए पुरुष स्वप्रकाश है।

चित्तान्तरदृश्ये बुद्धिबुद्धेरतिप्रसंगः स्मृतिसंकरश्च ॥२१॥

**सूत्रार्थ**–एक चित्त को दूसरे चित्त का दृश्य मान लेने पर वह दूसरा चित्त फिर तीसरे चित्त का दृश्य होगा–इस प्रकार मानवस्था प्राप्त होगी और स्मृति का भी मिश्रण हो जायेगा।

**व्याख्या**–मान लो, एक दूसरा चित्त है, जो इस पहले चित्त का अनुभव करता है। तब तो एक ऐसे तीसरे चित्त की आवश्यकता होगी, जो उस दूसरे चित्त का अनुभव करे। अतएव, इस प्रकार इसका कहीं अन्त न होगा। इससे स्मृति की भी गड़बडी उपस्थित हो जायेगी, क्योंकि तब स्मृति का कोई निर्दिष्ट भंडार नहीं रह जायेगा।

चितेरप्रतिसंक्रमायास्तवाकारापत्तौ स्वबुद्धिसंवेदनम् ॥२२॥

**सूत्रार्थ**–चित् (पुरुष) अपरिणामी है, चित्त अब उसका आकार धारण करता है, तब वह ज्ञानमय हो जाता है।

**व्याख्या**–ज्ञान पुरुष का गुण नहीं है, यह हमें स्पष्ट रूप से समझा देने के लिए पतंजलि ने यह बात कही है। चित्त जब पुरुष के पास आता है, तब पुरुष मानों उसमें प्रतिबिम्बित होता है और उस समय के लिए चित्त ज्ञानवान् हो जाता है। तब ऐसा प्रतीत होता है मानों वही पुरुष है।

द्रष्टृदृश्योपरक्तं चित्तं सर्वार्थम् ।।२३।।

**सूत्रार्थ**–चित्त जब द्रष्टा और दृश्य इन दोनों से रंग जाता है, तब वह सब प्रकार के अर्थ को प्रकाशित करता है।

**व्याख्या**–एक ओर दृश्य अर्थात् बाह्य जगत् चित्त में प्रतिबिम्बित हो रहा है, और दूसरी ओर द्रष्टा अर्थात् पुरुष उसमें प्रतिबिम्बित हो रहा है, इसी से उसमें सब प्रकार के ज्ञान को प्राप्त करने की शक्ति आती है।

तदसंख्येयवासनाभिश्चित्रमपि परार्थ संहत्यकारित्वात् ।।२४।।

**सूत्रार्थ**–यह (चित्त) असंख्य वासनाओं से चित्रित होने पर भी दूसरे (अर्थात् पुरुष) के लिए है, क्योंकि यह संहत्यकारी (संयुक्त होकर कार्य करनेवाला) है।

**व्याख्या**–यह चित्त नाना प्रकार के पदार्थों की समष्टि स्वरूप है; अतः वह अपने लिए काम नहीं कर सकता। इस संसार में जितने मिश्र पदार्थ हैं, सभी का प्रयोजन किसी दूसरी वस्तु से है–ऐसी किसी तीसरी वस्तु से, जिसके लिए वे पदार्थ इस तरह से मिश्रित हुए हैं। अतएव, यह चित्तरूपी मिश्रण केवल पुरुष के लिए है।

विशेषदर्शिन आत्मभावभावनाविनिवृत्तिः ।।२५।।

**सूत्रार्थ**–विशेषदर्शी अर्थात् विवेकी पुरुष का चित्त में आत्मभाव नहीं रह जाता।

**व्याख्या**–विवेक बल से योगी जान लेते हैं कि पुरुष चित्त नहीं है।

तदा विवेकनिम्नं कैवल्यप्राग्भावं चित्तम् ।।२६ ।।

**सूत्रार्थ**–उस समय चित्त विवेकप्रयण होकर कैवल्य के पूर्वलक्षण

को प्राप्त करता है।

**व्याख्या**–इस प्रकार योगाभ्यास से विवेकशक्तिरूप दृष्टि की शुद्धता प्राप्त होती है। हमारी आँखों के सामने से आवरण हट जाता है, और तब हम वस्तु के यथार्थ स्वरूप की उपलब्धि करते हैं। हम तब जान लेते हैं कि प्रकृति एक मिश्र पदार्थ है और उसके ये सारे दृश्य केवल साक्षीस्वरूप पुरुष के लिए हैं। तब हम जान लेते हैं कि प्रकृति ईश्वर नहीं है। इस प्रकृति की सारी संहति, सारे संयोग केवल हमारे हृदय-सिंहासन में विराजमान राजा पुरुष को यह सब दृश्य दिखाने के लिए हैं। जब दीर्घकाल तक अभ्यास के फलस्वरूप विवेक का उदय होता है, तब भय चला जाता है और कैवल्य की प्राप्ति हो जाती है।

तच्छिद्रेषु प्रत्ययान्तराणि संस्कारेभ्यः ।।२७।।

**सूत्रार्थ**–उसके विघ्नस्वरूप बीच-बीच में जो अन्यान्य ज्ञान उत्पन्न होते हैं, वे संस्कारों से आते हैं।

**व्याख्या**–हमें सुखी करने के लिए कोई बाहरी वस्तु आवश्यक हैं, ऐसा विश्वास पैदा करनेवाले जो सब भाव हममें उठते हैं, वे सिद्धिलाभ में बाधक हैं। पुरुष स्वभाव से सुखस्वरूप और आनन्दस्वरूप है। पर यह ज्ञान पूर्व संस्कारों से ढका हुआ है। इन सब संस्कारों का क्षय होना आवश्यक है।

हानमेषां क्लेशवदुक्तम् ।।२८।।

**सूत्रार्थ**–जिन उपायों से क्लेशों के नाश की बात (योग 210)कही गई है, इन (संस्कारों) को भी ठीक उन्हीं उपायों से नष्ट करना होगा।

प्रसंख्यानेऽप्यकुसीदस्य सर्वथा-<br>विवेकख्यातेधर्ममेघसमाधिः ।।२९।।

**सूत्रार्थ**–तत्वों के विवेकज्ञान से उत्पन्न ऐश्वर्य में भी जिनका वैराग्य हो जाता है, उनका विवेकज्ञान सर्वथा प्रकाशवान रहने के कारण उन्हें धर्ममेघ समाधि प्राप्त हो जाती है।

**व्याख्या**–जब योगी इस विवेकज्ञान को प्राप्त कर लेते हैं, तब

उनके पास पूर्व अध्याय में बतलाई गई सिद्धियाँ आती हैं, पर सच्चे योगी इन सबका परित्याग कर देते हैं। उनके पास धर्ममेघ नामक एक विशेष प्रकार का ज्ञान, एक विशेष प्रकार का आलोक आता है। इतिहास ने संसार के जिन सब महान् धर्माचार्यों का वर्णन किया है, उन सभी को यह धर्ममेघ समाधि हुई थी। उन्होंने ज्ञान का मूल स्रोत अपने भीतर ही पाया था। सत्य उनके निकट अत्यन्त स्पष्ट रूप से प्रकाशित हुआ था। पूर्वोक्त सिद्धियों का अभिमान छोड़ देने के कारण शान्ति, विनय और पूर्ण पवित्रता उनका स्वभाव ही बन गई थी।

ततः क्लेशकर्मनिवृत्तिः ।।३०।।

**सूत्रार्थ**–उस (धर्ममेघ समाधि) से क्लेश और कर्मों का सर्वथा नाश हो जाता है।

**व्याख्या**–जब यह धर्ममेघ समाधि होती है, तब पतन की आशंका फिर नहीं रह जाती, तब योगी को कुछ भी नीचे नहीं खींच सकता। तब उनके लिए न कोई बुराई रह जाती है, न कोई कष्ट।

तदा सर्वावरणमलापेतस्य ज्ञानस्यानन्त्याज्ज्ञेयमल्पम् ।।३१।।

**सूत्रार्थ**–उस समय ज्ञान, सब प्रकार के आवरण और अशुद्धि से रहित होने के कारण, अनन्त हो जाता है, अतः शेष अल्प हो जाता है।

**व्याख्या**–ज्ञान तो भीतर में ही है, केवल उसका आवरण चला जाता है। किसी बौद्ध शास्त्र ने 'बुद्ध' (यह एक अवस्था का सूचक है) शब्द की परिभाषा दी है–अनन्त आकाश के समान अनन्त ज्ञान। ईसा इस अवस्था की प्राप्ति कर ख्रीष्ट हो गए थे। तुम सभी उस अवस्था की प्राप्ति करोगे। तब ज्ञान अनन्त हो जायेगा, अतः ज्ञेय अल्प हो जायेगा। तब यह सारा जगत, अपनी सब प्रकार की ज्ञेय वस्तुओं के साथ, पुरुष के समक्ष शून्य रूप से प्रतिभासित होगा। साधारण मनुष्य अपने को अत्यन्त क्षुद्र समझता है, क्योंकि उसको ज्ञेय वस्तु अनन्त प्रतीत होती है।

ततः कृतार्थानां परिणामक्रमसमाप्तिर्गुणानाम् ।।३२।।

**सूत्रार्थ**–जब गुणों का काम समाप्त हो जाता है, तब गुणों के

जो विभिन्न परिणाम हैं, वे भी समाप्त हो जाते हैं।

**व्याख्या**–तब गुणों के ये सब विभिन्न परिणाम (एक जाति से उनकी दूसरी जाति में परिणति) बिलकुल समाप्त हो जाते हैं।

क्षणत्रतियोगी परिणामापरान्तनिर्ग्राह्यः क्रमः ॥३३॥

**सूत्रार्थ**–जो सब परिणाम प्रत्येक क्षण से सम्बन्धित हैं, और जो दूसरे छोर में (अर्थात् एक परिणाम-परम्परा के अन्त में) समझ में आते हैं। वे क्रम हैं।

**व्याख्या**–पतंजलि ने यहाँ 'क्रम' शब्द की परिभाषा दी है। क्रम शब्द से उन सब परिणामों का बोध होता है, जो प्रत्येक क्षण से सम्बन्धित हैं। मैं सोच रहा हूँ, इसमें कितने क्षण चले गए। इस प्रत्येक क्षण के साथ भाव का परिवर्तन होता है, पर मैं उन सब परिणामों को एक श्रेणी के अन्त में ही अर्थात् एक परिणाम-परम्परा के बाद ही पकड़ सकता हूँ। इसे क्रम कहते हैं। किन्तु जो मन सर्वव्यापी हो गया है, उसके लिए फिर क्रम नहीं रह जाता। उसके लिए सब कुछ वर्तमान हो गया है। उसके लिए केवल वर्तमान ही रहता है, भूत और भविष्य उसके ज्ञान से बिलकुल चले जाते हैं। तब वह मन काल पर विजय प्राप्त कर लेता है और उसके पास समस्त ज्ञान एक क्षण में आकर उपस्थित हो जाते हैं। उसके पास सब कुछ विद्युत् के समान घट से प्रकाशित हो जाता है।

पुरुषार्थशून्यानां गुणानां प्रतिप्रसवः कैवल्यं -
स्वरूपप्रतिष्ठा वा चितिशक्तेरिति ॥३४॥

**सूत्रार्थ**–गुणों से जय पुरुष का कोई प्रयोजन नहीं रहता, तब प्रतिलोभ-क्रम से गुणों के लय को कैवल्य कहते हैं, अथवा यों कहिए कि द्रष्टा (चित्त्शक्ति) का अपने स्वरूप में प्रतिष्ठित हो जाना कैवल्य है।

**व्याख्या**–प्रकृति का काम समाप्त हो गया। हमारी परम कल्याणमयी धात्री प्रकृति ने इच्छापूर्वक जिस निःस्वार्थ कार्य का भार अपने कन्धों पर लिया था, वह समाप्त हो गया। उसने मानों आत्मविस्मृत जीवात्मा का हाथ पकड़कर उसे धीरे-धीरे संसार के समस्त भोगों का

अनुभव कराया, अपनी समस्त अभिव्यक्ति दिखाई, सारे विकार दिखाए, और इस प्रकार वह उसे विभिन्न शरीरों में से ले जाते हुए क्रमशः उच्च से उच्चतर अवस्था में उठाती गई। अन्त में आत्मा ने अपनी खोई हुई महिमा फिर से प्राप्त कर ली, अपना स्वरूप फिर से उसके मानस में उदित हो गया। तब वह करुणामयी जननी जिस रास्ते से आई थी, उसी रास्ते से वापस चली गई और उन लोगों को रास्ता दिखाने में प्रवृत्त हो गई, जो इस जीवन के पथचिह्नविहीन मरुभूमि में अपना पथ खो बैठे हैं। वह अनादि, अनन्त काल से इस प्रकार काम करती चली आ रही है। बस इसी प्रकार सुख और दुःख, भले और बुरे के बीच में से होते हुए अनन्त नदीस्वरूप जीवात्मागण सिद्धि और आत्मसाक्षात्काररूप समुद्र की ओर चले जा रहे हैं।

जिन्होंने अपने स्वरूप का अनुभव कर लिया है, उनकी जय हो। वे हम सबको आशीर्वाद दें।

# परिशिष्ट

## योग के बारे में अन्यान्य शास्त्रों के मत

## श्वेताश्वतर उपनिषद्

### द्वितीय अध्याय

अग्निर्यत्राभिमथ्यते वायुर्यत्राधिरुध्यते ।
सोमो यत्रातिरिच्यते तत्र संजायते मनः ।।६।।

**अर्थ**–जहाँ अग्नि का मंथन किया जाता है, जहाँ वायु को रुद्ध किया जाता है और जहाँ सोमरस की अधिकता होती है, वहीं (सिद्ध) मन की उत्पत्ति होती है।

त्रिसन्नतं स्थाप्य समं शरीरं हृदीन्द्रियाणि मनसा संनिवेश्य।
ब्रह्मोडुपेन प्रतरेत विद्वान् स्त्रोतांसि सर्वाणि भयावहानि ।।८।।

**अर्थ**–वक्ष, ग्रीवा और शिर को उन्नत रखते हुए शरीर को सीधा रख, मन के द्वारा इन्द्रियों को हृदय में सन्निविष्ट कर ज्ञानी व्यक्ति ब्रह्मरूप नौका के द्वारा सारे भयावह जलप्रवाहों के पार हो जाते हैं।

प्राणान् प्रपीडयेह संयुक्तचेष्टः क्षीणे प्राणे नासिकयोच्छ्वसीत ।
दुष्टाश्वयुक्तमिव वाहमेनं विद्वान् मनो धारयेताप्रमत्तः ।।९।।

**अर्थ**–संयुक्तचेष्ट मनुष्य प्राण को संयत करते हैं। जब वह शान्त हो जाता है, तब नाक के द्वारा प्रश्वास का परित्याग करते हैं। जिस प्रकार सारथी चंचल अश्वों को धारण करता है, उसी प्रकार अध्यवसायशील योगी भी मन को धारण करें।

समे शुचौ शर्करावहिनवालुकाविर्जिते शब्दजलाश्रयादिभि ।
मनोऽनुकूले न तुं चक्षुपीडने गुहानिवाताश्रयणे प्रयोजयेत् ।।१०।।

**अर्थ**–जो समतल और शुचि हो, पत्थर, आग और बालू से

रहित हो, मनुष्य द्वारा किए गए या किसी जलप्रपात से उत्पन्न मन को चंचल कर देने वाले शब्दों से वर्जित हो, तथा मन के अनुकूल और आँखों को सुखकर हो, ऐसे पर्वतगुहा आदि निर्जन स्थान में बैठकर योग का अभ्यास करना चाहिए।

नोहारधूमार्कानिलानलानां खद्योतविद्युत्स्फटिकशशीनाम् ।
एतानि रूपाणि पुर सराणि ब्रह्मण्यभिव्यक्तिकराणि योगे ।।११।।

**अर्थ**–नीहार, धूम, सूरज, वायु, आग, जुगनू, विद्युत्, स्फटिक, चन्द्रमा-ये सब रूप सामने आकर क्रमशः योग में ब्रह्म को अभिव्यक्त करते हैं।

पृथ्व्यप्तेजोऽनिलखे समुत्यिते पंचात्मके योगगुणे प्रवृत्ते ।
न तस्य रोगो न जरा न मृत्यु प्राप्तस्य योगाग्निमयं शरीरम् ।।१२।।

**अर्थ**–जब पृथ्वी, जल, तेज, वायु और आकाश इन पंचभूतों से योग की अनुभूतियाँ होने लगती हैं, तब समझना चाहिए कि योग आरम्भ हो गया है। जिन्हें इस प्रकार का योगाग्निमय शरीर प्राप्त हो गया है, उनके लिए फिर बीमारी, जरा या मृत्यु नहीं रहती।

लघुत्वमारोग्यमलोलुपत्वं वर्णप्रसाद स्वरसौष्ठवं च ।
गन्य शुभो मूत्रपुरीषमल्पं योगप्रवृत्ति प्रथमां वदन्ति ।।१३।।

**अर्थ**–शरीर की लघुता, स्वास्थ्य, लोभशून्यता, सुन्दर रंग, स्वर-सौन्दर्य, मल-मूत्र की अल्पना तथा शरीर की एक सुन्दर सुगन्ध –इन सबको योग की पहली सिद्धि कहते हैं।

यथैव विम्यं मृदयोपलिप्तं तेजोमयं भ्रानते तत् सुधान्तम् ।
तद्वात्मतत्त्वं प्रसमीक्ष्य देही एक कृतार्यो भवते बीतशोक ।।१४।।

**अर्थ**–जिस प्रकार मिट्टी से सना हुआ सोने या चाँदी का टुकड़ा शोधन किए जाने पर तेजोमय होकर चमकने लगता है, उसी प्रकार देही आत्मतत्त्व का साक्षात्कार कर अद्वितीय, कृतकृत्य और शोकरहित हो जाता है।

## शंकर-उद्धृत याज्ञवल्क्य

आसनानि समभ्यस्य वाञ्छितानि यथाविधि ।

प्राणायामं ततो गागि जितासनगतोऽभ्यसेत् ।।
मृद्वासने कुशान् सम्यगास्तीर्याजिनमेव च ।
लम्बोदरं च संपूज्य फलमोदकमजणैः ।।
तदासने सुखासीनः सव्ये न्यस्येतर करम् ।
समग्रीवशिराः सम्यक् संवृतास्य सुनिश्चलः ।।
प्राड मुखोदङ् मुखो चापि नासाग्रन्यस्तलोचनः ।
अतिभुक्तमभुक्तं च वर्जयित्वा प्रयत्नतः ।।
नाडीसंशोधनं कुर्यादुक्तमार्गेण यत्नतः ।
वृथा क्लेशो भवेत्तस्य तच्छोधनमकुर्वतः ।।
नासाग्रे शशभूद्वीजं चन्द्रातपवितानितम् ।
सप्तमस्य तु वर्गस्य चतुर्थ बिदुसंयुतम् ।।
विश्वमधस्थमालोक्य नासाने चक्षुषी उभे ।
इडया पूरयेद्वायुं वाह्य द्वादशमात्रकैः ।।
ततोऽग्नि पूर्ववद्धयायेत् स्फुरज्ज्जवालावलीयुतम् ।
रेफं च बिन्दुसंयुक्तं शिखिमण्डलसंस्थितम् ।।
घ्यायेद्विरेचयेद्धायुं मन्दं पिंगलया पुनः ।
पुनः पिंगलयापूर्य प्राणं दक्षिणतः सुधीः ।।
तद्वद्विरेचयेद्वायुभिढया तु शनैः शनैः ।
त्रिचतुर्वत्सरं चापि त्रिचतुमर्मासमेव वा ।।
गुरुणोक्तप्रकारेण रहस्येवं समभ्यसेत् ।
प्रातमर्ध्यंदिने सायं स्नात्वा षट्कृत्व आचरेत् ।।
सन्ध्यादिकर्म कृत्वैव मध्यरात्रेऽपि नित्यशः ।
नाडीशुद्धिमवाप्नोति तच्चिह्ननं दृश्यते पृथक् ।।
शरीरलघुता दीप्तिर्जठराग्निविवर्धनम् ।
नादाभिव्यक्तिरित्येतल्लिगं तच्छुद्धिसूचनम् ।।

* * *

प्राणायामं ततः कुर्याद्रेचपूरककुम्भकैः ।
प्राणापानसमायोगः प्राणायामः प्रकीर्तित ।।

* * *

पूरयेत् षोडशैमत्रिरापादतलमस्तकम् ।
मात्रैद्वात्रिशकैः पश्चाद्रेचयेत् सुसमाहितः ।।
सम्पूर्णकुम्भवद्वायोनिश्चल मूर्वदेशतः ।
कुम्भक धारणं गार्गि चतुंषष्टया तु मात्रया ।।
ऋपयस्तु वदन्त्यन्ये प्राणायामपरायणाः ।
पवित्रभूताः पूतान्त्रा प्रभञ्जनजये रता ।।
तत्रादौ कुम्भकं कृत्वा चतु षष्टया तु मात्रया ।।
रेचयेत् षोडशैर्मात्रैनसिनैकेन सुन्दरि ।
तयोश्च पूरयेद्वायु शनैः षोडशमात्रया ।।

* * *

प्राणायानैदेहेद्दोपान् धारणाभिश्च किल्विषान् ।
प्रत्याहाराच्च संसर्गान् ध्यानेनानीश्वरान् गुणान ।।

**व्याख्या**–यवाविधि वांछित आसनों का अभ्यास करके, तदनन्तर, हे गार्गि, आसन पर जय प्राप्त कर प्राणायाम का अभ्यास करना चाहिए। कोमल आसन पर सम्यक् प्रकार से कुश बिछा, उस पर मृगचर्म बिछाकर, फल और मोदक आदि के द्वारा गणेश की पूजा करके, उस आसन पर सुखासीन होकर, बाएँ हाथ पर दाहिना हाथ रखकर, समग्रीवशिर हो, मुँह बन्द करके, निश्चल होकर, पूर्व या उत्तर की ओर मुख करके बैठकर, नासाग्र में दृष्टि को स्थापित करके, यत्नपूर्वक अतिभोजन या एकदम अनाहार का त्याग कर पूर्वोक्त प्रकार से यत्नपूर्वक नाड़ी का शोधन करे, यह नाड़ी शोधन न करने पर उसके साधन के सारे क्लेश निष्फल होते हैं। पिंगला और इडा के संयोगस्थल में (दाहिनी और बाई नाक के संयोगस्थल में) 'हु' बीज का चिन्तन करके इडा के द्वारा द्वादश मात्रा–क्रम से बाह्य वायु को भीतर खींचे, उसके बाद उस स्थान में अग्नि का चिन्तन तथा 'र' बीज का ध्यान करे, इस तरह ध्यान करने के समय धीरे–धीरे पिंगला (दाहिनी नाक) के द्वारा वायु का रेचन करे। पुनः पिंगला के द्वारा पूरक करके पूर्वोक्त प्रकार से धीरे–धीरे इडा के द्वारा

रेचन करे। श्रीगुरु के उपदेशानुसार इसका तीन-चार वर्ष या तीन-चार मास अभ्यास करे। प्रातः काल, मध्याह्न, सायंकाल तथा मध्यरात्रि में, जब तक नाड़ीशुद्धि नहीं हो जाती, तब तक एकान्त में अभ्यास करना होगा। तब उनमें ये सब लक्षण प्रकाशित होते हैं, जैसे, शरीर का हल्कापन, सुन्दर वर्ण, क्षुधा तया नादश्रवण। तत्पश्चात् रेचक, कुम्भक और पूरकात्मक प्राणायाम करना होगा। अपान के साथ प्राण का योग करने का नाम है प्राणायाम। १६ मात्राओं में मस्तक से लेकर पद तक पूरक ३२ मात्राओं में रेचक और ६४ मात्राओं में कुम्भक करे। और एक प्रकार का प्राणायाम है, उसमें पहले ६४ मात्राओं में कुम्भक, फिर ३२ मात्राओं में रेचक और तत्पश्चात् १६ मात्राओं में पूरक करना पड़ता है, प्राणायाम के द्वारा शरीर के सारे दोष दग्ध हो जाते हैं। धारणा से मन की अपवित्रता दूर हो जाती है, प्रत्याहार से संग-दोष नष्ट हो जाता है तथा ध्यान से आत्मा के ईश्वरभाव को आवृत्त कर रखनेवाला सारा आवरण नष्ट हो जाता है।

# सांख्य-प्रवचन-सूत्र

## तृतीय अध्याय

भावनोपचयात् शुद्धस्य सर्व प्रकृतिवत् ।।२९।।

**अर्थ**–गंभीर ध्यान के बल से, शुद्धस्वरूप पुरुष के पास प्रकृति की सारी शक्तियाँ आ जाती हैं।

रागोपहतिर्ध्यानम् ।।३०।।

**अर्थ**–आसक्ति के नाश को ध्यान कहते हैं।

वृत्तिनिरोधात् तत्सिद्धिः ।।३१।।

**अर्थ**–ध्यान की सिद्धि समस्त वृत्तियों के निरोध से होती है।

धारणासनस्वकर्मणा तत्सिद्धि ।।३२।।

**अर्थ**–धारणा, आसन और अपने कर्तव्य-कर्मों के पालन से ध्यान सिद्ध होता है।

निरोधशर्छिविधारणाभ्याम् ।।३३।।

**अर्थ**–श्वास की छदि (त्याग) और विधारण (धारण) के द्वारा

प्राणवायु का निरोध होता है।

स्थिरसुखमासनम् ।।३४।।

**अर्थ**–जिससे स्थिर और सुखकर रूप से बैठा जा सके, उसका नाम आसन है।

वैराग्यादभ्यासाच्च ।।३६।।

**अर्थ**–वैराग्य और अभ्यास से भी (ध्यान सिद्ध होता है।)

तात्त्वाभ्यासात्रेति नेतीति त्यागाद्विवेकसिद्धिः ।।७४।।

**अर्थ**–प्रकृति के प्रत्येक तत्त्व को 'यह नहीं', 'यह नहीं', ऐसा कहकर त्याग सकने से विवेक सिद्ध होता है।

## चतुर्थ अध्याय

आवृत्तिरसकृदुपदेशात् ।।३।।

**अर्थ**–वेद में एक से अधिक बार श्रवण का उपदेश है, अतएव पुनः-पुनः श्रवण आवश्यक है।

श्येनवत् सुखदुःखी त्यागवियोगाभ्याम् ।।५।।

**अर्थ**–जैसे बाज पक्षी, माँस छीन लिए जाने पर, दुःखी और स्वयं इच्छापूर्वक उसको त्याग देने से सुखी होता है, (वैसे ही साधु पुरुष इच्छापूर्वक सबका त्याग करके सुखी होते हैं)।

अहिनिर्ल्वयनीवत् ।।६।।

**अर्थ**–जैसे सर्प शरीरस्थ जीर्ण केंचुली को हेय समझकर अनायास त्याग देता है।

असाधनानुचिन्तनं बन्धाय भरतवत् ।।८।।

**अर्थ**–जो विवेकज्ञान का साधन नहीं है, उसका चिन्तन न करें, क्योंकि वह बन्धन का हेतु है; दृष्टान्त–राजा भरत।

बहुभिर्योगे विरोधो रागादिभि कुमारोशंखवत् ।।९।।

**अर्थ**–बहुत से लोगों का संग, रागादि का कारण होने से, ध्यान में विघ्नस्वरूप है, दृष्टान्त–कुमारी के हाथ में शंख के कंगन।

द्वाभ्यामपि तथैव ।।१०।।

**अर्थ**–दो मनुष्यों के एक साथ रहने पर भी ऐसा ही है।

निराश सुखी पिंगलावत् ।।११।।

**अर्थ**–आशा को त्याग देनेवाला सुखी होता है; दृष्टान्त-पिंगला नाम की वेश्या।

बहुशास्त्रगुरूपासनेऽपि सारादानं ष्ट्पदवत् ।।१३।।

**अर्थ**–जिस प्रकार मधुकर बहुत से फूलों से मधु संग्रह करता है, उसी प्रकार यद्यपि बहुत से शास्त्रों और गुरुओं की उपासना की जाती है, तो भी उनमें से केवल सार को लेना चाहिए।

इषुकारवन्नैकचित्तस्य समाधिहानिः ।।१४।।

**अर्थ**–बाण बनानेवाले के समान एकाग्रचित्त रहने पर समाधि भंग नहीं होती।

कृतनियमलंधनादानर्थक्यं लोकवत् ।।१५।।

**अर्थ**–जैसे लौकिक विषय में कृतनियमों का उल्लंघन करने पर महा अनर्थ होता है, वैसे ही इसमें भी।

प्रणतिब्रह्मचर्योपसर्पणानि कृत्वा सिद्धिर्बहुकालात्तद्वत् ।।१९।।

**अर्थ**–प्रणति, ब्रह्मचर्य और गुरुसेवा के द्वारा, इन्द्र के समान, बहुत समय के बाद सिद्धि प्राप्त होती है।

न कालनियमो वामदेववत् ।।२०।।

**अर्थ**–ज्ञानोत्पत्ति का कोई कालनियम नहीं है। जैसे, वामदेव मुनि को (गर्भावस्था में ज्ञान का उदय) हुआ था।

लब्धातिशययोगाद्वा तद्वत् ।।२४।।

**अर्थ**–जिस मनुष्य ने अतिशय यानी ज्ञान की पराकाष्ठा को प्राप्त कर लिया है, उसके संग के द्वारा भी विवेक प्राप्त होता है।

न भोगात् रागशान्तिर्मुनिवत् ।।२७।।

**अर्थ**–जिस प्रकार भोग से सौभरि मुनि की आसक्ति दूर नहीं हुई थी, उसी प्रकार दूसरों की भी भोग के द्वारा आसक्ति 'नष्ट नहीं होती।

### पंचम अध्याय

योगसिद्धयोऽप्योषधादिसिद्धिवदन्नापलपनीया: ॥१२८॥

**अर्थ**–औषधि आदि के द्वारा आरोग्यसिद्धि होने के कारण जिस प्रकार मनुष्य औषधि आदि की शक्ति को अस्वीकार नहीं करते, उसी प्रकार योगज सिद्धि को भी अस्वीकार नहीं किया जा सकता।

### षष्ठ अध्याय

स्थिरसुखमासनमिति न नियम ॥२४॥

**अर्थ**–स्वस्तिक आदि आसन का अभ्यास करना ही पड़ेगा, ऐसा कोई नियम नहीं है। जिस प्रकार बैठना सुखकर हो और जिससे शरीर और मन विचलित न हो, वही आसन है।

## व्याससूत्र

### चतुर्थ अध्याय–प्रथम पाद

आसीन्: सम्भवात् ॥७॥

**अर्थ**–उपासना बैठकर ही सम्भव है, अत: बैठकर उपासना करनी चाहिए।

ध्यानाच्च ॥८॥

**अर्थ**–ध्यान के कारण भी (बैठे हुए, अंग-संचालन-क्रिया से रहित इत्यादि लक्षणयुक्त पुरुष को देखकर लोग कहते हैं, 'ये ध्यान कर रहे हैं', अतएव ध्यान बैठे हुए पुरुष में ही सम्भव है)।

अचलत्वं चापेक्ष्य ॥९॥

**अर्थ**–क्योंकि ध्यानी पुरुष की तुलना निश्चल पृथ्वी के साथ की गई है।

स्मरन्ति च ॥१०॥

**अर्थ**–क्योंकि स्मृति में भी यही बात कही गई है।

यत्रैकाग्रता तत्राविशेषात् ॥११॥

**अर्थ**–जहाँ एकाग्रता होती हो, उसी स्थान में बैठकर ध्यान

करना होगा इसका कोई विशेष विधान नहीं है।

इन कुछ उद्धृत अंशों को देखने से यह ज्ञात हो जायेगा कि अन्यान्य भारतीय दर्शन योग के बारे में क्या कहते हैं।